Luath Scots Language Learner

an introduction to contemporary spoken Scots

L COLIN WILSON

Luath Press Limited
EDINBURGH
www.luath.co.uk

First publisht in 2002

The paper yuised in this buik is free fae acid, is neutral-sized, an can be recycle't. It wis made fae law-chlorine pulps produce't in a law-energy, law-emission wey fae sustainable forests

The publisher acknowledges subsidy fae the

 Scottish **Arts** Council

tae the publication o this buik

Prentit an bund by
Bell & Bain, Glesca

A double audio CD *with the dialogues from this book, recorded by Odyssey Productions, is available from the publisher. See p346 for ordering instructions.*

Typeset by the author yuisin Novell WordPerfect, in 10.5 pint Sabon, 14 pint Arial Black an 13.5 pint Pristina *tae ma grandmither, Mary Spratt (née Thom), 1907 - 1995*

ACKNOWLEDGEMENTS

Thanks tae aw thaim that gied their helpfu comments on this buik afore it wis feinisht, bit abuin aw tae Alasdair Allan, Craig Halliday, Dauvit Horsbroch, Iseabail MacLeod, an John Tait. Thanks an aw tae the team that recordit the dialogues on the CD – Kenny Anderson, Bill Copland, Isabel Harrison, Rod Lovie, Jean Redford an Sharon Simpson – an helpit tae mak it faur better nor it micht hae been.

Maist o the statistics in the buik wis taen fae Magnus Linklater an Robin Denniston's *Anatomy of Scotland*. Guidance on historical maitters maistlie cam fae Billy Kay's *Scots, the Mither Tongue*, fae J Derrick McClure's *Why Scots Matters*, an fae correspondence wi Dauvit Horsbroch, Iseabail MacLeod an Robbie Robertson. Spellin an guidelines for pronoonciation is maistlie fae the SNDA's *Concise English – Scots Dictionary*. A guid pairt o the ideas for the kin o material tae gie wis gotten fae David Hicks's *Calling All Beginners*.

Thanks tae the *Buckie District Fishing Heritage Museum* for the room tae record in, an tae Lorna an Peter Simpson for the rehearsal space. For aw their encouragement, thanks tae Catherine Alexander, Wendy de Rusett, Howard Evans, Sandy Fleiman, Isabel Harrison, Viktoriya Karabanova, John Law, Stuart McHardy, Atina Nihtinen, Elizabeth Quinn, Christine Robinson, Anneli Sakko, Helen Smith, an aw the members o the Scots Speikers' Curn, Glesca. Thanks an aw tae Kaija Koo, that the writer playd hir CD *Tuulikello* mair times nor he can mind while he wis writin, for aye threapin that '*ei hyppyä tuntemattomaan voi tehdä askel kerrallaan*'.

Last, bit nae least, thanks tae Billy Kay for giein inspiration tae the haill Scots-language muivement.

CONTENTS

INTRODUCTION

The *Luath Scots Language Learner* is a functional course primarily intended for learners with little or no previous knowledge of Scots. However, it may also be useful to those who *have* already had some exposure to Scots, and who wish to build on the knowledge that they already have. The course aims to teach the reader not only to *comprehend* Scots as it is spoken, but also to *speak* Scots for practical purposes. Existing Scots speakers may find the course useful in appreciating their regional dialect's relationship to other forms of Scots spoken elsewhere, or even simply as an assertion of their own tongue's social legitimacy.

THE LANGUAGE IN THIS BOOK

In a nutshell, the language presented in this book can be summarised as follows:

- for *active usage*, the learner is taught to speak the form of Scots spoken in *north-east Scotland*, sometimes referred to as 'the Doric'. This is presented here in written form using a generic Scots spelling-system, and in spoken form on the accompanying compact disc recorded by native, everyday Scots-speakers from that area of Scotland.

- for *comprehension*, the learner is taught the *'core' features* common to all the various regional varieties of Scots of mainland Scotland, and the *regional differences* between them as and when they arise. The focus is on *mainland* Scotland, and this course does not aim to cover Orcadian and Shetlandic. Although these have absorbed much from Scots, their underlying layer is Norse. Shetlandic, especially, can be considered as a language distinct from both Scots and English. Neither does this course aim to cover the Irish-accented variety known as Ulster Scots, spoken by some in parts of that province.

At the time of writing, Scots is a language with no generally-accepted spoken or written standard, and this presents problems for any attempt to produce a learners' course. The solution that has been adopted is to introduce the learner to Scots in a way that can be seen as being parallel to how native speakers communicate using Scots, or indeed using any language. In general, native speakers *speak* only one variety of Scots, that with which they themselves were raised as children; however, they *understand* not only their own variety but also others, based on an instinctive appreciation of the 'core' common to all varieties, and an awareness of how other speakers' varieties diverge from that core.

The aim of this book is to present Scots in a way that mirrors this situation. For *comprehension*, the book presents the learner with the 'core' common to all varieties of Scots, while explaining the differences between them (which are not enormous) where it is appropriate to do so. For *speech*, the book enables the reader to learn one regional variety that will be acceptable and understandable to Scots-speakers from any region of the country[1].

The variety of Scots presented for the learner to speak is that of north-east Scotland. There are a number of reasons for having chosen this area, one of which is that the writer is himself from there. However, there are other reasons, not least of which is that the north-east is the region which has (according to British government figures) the highest percentage of active Scots-speakers. Another is that, although all regional varieties of Scots carry a social stigma to some extent, it is not quite so badly stigmatised in the north-east as it is in some other areas. In other areas, spoken Scots is confined almost entirely to the working class, whereas in the north-east (especially away from Aberdeen) its use among the middle class is not unusual. Lastly, the speech of north-east Scotland has maintained a range of Scots vocabulary and usage that, nowadays, is not so commonly heard elsewhere.

---

[1] It is a myth that Scots-speakers from different areas do not understand one another's dialects.

These reasons are all matters of practical utility. It is most emphatically *not* the aim to suggest that the Scots of north-east Scotland is intrinsically 'better' than the Scots spoken in other areas. However, given that the learner will be learning the north-eastern variety, there are some points to note with this in mind.

- None of the material in the book is written in such a way as to depict specifically the north-eastern pronunciation or, indeed, any specific pronunciation. On the contrary, the spelling of Scots presented in this book is intended to be as generic as possible, and is based on that used in *The Concise English – Scots Dictionary*, produced by the Scottish National Dictionary Association. Where the dictionary gives more than one spelling for a particular word, the writer has chosen that which he personally believes to reflect best the different pronunciations that the word may have.

- The written Scots in this book is intended as a vehicle for presenting and explaining the *spoken* language. It is not intended to serve as a model for the learner's own written Scots (even if it might be possible to use it in the latter fashion).

- Learners from outside Scotland are recommended to use the CD as the model of pronunciation to imitate. On the other hand, learners from Scotland itself, who already have some knowledge of how the words would be pronounced in their own respective region, may prefer to remain with the pronunciation that they know.

- Although the aim of this book is to present a model of good Scots, this is not necessarily the *only* model of good Scots. It is not the purpose of this book to define a 'standard' Scots.

The first few lessons contain material which many Scottish readers may feel to be too basic to bother with. There is a potential pitfall here, of which to beware: readers ought not to assume, simply because they already *understand* all of the material in a lesson, that they have a complete grasp of it. It may be difficult for readers to convince themselves that they have anything to learn from material that they already understand completely. In the end, this is a matter of resolve; if readers start from the assumption that they *have* to learn, and work through material that may seem tedious, then they will learn. If they start from the assumption that they already know, when in reality they do not, there probably will be problems at some future stage.

Beyond those first few lessons, the dialogues in the other lessons are based mainly on a story of a Scottish family living overseas, returning to Scotland for a spring holiday. The story is set in the not-too-distant future, in a post-UK Scotland, where it will be normal again for Scots-speakers to use their language in public life and for personal correspondence. However, in other respects, Scots is presented in this book in as accurate a cultural context as possible. The aim is to familiarise the learner with Scottish people and our country and customs, and to help with this most lessons have sections called *Aboot Scotland* giving background information on particular aspects of Scottish life, and the Scots vocabulary associated with them.

Seven years have passed between this book's beginning and its completion but, even so, it is still far from perfect. For one thing, the problems that arise, inevitably, from the lack of an accepted spelling convention still remain to be solved. For a solution, they must remain for better intellects than that of this ordinary Scots-speaker and enthusiast, who simply wants to share his language with others who have yet to discover it. The writer points out, as always, that this is a book written for people to learn to *speak* Scots, not to write in it. It is his sincere hope that the problem of the spelling convention will be solved eventually – the main problem is a lack of *acceptance* rather than a lack of proposed solutions – and, on that basis, better learners' materials will be produced in the future.

A HISTORY OF SCOTS

At the time when the Roman Empire was in decline, the land that is now Scotland was divided ethnically and linguistically. What is now the centre and south of the country was populated by Britons, who spoke a language that was also spoken in England and Wales, and was the ancestor of modern Welsh. In the north of Scotland, other languages were spoken, and prominent among these was Pictish. In modern times only fragments of written Pictish remain, and it is not clear to us even what kind of language it was, or to which others it was related.

After the Romans' withdrawal from Britain, waves of invaders began to arrive, from Ireland, from the Low Countries, and from Scandinavia. In the west, the people whom the Romans called the Scoti[2] brought the Gaelic language to the part of Scotland that, nowadays, we call Argyll. In the east, the Anglo-Saxon tongue came to what is now south-east Scotland, after Ida Eoppason settled in Bamburgh in the year 547. He and his successors established the ancient kingdom of Northumbria between the rivers Forth and Humber, albeit to have it eventually captured by the Danes in the ninth century. Although Anglo-Saxon was the ancestor of both Scots and English, there were substantial differences between the speech of the Angles who settled in Lothian and Northumbria, and that of the Saxons who settled further south. This is one of the sources of the differences between Scots and English as we know them today.

During the so-called Dark Ages, the territory where Gaelic was spoken widened. By the eleventh century, it was the language of the monarch and the court, and was spoken throughout what we know today as Scotland, with *two* exceptions. Those exceptions were Lothian (which did actually have a Gaelic-speaking minority, and which had continued under its own ruler following the Danish conquest of Northumbria); and Orkney, Shetland, and part of Caithness, which at the time were all Norse possessions. Lothian was finally annexed by Scotland in the eleventh century.

---

[2] The derivation of the name *Scoti* is unclear, although it was probably *not* a name by which the people concerned identified themselves. Even so, the name *Scoti* is the basis of the name 'Scotland' that we use today.

However, the eleventh century also saw the marriage of Malcolm III to a wife from England, and by the end of the twelfth century the language of the monarchy had changed and was a language derived from Anglo-Saxon, a predecessor of modern Scots that was known to its own speakers as *Inglis*. The territory over which this language was spoken was continually expanding at the expense of Gaelic, also known as *Ersche* or *Irische*. As the royal burghs were established in that same century, *Inglis* began to spread through them, and thus grew in economic and political importance.

In spite of the similarity of names, the language of Scotland's royal court was already different from the vernacular tongue spoken in England. There were two reasons for this: first, that the northern Anglian tongue had been different from the southern Saxon one from the very beginning. Secondly, because in England the language of the rulers was French, English came under its influence and underwent changes in vocabulary and pronunciation. Ultimately, Scots too was influenced by French, but at a later time and in different ways. Scots was also influenced by Gaelic, by Dutch, by the Scandinavian languages, and by a different range of borrowed Latin usage. By the middle of the fourteenth century, the people of England already had come to regard the people of Lowland Scotland as speaking a language different from their own. By then, Scots had developed as a written language, and when it began to come into official use during Robert II's reign (1371 - 1390) Scots already had an established literary tradition.

After Scots came into use alongside Latin as a language of state for official business, it held that status at least until James VI's death in 1625. During that period it was the language of all citizens outside Orkney, Shetland and Gaeldom, from the monarch down, and was used by the parliament, courts, judiciary, universities, schools, civil service and the various professions. The Lords of the Isles and the other Gaelic nobility are also known to have been able to use Scots, in both speech and writing, from the fifteenth century onward.

The language eventually took the name *Scottis*, a name that previously had been used to mean Gaelic. The first known reference to it by that name was in 1494, during a particularly outstanding period for literature when a succession of writers known as *the Makars* were producing work in *Scottis* that was respected throughout Europe. With English as the language of England, Scots and English stood as equals in their respective countries. Although they had their similarities, it would have been no more true to say that 'Scots was a form of English' than it would have been to say that 'English was a form of Scots'.

However, at the time of the Reformation, the Church in Scotland saw no necessity to have the Bible translated into Scots, in the belief that the text in English was sufficiently accessible to the people. Even if ministers did translate *ad hoc* as they preached, as is known from transcripts of services, this was still something of a blow to the position of Scots as a medium of literate expression. This was made worse by James VI's decision, on inheriting the crown of England in 1603, to move his court to that country and reign from there. However, the use of Scots in *speech* remained the norm for matters of official business, even after James's death in 1625, but this too had entered a decline by 1707, when the Treaty of Union brought Scotland and England (with Wales) into a unitary British state, the United Kingdom. Before long, a command of English was essential for anyone seeking a successful career, even within Scotland. Thus, English took the place of Scots as the language of the establishment and the educated classes, and among them the use of Scots came to be seen as something to avoid. Even so, Scots did persist as the vernacular of the majority of the population, for casual discourse in the home and the work-place. In some ways, the language continued to grow, and in many areas of the southern and eastern Highlands where Gaelic fell into disuse, it was Scots rather than English that took its place.

Some writers, the most notable of which was Robert Burns, but including others such as Allan Ramsay and Robert Fergusson, continued to use Scots in their work. However, the attitude that Scots was a poor *alternative* to English gave rise, in time, because of their mutual similarity, to a view of Scots as being a poor *form* of English. This was not helped by the way in which these writers chose to spell Scots, making it appear more similar to English than it really was – spelling **nicht** as 'night', for example. It was also not helped by their frequent use of the (now infamous) 'apologetic apostrophe' – for example, **ower** spelt as 'o'er' – implying that some Scots words were simply English ones with letters missed out, in turn implying careless speech. Earlier generations of writers had not written Scots in that way.

Although the various reasons given above had led to a decline in the use of Scots, there was as yet no policy of active eradication. This changed in the nineteenth century, during the highly British-nationalistic Victorian era, when the state sought to impose cultural and linguistic unity on the naturally diverse nations and peoples of Britain. One means chosen for this was the schools, and although Scots had been still spoken in many classrooms until this period, the imposition of English was one consequence of the introduction of state inspection in 1845. Physical force was used to enforce this with children who could not or would not conform. As well as the familiar 'strap' or 'tawse' there are known cases, well into the twentieth century, of schoolchildren having had their arm tied behind their back as a punishment for speaking Scots. In some instances, this led to lasting physical impairment.

SCOTS IN THE PRESENT DAY

The false notion of Scots as a corrupt form of English is still the prevalent one today, even among many people who speak it. For this reason Scots has no acceptance in formal discourse, except among Scots-language activists, although it continues to be used as the spoken vernacular of many people as they go about their everyday business. Scots has some acceptance in folk song and other forms of light entertainment, and there is also a large amount of literature in Scots, although some of the contemporary literature is written by intellectuals who are not fluent in Scots and for whom it is essentially a hobby. Although most literature in Scots is in the form of poetry and short stories, in the twentieth century a number of novels were written.

Under British rule, the official policy until recently within the Scottish educational system has been that Scots is not only inappropriate for use in school, but also completely unacceptable in *any* circumstances whatsoever. It is widely attested that a 'lapse' of a *single word* of Scots (or 'slang', as Scots was often officially deemed to be) in school often used to result in a pupil receiving corporal punishment, until corporal punishment itself was abolished altogether in the 1980s. It is known that, even as recently as 1977, a boy in Dundee was strapped for having said **A dinna ken** to a teacher.

Unsurprisingly, people who normally express themselves in Scots will often, if able, go over to English when with strangers, because not to do so might be seen as uncouth or ignorant. Any person seeking employment involving responsibility or dealing with the public, who uses Scots at the interview, will almost certainly not be employed; the use of Scots will be equated with illiteracy, inarticulacy, low intelligence, or other negative qualities. This usually remains the case even when an adequate command of English *can* be demonstrated.

Given the British establishment's efforts to eradicate Scots, it is perhaps surprising that it continues to be spoken at all. The exact extent to which it *is* spoken is difficult to ascertain, as this has never been investigated in the same way as, for instance, for Scottish Gaelic or Welsh. A preliminary study, which the General Register Office (Scotland) conducted in 1996, suggested that around 30% of the population of Scotland overall uses Scots to some extent, with that figure reaching as high as 90% in the north-east. However in February 2000, the Scottish Parliament voted[3] – in spite of a long campaign by language activists, supported by academics and local councils – *not* to include a question on knowledge of Scots in

---

[3] The division of the vote was revealing, and showed that the position of Scots is an issue tied closely to the question of Scotland's position within the United Kingdom. The parties favouring withdrawal (Scottish National Party, Green, and Scottish Socialist) all voted *for* having the Census question on Scots. Those for remaining in the UK (Labour, Conservative and Liberal Democrat) voted *against*.

the Census of 2001, although as always there was a question on Scottish Gaelic.

As far as official recognition is concerned, with effect from July 2001 the British government ratified the European Charter for Regional or Minority Languages. Specifically, it had ratified Part 3 of the charter with reference to Scottish Gaelic, Welsh and Irish, and had ratified Part 2 with reference to Scots. Part 2 represents a much lower level of status and protection than Part 3 and, even then, it still remained very much to be seen how far any *practical* measures would extend beyond mere lip-service. Government publications and leaflets, although sometimes translated into Scottish Gaelic or other languages such as Urdu and Punjabi, are not officially translated into Scots. The justification offered for this omission is the astonishing claim that no-one speaks Scots as a first language!

On the other hand, there *has* been some limited progress in schools since the inception of the '5 to 14' National Guidelines in the 1990s. Scots now receives token attention in many schools, and more extensive coverage in some. However, for the present at least, Scots does not exist as an examination subject nor is it used in any school as a medium of tuition. Its inclusion in the curriculum is on a *cultural* basis rather than a *pedagogical* one. Many teachers, who in the main are drawn from the English-speaking section of the population, regard the idea of teaching Scots with disdain or, at best, with a large degree of scepticism. Where teachers *do* favour a wider place for Scots, and there is evidence that this is the case in north-east Scotland, the problem then is a lack of support from school management and from government. In 1998 the report *Scottish Culture and the Curriculum*, written by a group of prominent educationists, recommending liberalisation and tolerance towards our indigenous cultures in our schools, was suppressed – most probably under pressure from the Scottish civil service and the educational establishment.

In broadcasting – another issue usually regarded as crucial in the retention of any minority language – Scots has a cursory, marginal place.

There is certainly no proper service of radio or television programmes in Scots as there is, for example, in Scottish Gaelic or Welsh.

At the time of writing, a remarkable background development has taken place, of which the ultimate consequences can only be guessed at. The peace agreement for Northern Ireland, known as the Good Friday Agreement, is being implemented and among its provisions is one of government support for Ulster Scots. As a result, the governments of both territories in Ireland are to spend considerable amounts to support Scots, and the upshot is that much more money will be made available for promoting Scots *in Ireland* than has ever been available in Scotland!

The identification code for Scots, defined in international standard ISO 639, is SCO. (The code for English is EN, and that for Scottish Gaelic is GD.)

SPELLING AND PRONUNCIATION

In general, there are three contending philosophies of how Scots ought to be spelt:

- 'modified English' – where Scots is spelt using the same principles as English, modified where appropriate to show the differences between the two. For example, in a 'modified English' style of spelling, the Scots word for 'house' would probably be spelt **hoose**.

- 'traditional' – where Scots is spelt using the same principles that held when Scots was a language with official status, modified where necessary for modern use. In this style of spelling, the Scots for 'house' would probably be spelt **hous**.

- 'radical' – where earlier ideas are set aside in favour of attempts at simplicity and self-consistency, at the possible expense of having a system that at first may appear unfamiliar, and possibly quite foreign. In such a style of spelling, the Scots for 'house' might be spelt, for example, as **hús**.

Note that **hoose, hous** and **hús** would all be pronounced identically within the contexts of their respective systems. Spelling systems of the 'radical' kind are not widely taken seriously, and if a generally-accepted way of spelling Scots emerges, it will probably involve a combination of elements from 'modified English' and 'traditional' spelling.

As has already been mentioned, the spelling used in this book is based on the Scottish National Dictionary Association's *Concise English – Scots Dictionary*, in which the spelling system used is of the 'modified English' variety. This writer does not believe that this is necessarily the best way to spell Scots, but *does* on the other hand believe that there is a great need for a consistent approach, whatever that approach might be.

As far as pronunciation is concerned, the CD is the non-Scottish reader's best guide, especially regarding the pronunciation of **wh** and **ch**, which are sounds that do not occur in English. However, the following general observations, mainly taken and adapted from the above-mentioned dictionary, are worth noting:

1. **ng** in Scots, for example in **ingan** or **hunger** or **finger,** is pronounced as in the English word 'singer', *not* as in English 'finger'.

2. In Scots, **ch** occurring in the *middle* or at the *end* of a word is generally pronounced as in the name of the composer, Bach (but see immediately below).

3. At the *beginning* of a word, **ch** has the same sound as in the English word 'cheese'. Where this sound occurs later in a word, it is spelt **tch** as in, for example, **fleetch.**

4. **th** in Scots has the same two pronunciations as in English. One is as in 'the', 'that' or 'breathe': the other is as in 'thank', 'thin', 'three' or 'teeth'.

5. **wh** is pronounced *hw-,* not *w-* as in English: for instance, Scots-speakers make a distinction between the respective pronunciations of **wit** and **whit**. In the north-east, **wh** is pronounced as **f** in the

interrogatives **wha, whas, whan, whaur** and **whit.** Some north-east speakers also employ this pronunciation in a range of other words.

6. In some dialects north of the river Tay, the **k** in the initial **kn** is *pronounced* rather than silent in a few words *not* shared with English, such as **tae knipe,** 'to go hurriedly'.

7. **ui** varies according to dialect:

a. in some conservative dialects, the pronunciation is similar to the vowel of French *peu* or German *schön*;

b. in north and east Fife, the pronunciation is like *a* in Scottish Standard English 'late' or 'blade';

c. in many other dialects, the pronunciation in some words is like *i* in Scottish Standard English 'bit', so that **buit** and **bit** are pronounced identically;

d. in northern dialects, the pronunciation is the same as **ee**, except after **c** or **g** (e.g in **cuit** or **guid**) when it is pronounced **wee,** *but* if it is followed by a **k** (e.g in **buik** or **cuik**) then it is pronounced as a short **oo**.

8. **oo** is pronounced as in Scottish Standard English 'groove' or 'moon'.

9. **ey** (as in **pey,** 'pay') is the same as the vowel in the Scots, and Scottish Standard English, pronunciation of 'mine' or 'tile'.

10. **aw** (at the end of a word, e.g in **baw,** 'ball') and **au** (elsewhere in the word, e.g as in **caur,** 'car') are pronounced in the north-east like a long 'a' as in **lang,** and elsewhere like a long 'o' as in (an animal's) **paw.**

11. **ai** (as in **glaiss,** 'glass', or **jaicket,** 'jacket') is pronounced either just like **a,** or else like the **e** in **ken.** It is difficult to generalise here because, for a given word, the choice of one or other form varies from locality to locality and even sometimes from speaker to

speaker. From a learner either of the two will be acceptable, without any difficulty in comprehension for the person listening. There are examples of both forms of pronunciation on the CD.

12. **ei** (as in **breiks**, 'trousers', or **heich**, 'high') is usually pronounced to rhyme with **see**. In some words (including the two examples immediately above) some speakers shorten this sound so that it rhymes with **lick**.

SOME PERSONAL ADVICE

This section is intended mainly for learners from outside Scotland.

In bygone times, when Scots was a language with official status, it was not unusual for people outside Scotland to learn it. We know, for example, that some Scandinavian kings and queens spoke Scots. However, those days are long gone, and as a student of Scots today, you are taking something of a step into the unknown. For the present, studying Scots is not comparable to, for instance, studying Spanish in order to go to Spain or Mexico. It is not unknown for resident incomers, who settle in strongly Scots-speaking areas such as north-east Scotland, to learn it from their spouse or from neighbours; but it remains to be seen what will be the reaction of today's Scots-speakers to hearing their tongue spoken by *visitors* who have learnt it *from a book*.

I think, and you may well agree, that they really ought to be on their knees thanking you for caring, but not all may see it that way, at least to begin with. Bear in mind that the social stigma attached to Scots is very great, and it is widely regarded as a form of 'bad English' spoken only by people who know no better. Sadly, many speakers are likely to be unable at first to understand why anyone would even *want* to learn Scots, and to be suspicious of the motives of anyone who does so.

If you are from outside Scotland, and intend to visit Scotland at some stage, my sincere advice to you is *not* to try immediately to deal in Scots with people that you meet casually. For one thing, not all Scottish people speak Scots, and even of those who do, some who hear it spoken with a 'foreign' accent, and do not yet understand the sincerity of your interest, may jump to the conclusion that you are 'mimicking' them in order to make fun of them.

Instead, I suggest that you spend some time getting to know people and win their confidence, at first using English, which nearly all Scots-speakers also understand. Then, at the appropriate point, you can explain your interest in Scots, making a particular point of emphasising your interest in *speaking* it. Some may not understand what you mean by 'Scots', and assume that your interest is in Scottish Gaelic, but it may help if you show this book. It may also help if you say that you mean 'broad Scots' or, in north-east Scotland, 'the Doric'. Even then, some will still not be interested, but others – most likely those who themselves are most at home in Scots anyway – will be delighted.

Apart from this, it is especially important to remember that there is no generally-accepted standard form of Scots, and that the Scots spoken by everyday speakers may differ from what is given in this book. You must not see this as an issue of 'correctness' or otherwise on their part.

Some of this may sound like a great deal of bother to learn a language for which there is no real necessity when it comes to matters of practicality, such as shopping or arranging accommodation. However, the positive side is that, if you master Scots and your use of it is accepted by everyday Scots speakers, you will be among people on a level of familiarity that, in English, simply would not be possible.

HOW TO USE THE BOOK

To develop a good knowledge of pronunciation, non-Scottish readers are strongly recommended to use the CD. The vocabulary accompanying each dialogue gives the meanings of those words which are not the same as in English. Any particular points to note about words given in the vocabulary – irregular plurals, for example – are given either with the word itself, or the more extensive notes about the vocabulary which are given after the vocabulary itself.

Grammatical aspects are explained as the lessons go by. The emphasis is on those aspects of Scots grammar that *differ* from those of English; nowhere is it stated, for example, that the genitive is formed in Scots by the suffixation of 's to the nominative, as this grammatical point is exactly the same as in English. Where explanations contrast Scots with English, the variety of English meant here is the quasi-standard set for the United Kingdom by the dialect of educated people in south-eastern England. Other varieties of English, such as those spoken in northern England and especially in Scotland itself, can show a greater degree of similarity to Scots.

One other notable variety of English, to which reference is made at various points in this book, is known as Scottish Standard English. This is the form of English used in Scotland for formal discourse and on radio and television. In its written form it is almost identical to its counterpart from England, although minor differences do exist. In its spoken form, its pronunciation reveals the influence of Scots, such as the prevalance of simple vowels where its English counterpart has diphthongs.

As ought to be clear from the introduction, the emphasis in this book is on the form of Scots spoken in north-east Scotland. Where an explanation concerns some aspect of Scots *specific* to north-east usage, the reader is alerted to this by the symbol NE to the left of the text. Except where otherwise stated, these language features should be learned with a view to using them *actively*.

On the other hand, some explanations concern the forms used *elsewhere* in Scotland, where these are different from the forms used in the north-east. The reader is alerted to these explanations by an outline of Scotland to the left of the text. These language features are not necessarily to be learned with a view to actively using them, but rather are to help *comprehension* when listening to speakers from areas other than the north-east.

Readers will notice that the two symbols above occur much more frequently in the *early* part of the book, rather than later on. Divergence between the various dialects of Scots, is more apparent in the more basic features of the language. There is a greater degree of convergence between the dialects as the course advances.

The sections *Aboot Scotland* in most of the lessons each give background information about some aspect of Scottish life or culture. The sections *Guid tae Ken*, in the other lessons, enlarge on the vocabulary relevant to a single specific topic, not necessarily specific to Scottish life. Any relevant Scots vocabulary is given as is necessary, and is shown in **bold face**, as it is throughout the remainder of the book.

The various dialogues in the lessons have been developed primarily as a means of *illustrating the use of language*, rather than as an exercise in creative writing or story-telling. This is why, for example, in Unit 21 Helen Grant asks for directions in the centre of Aberdeen, even though we find out later that she attended Aberdeen University in her younger days. Readers noticing any other inadvertent 'holes' in the plot are asked (please!) to excuse them.

When the reader feels confident with the material in each unit, it is possible to check progress by working through the exercises at the end of each one.

1
WHIT'S THON?
What's that?

IN THIS UNIT YOU WILL LEARN:

- some basic Scots greetings and conversational expressions
- to ask what things are
- to state what things are
- what Scotland's indigenous languages are, and where they are spoken

SPEIK

conversation

The dialogue below will introduce you to some useful everyday Scots phrases and expressions for meeting, greeting, and interacting with someone you know. Here, Isabel and Pat are neighbours who meet while out shopping.

Pat	Hello Isabel, whit like?
Isabel	Nae baud at aw, an whit like yersel? Whit like's the bairns?
Pat	Jist rare, aw o us. Whit a bonnie day tae be oot an aboot!
Isabel	Ay, it is that. Are ye gettin yer messages?
Pat	A'm sorry, whit did ye say?
Isabel	A'm sayin, are ye gettin yer messages?
Pat	Ay, an whit aboot yersel?
Isabel	A'm jist on ma wey hame.
Pat	Och weel, ye're aheid o me the day! A'll awa noo, then. See ye efter!
Isabel	Ay, see ye efter!

VOCABULAR 1

vocabulary 1

whit like?	how are you?	nae baud at aw	not bad at all
yersel	yourself	bairns	children
jist rare	just great	aw o us	all of us
bonnie day	fine day	oot an aboot	out and about
messages	shopping	A'm sorry	I'm sorry
whit did ye say?	what did you say?	ma wey hame	my way home
och weel	oh well	aheid o	ahead of
the day	today	A'll awa noo	I'll go away now
see ye efter!	see you later!		

RECORDIT TEXT
recorded text

The first few units also contain sections such as this one, to introduce the reader to basic elements of Scots sentence construction, outside the context of any particular conversation or discussion. From these, the reader can also learn the pronunciation of any vocabulary used in them.

For Unit 1, the text below consists of a series of *statements* about what a number of ordinary everyday items are, interspersed with *questions* about what items are. The vocabulary list following the text will help the reader understand what is being said, if there is any doubt.

This is a hoose. That's a brig. Thon's a flee. This is a jaur. That's an aipple. Thon's a lum. This is a glaiss. That's a flooer.

a jaur, a flee, an aipple... a hoose, a glaiss, a flooer... whit's this? It's a flee. Whit's that? It's a jaur. Whit's this? It's an aipple. Whit's that? It's a hoose. This is a spuin. That's a wa. That's a winda. This is a licht. This is a stane, an this is a flooer.

This here is ane o the hooses, an thon there is ane o its windas. That's ane o the lums o the hoose. That's ane o the flooers A got the day, an this is the glaiss jaur it's in.

VOCABULAR 2

aipple	apple	**stane**	stone
brig	bridge	**wa**	wall
flee	fly	**winda**	window
flooer	flower	**tae be**	to be
glaiss	glass	**this**	this

hoose	house	**that**	that
jaur	jar	**thon**	*see below*
licht	light	**whit?**	what?
lum	chimney	**an, and**	and
spuin	spoon	**ane o**	one of

NOTES ON THE VOCABULAR

1 *Demonstrative adjectives/nouns*

Whereas English has two demonstrative adjectives/nouns – 'this' and 'that' – indicating distance from the person speaking, Scots has *three* levels: **this, that** and **thon**. This has the same meaning as in English, and although **that** and **thon** are interchangeable to some extent, **thon** usually refers to something further away than **that**. Generally, **thon** is used particularly often when referring to something *not* in the presence of the person speaking. Note also that **thon** can sometimes take the form **yon**.

 In the spoken Scots of the north-east, the initial 'th' in **this, that** and **thon** is often dropped in conversation, simply for the sake of euphony. Note that it is not necessary for learners to imitate this, although it is helpful for comprehension to know of it.

The *plural* forms of these demonstrative adjectives and nouns (as expressed in English by 'these' and 'those') are explained in the next Unit.

2 *Wa*

The plural of this, **was**, should not be confused with the English word 'was'. The Scots for 'was' is **wis**, as will be seen later.

3 *Whit like?*

Whit like?, meaning 'how are you', is the commonest greeting used between Scots-speakers from north-east Scotland. Alternatives to **whit**

like? include **hoo are ye?** (with the same meaning) or **hoo's it gaun?** ('how's it going?').

4 *Winda*

This is our first example of a sizeable group of words, where there is a significant difference in pronuncation of the final 'a'. In the north-east and in some other dialects of Scots, it is pronounced more or less just as the spelling suggests.

In some other dialects, the whole word sounds rather like the word 'windy'. Where such a pronunciation is used, it might be represented in writing with a spelling such as **windae**.

5 *Bairn*

Another word for child, **wean**, is used in some parts of Scotland. However, **bairn** is the more widely used (geographically) of these two words, as well as being the word used in the north-east, and so **bairn** is the word used in the lessons and exercises.

LANGUAGE PATTRENS
language patterns

1 *Indefinite and definite articles*

Scots has the same three articles as English: **a** (before a consonant) and **an** (before a vowel) are the indefinite articles; and **the** is the definite article.

As with **this, that** and **thon**, the 'th' in **the** is sometimes dropped in north-east speech for the sake of euphony, and this is sometimes shown in writing as **'e**.

In some other areas, the 'th' in **the** is pronounced as 'r' *in some expressions* when spoken quickly.

There is no actual need for learners to imitate either of the points above, but they are useful to know for comprehension.

2 The infinitive

As **tae be** in the vocabulary list above shows, the infinitive marker in Scots is **tae**, corresponding to 'to' in the English 'to be'. As with 'to' in English, **tae** has roles other than that of the infinitive marker, and these will be explained as the course proceeds.

3 Emphatic and unemphatic forms

The vocabulary list above showed not one, but *two* Scots words corresponding to the English word 'and'. This is our introduction to an aspect of Scots grammar which will be dealt with in some detail in this course. Many words in Scots have *emphatic forms*: that is, forms used in order to place particular emphasis on the word in the context of the sentence in which it occurs. This is also true of certain words in English, but a range of words have emphatic forms in Scots, which in English could be emphasised only by the tone of voice (in speech) or by using italic script.

The normal, *unemphatic* form of the word is **an**, as in

Tam an Mary's in the hoose.

However, if someone had misunderstood what was being said, and thought that Tam was alone in the house, then the speaker might say

Tam *and* Mary's in the hoose

where **and** is the emphatic form of the word. From now on, if a word has an emphatic form distinct enough to be represented in writing, it will be given in the vocabulary list along with the ordinary form. However, there are many words where the difference between the forms is not shown in writing. A list of these is given in Appendix B, giving for each one a description of the differences in pronunciation between the two forms.

4 *Plural nouns*

The commonest means of forming the plural in Scots is, as in English, the addition of -s or -es to the end of the word. However, as is also the case with English, there are words that form their plural in other ways, such as **ee** ('eye', pl **een**) or **sheep** (pl **sheep**). Also, there are some words in Scots that have *regularly-formed* plurals, such as **wifes** or **leafs**[4], whereas the same plurals in English are *irregular*.

Whenever a word is introduced whose plural formation is different from the usual pattern, or from what might be assumed based on a knowledge of English, the plural will be given as well as the singular.

ABOOT SCOTLAND

Scotland is a small-to-medium sized European country, having a population of around five million. It lies in the northern part of the island of **Britain**, with **England** immediately to the south, **Norway** to the east across the **North Sea**, and **Northren Ireland** (Northern Ireland) to the south-west across a short stretch of sea, **the Sheuch** (the North Channel). Across the **Pentland Firth** to the north, **Orkney** and **Shetland** are island territories which have been under Scottish jurisdiction since the fifteenth century, but which were once Norwegian possessions and whose cultural heritage is more Scandinavian than Scottish.

The language spoken by the majority of Scotland's population today is English, as a consequence of the country's current position under British rule. However, there are two minority languages that have a much longer history in Scotland, and these are **Scottish Gaelic** and **Scots**. The first of these, **Scottish Gaelic**, is a Celtic language and is closely related to a similar language spoken in Ireland, known as **Irish Gaelic** or **Irish**.

---

[4] In general, the rule in English that **f** at the end of a word becomes a **v** in the plural, does not hold in Scots.

Centuries ago most of Scotland's population spoke Gaelic but, as a result of policies intended to eradicate it, only some 50,000 people now speak Scottish Gaelic. Its strongest concentration of speakers is in the islands off the **West Coast**. Although the current policy is to promote it, even in areas where historically it was spoken by only a few or not at all, Scottish Gaelic remains very much an endangered language.

Scots is a Germanic language, to which English is similar, and it too was at one time spoken by much more of the population than nowadays. It was also the spoken and written language of government, but (for the same reason as for Gaelic) its use has declined in more recent times, although not to the same extent. The extent to which it *is* still used has never been properly researched, but a survey conducted in 1996 by the British government suggested that around 30% of Scotland's population use it to some extent.

In simple terms, Gaelic can be thought of as the language of the Highlands, and Scots as the language of the Lowlands. Here, the word 'Lowlands' is being used in a cultural rather than a strictly geographical sense, although of course there *is* a degree of overlap between the two. In the cultural sense, the description 'Lowland' includes not only the areas that are usually thought of as the **Lawlands**, but also other areas reaching further north along the **East Coast**. The main areas concerned are Angus, then the north-east counties of Kincardineshire, Aberdeenshire, Banffshire and Morayshire, and lastly Caithness.

Scotland's major centres of population are situated in the Lowlands, including the capital, **Edinburgh** (a name sometimes shortened to **Embro**), and the largest city, **Glesca** (Glasgow). However, Scots as spoken in the cities is very often an anglicised form of Scots – Scotland's largest and most cosmopolitan city, Glasgow, is not nearly as strongly Scots-spoken a place as is often thought – while more traditional and distinctive forms are maintained in the **landwart airts** (rural areas). The everyday speech of Shetland people is derived from both Scots and **Norse**, which their forebears spoke. An Irish-accented form of Scots known as **Ulster Scots** is spoken by some in parts of that province.

An area of Scotland with a large concentration of speakers of well-preserved, distinctive Scots is the rural and coastal part of **Nor-East Scotland** (North-East Scotland) and the CD gives the pronunciation of Scots found in that area. There, Scots is often known by the nickname **the Doric**, although at one time this might have referred to the Scots of *any* area. Either way this is misleading, as neither Scots nor any area of Scotland has any strong connection with the Greek region of Doris. The Victorians' adoption of 'Doric' as a name for Scots originated in the fact that, in the context of classical Greek culture, the name carried connotations of rusticity and backwardness.

EXERCEISES
Exercises

1. How would you deal *in Scots* with these situations?
a. A Scots-speaker has just asked how you are. Answer and say that things are going 'not badly'.
b. Ask her how she is herself.
c. Say that it's a fine day today.
d. The Scots-speaker says something else to you, but you don't understand it. What would you say to her?
e. Say that you're going now, and that you'll see her later.

2. Read the following questions then answer them *in Scots*, based on the dialogue above.
a. What kind of day is it?
b. Where is Isabel going?
c. What is Pat in town for?
d. How are Pat and her children?
e. How is Isabel?

3. Imagine that you are some distance from the person speaking to you, and that what he refers to as **thon** becomes for you **this**, and

similarly in reverse. Answer the following questions using the answers suggested in brackets, as in the examples:

Whit's this? (aipple) → Thon's an aipple.
Whit's thon? (winda) → This is a winda.

a. Whit's this? (hoose)
b. Whit's thon? (licht)
c. Whit's this? (brig)
d. Whit's thon? (flee)
e. Whit's this? (lum)
f. Whit's thon? (glaiss)

4. How do you say the following in Scots?

a. How are you today?
b. Are the children on their way home?
c. My house has stone walls, glass windows, and a chimney.
d. That's one of my children.
e. The flower is in a jar.
f. I'm getting some apples.

2
NAW, IT'S NAE
No, it isn't

IN THIS UNIT YOU WILL LEARN:

- to state what things and people are *not*
- to ask who people are
- to answer 'yes' and 'no'
- about Scottish place-names
- some more basic Scots conversational expressions

SPEIK

The dialogue below will introduce you to some more useful everyday Scots phrases and expressions for meeting, greeting, and interacting with someone you know. Here, Sandie and Maggie are business acquaintances who meet by chance in a restaurant while away from home.

Sandie	Hello agane Maggie, guid tae see ye!
Maggie	Ay, guid tae see you an aw!
Sandie	Whit are ye daein in Glesca?
Maggie	A'm here for the exhibeition in the SECC[5].
Sandie	Is thon the fishin exhibeition?
Maggie	It's nae that, it's 'Saftware for Sma Businesses'. Whit brings you here?
Sandie	Nae thon, oniewey! A'm jist here for the nicht, an A'm awa tae New York first thing the morn.
Maggie	New York, eh? Aw richt for some!
Sandie	It's nae a holiday, though, it's business an aw.
Maggie	Och weel, hae a rare time oniewey!

VOCABULAR 1

agane	again	guid tae see ye	good to see you
whit are ye daein?	what are you doing?	you	you *(emphatic)*
		sma	small
saftware	software	the nicht	tonight
nae that	not that	aw richt	alright
the morn	tomorrow	och weel	oh well
an aw	too, also	oniewey	anyway
hae	have		

---

[5] SECC = Scottish Exhibeition an Conference Centre

RECORDIT TEXT

For Unit 2, the text below consists of a series of *statements* about what a number of ordinary everyday items are, interspersed with *questions* about what items are. The vocabulary list following the text will help the reader understand what is being said.

Whit's this? Whit's that? Whit's thon? Whit's this anes? Whit's that anes? Whit's thon anes?

Is that burds, at the winda? Ay, it is. Is thon buiks, by the wa? Naw, it's nae. Is this glaisses, on the table? Ay, it is. Is thon anes your glaisses? Naw, they're nae. Is that caurs the Glesca fowk's anes? Ay, they are.

Whit's thon? It's some claes. Whit's thon? It's some fowk.

Wha's this? It's a wumman. Wha's thon? It's some fowk. Is that fowk weemin? Naw, they're men. Is thon bodie a man? Naw, it's a wumman. Is thon man a Glesca bodie? Ay, he is that. Is this wumman an Aiberdonian? Naw, she's nae that.

VOCABULAR 2

bodie	person	weemin	women
buik	book	nae / no	not
burd	bird	nae	no (adj)
caur	car	wha?	who?
claes	clothes	ay	yes
fowk	people	naw	no (adv)
wumman	woman		

NOTES ON THE VOCABULAR

1 *Wumman* / *Weemin*

Note the irregularly-formed plural form of this word.

2 *No* / *Nae*

The words **no** and **nae** are used with *verbs* in order to negate them, and both correspond to the word 'not' in English, for example in constructions such as 'is not' or 'will not'.

 The choice of one or other of the forms **no** or **nae** is a matter of regional variation, with **nae** used in the north-east, and **no** used elsewhere in the country. The word will be written **nae** in the *dialogues* and *exercises* in this book, because it is appropriate to the north-eastern regional dialect presented on the CD.

On the other hand, the representation **no(nae)** will be used in the *examples* and *grammatical explanations* to show that either **no** or **nae** might be heard from different speakers. Note that neither of these forms ought ever to be considered more 'correct' than the other, and that speakers from any region will understand without difficulty the form other than their own.

The explanation above concerns regional variation in the use of **nae** and **no** in the negation of *verbs*. On the other hand, **nae** is the one form *always* used, irrespective of region, when a *noun* (possibly a verbal noun) is negated – for example, in a construction such as **nae smokin** ('no smoking'), or in compounds such as **naebodie** ('nobody' or 'no-one').

For an explanation of the negation of verbs in general, which is an important subject in its own right, see **LANGUAGE PATTRENS** below.

3 *Wha*

The role of this word in Scots is more restricted than that of 'who' in English. In English, 'who' serves in two roles, an *interrogative* one (as in 'who saw you?') and a *relative* one (as in 'the person who saw me'). On the other hand, in today's Scots **wha** has *only* the interrogative role; the relative role is expressed differently, and is explained in Unit 23.

4 Ay and Naw

An equivalent of **ay** occurs occasionally in very formal English, such as is used in the (British) House of Commons, and in English the word is spelt 'aye'. However, the convention accepted more and more nowadays in Scots is that the spelling **aye** is used for another word altogether, with the meaning 'always' (see Unit 13).

Naw only means 'no' in the sense of the opposite of 'yes'. (On the other hand, the English 'no' when used to negate a *noun* is expressed as **nae** in Scots, as was explained above.) There are several different ways of pronouncing **naw**, varying from locality to locality, from speaker to speaker, and even sometimes simply for euphony as perceived by the speaker. This variety is reflected in the differing pronunciations heard on the CD. The learner can use any of the different forms, with no risk of being misunderstood.

5 This, that and thon – plural forms

.In English, the plural forms of 'this' and 'that' are 'these' and 'those', respectively. In Scots the respective plural forms of **this, that** and **thon** are different between the north-east and the rest of the country

NE In the north-east, **this, that** and **thon** are all also used as *plural* forms as well as singular. As this course is based on the north-eastern variety of Scots, these are the forms given in the dialogues and exercises.

In Scots as spoken in most *other* parts of Scotland, the plural forms are **thir, thae** and **thon** (or **yon**) respectively.

Note that **thon** or **yon** is always the same in the plural as in the singular. However, the actual *usage* of the Scots plural forms is not identical to that of 'these' and 'those' in English. This is explained in full in **LANGUAGE PATTRENS**, below.

LANGUAGE PATTRENS

1 Negating verbs

In Scots, there are *two* forms of negation used with verbs.

- One of these has been shown in the vocabulary section above, namely the addition of **no(nae)** as a separate word following the verb, such as in **we're no(nae)** or **he's no(nae)**.

- The *other* form of negation involves the use of the negative particle **-na**, inflected into the verb itself, to give forms such as **canna** ('cannot') and **dinna** ('do not'). There will be more examples of this as the course proceeds.

In English, the difference between constructions such as 'isn't' and 'is not' is only the degree of formality but, in Scots, the distinction between the constructions involving **no(nae)** and **-na** operates differently. In some situations only one of the two forms is actually acceptable; in others, the only distinction is one of euphony as perceived by the person speaking; in a few situations, the choice of one or the other actually affects the meaning of the sentence. These issues are all explained in detail as the course proceeds, and are summarised at the end of Appendix A.

With the verb used in the **RECORDIT TEXT** above, **tae be**, there *is* a choice in the present tense, between the following forms:

am no(nae)	are no(nae)	is no(nae)
'amna'	arena	isna

The choice here is a matter of euphony. The form 'amna' is shown in quotes because 'A amna' is difficult to say and so, in practice, it is *very* seldom used.

2 'That' for emphasis in short sentences

In short sentences without an object, a special construction involving **that** can be used for greater emphasis.

She is!	*She is!*
She is *that*!	*She is!*
She's no(nae)!	*She isn't!*
She's no(nae) *that*!	*She is not!*

The above constructions with **that** are usually used either as an answer to a question, or to contradict a statement made by someone else. There are example of this in the **RECORDIT TEXT** above.

As well as with the verb **tae be**, emphasis with **that** can also be added to **tae dae** ('to do'), to **tae hae** ('to have'), and to modal verbs. As another example, consider **we are** and **we're no(nae)** as given above:

We are *that*!	*We are!*
We're no(nae) *that*!	*We are not!*

3 *More about demonstratives*

It will be apparent from the recorded text above that there are other ways in which these words are used differently from 'these' and 'those' in English. A statement in English such as 'these are flowers' actually has *two* counterparts in Scots, one or other of which may be used according to just what it is that the speaker intends to say. To understand this, it will be helpful to bear in mind that in English 'these are flowers' is actually the plural form of *two* different sentences, each of which has its own specific meaning. These sentences are 'this is a flower' and 'this one is a flower'.

Corresponding to the (singular) statements above, one may say in Scots one or other of the following (singular) statements:

This is a flooer.   *or*   **This ane's a flooer.**

However, whereas in English the plural of *both* these sentences is just 'these are flowers', in Scots the distinction between the two forms is *retained*. However, the way in which they are actually expressed is a matter of regional dialect.

34

In the north-east where **this** is used for the plural as well as the singular, the plural forms are

This is (some) flooers.   **This anes is flooers.**

On the other hand, in areas where the plural form **thir** is used, the plural forms of the above two sentences are:

Thir's flooers.   **Thir anes is flooers.**

In both instances, note the use of an apparently *singular* verb, **is**, with subjects which in all of these examples are *plural*. The concord here is wholly correct, and although there is some variation between the various dialects of Scots, in general the specifically plural forms of verbs are used *only* with the pronouns **we, ye/you,** and **they.** Plural subjects other than these personal pronouns generally take the same form of the verb as used with singular subjects, as in the above examples.

Lastly, note also that the above example, although based on **this/thir,** illustrates a pattern that applies equally to **that/thae.**

'those are children'

That's (some) bairns.   **That anes is bairns.**

Thae's bairns.   **Thae anes is bairns.**

Thon (or **yon**) is, of course, both singular and plural regardless of regional dialect.

'those are jars'

Thon's (some) jaurs.   **Thon anes is jaurs.**

Note the similar patterns in sentences *describing* the subject of the sentence rather than *defining* it...

'those are in the hoose'

That's in the hoose.   That anes is in the hoose.

Thae's in the hoose.   Thae anes is in the hoose.

...and in the *object* of the sentence rather than the *subject:*

'She'll take these'

She'll tak this.   She'll tak this anes.

She'll tak thir.   She'll tak thir anes.

Scots forms such as **this anes** or **thir anes** are at the root of constructions such 'these ones' which are often heard in Scottish English, when a 'standard' English speaker would usually say just 'these'.

4 'Those' as a partitive pronoun

A further brief point to note is that, in English, 'those' can be used in a *partitive* as well as a demonstrative sense. When 'those' is used in this way in English, the equivalent in Scots is **the anes** or **thaim** (the emphatic form of **them**). For example:

Thaim that's wantin can leave.
Those who want may leave.

For the anes that disna tak meat, we'v vegetable lasagne.
For those who don't eat meat, we've vegetable lasagne.

ABOOT SCOTLAND

Many places in Scotland have Scots names different from those used in English. The English names are those which the visitor will see used on maps and signs and in official publications, and are those nearly always used for addressing mail, whereas the Scots forms are generally used only in conversation between Scots speakers. However, even Scots speakers themselves tend to know the Scots names of only those places with which they themselves are familiar, and so the extent of use of a Scots placename depends very much on the size of the place itself.

For example, the Scots name of a village such as **Cyauk** (in English, New Pitsligo) would tend to be known to speakers only for a few miles into the surrounding area, but the name of a sizeable town such as **The Broch** (in English, Fraserburgh) would be known throughout the whole of the region in which it is situated. The name of the largest city, **Glesca** (Glasgow), is known all over Scotland, and even outside it to some extent.

The differences between Scots and English placenames arise in different ways. In some instances, such as **Cyauk** above, the names are completely different both in their current form and in their origin. The same principle can be seen in, for example, **Gaimrie** (in English, Gardenstown) or **Foggie Loan** (known in English as Aberchirder, although this is actually a name of *Celtic* origin – see below).

In other instances, names are of Celtic or Norse origin, and have taken different forms as they have been adapted into Scots and into English. **Glesca** (Glasgow), **Aiberdein** (Aberdeen) and **Tamintool** (Tomintoul) are examples of this. In others still, the original names were Scots, and the English forms were created simply by translating the Scots name, or part of it. Examples of this can be seen in 'Townhead' and 'Bridgeton' (the Glasgow districts **Toonheid** and **Brigton**), and 'Stonehaven' (originally **Stanehive**).

Another tendency sometimes found is for British officialdom to take a Scots placename, and modify it or invent a replacement for it, either because its meaning is not understood, or because the original is simply too Scottish. The former tendency can be seen in the name of the Aberdeen district of **Fittie** which, for official purposes, is known by the invented name 'Footdee'. The latter can be seen in the name of Glasgow's shopping thoroughfare, **Sauchiehaugh Street** (from **sauchie haugh**, 'willowy river-meadow'), which has been replaced by the officially-created corruption, 'Sauchiehall Street'.

Here is a fuller list of the names in Scots of various towns and cities in Scotland, each alongside its equivalent in English. As will be seen, with some places there is no difference between the respective Scots and English forms.

English	*Scots*
Aberdeen	Aiberdein
Barrhead	Baurheid
Coatbridge	Coatbrig
Cumbernauld	Cummernaud
Dundee	Dundee
Dunfermline	Dumfaurline
Edinburgh	Edinburgh (or Embro for short)
Falkirk	Fawkirk
Forfar	Farfar
Fraserburgh	The Broch
Galashiels	Galae
Glasgow	Glesca
Jedburgh	Jethart
Kilmarnock	Kilmaurnock
Motherwell	Mitherwal
Paisley	Paisley
Perth	Pairth
Peterhead	Peterheid (nicknamed The Blue Toon)
Stirling	Stirlin
Stonehaven	Stanehive
Stornoway	Stornowa
Stranraer	Stranraur
Thurso	Thursa
Wick	Weik
Wishaw	Wishae

Formerly, there was an extensive range of Scots names for other countries and their towns, languages, and inhabitants. Few of these are in general use nowadays, due to the current lack of official status and usage for Scots. However, the Scots names *are* still to be found in historical written material. Here are a few examples of them:

Country	Capital	Language
Austrik	Vienna	Heich German
Denmark	Colpenhaven	Dens
Fraunce	Pairis	Frainch
Norroway	Upslo	Norn
Roushie	Moscow	Roushien
Swaden	Stockhollom	Swaddish

EXERCEISES

1. While in Perth, you happen to meet a Scots-speaking friend.
a. Tell him that it's good to see him.
b. Ask what he is doing in Perth.
c. Say you're there for a book exhibition.
d. Ask what your friend is doing that night.
e. Say you're going away to Edinburgh the following day.
f. Tell your friend to have a great time.

2. Read the following questions aloud, then answer them *in Scots* based on the dialogue above.
a. Whit place is Maggie an Sandie in?
b. Whit's Maggie in Glesca for?
c. Whit's Sandie daein there?
d. Is he in Glesca for a month?
e. Is he awa for business, or a holiday?

3. Imagine that you are some distance from the person speaking to you, and that what he refers to as **thon** becomes for you **this**, and

similarly in reverse. Answer the following questions using the answers suggested in brackets, as in the examples:

Whit's this? (buiks) → Thon? Thon's buiks.
Whit's thon? (claes) → This? This is claes.

a. Whit's this? (stanes)
b. Whit's thon? (spuins)
c. Whit's this? (aipples)
d. Whit's thon? (leafs)
e. Whit's this? (glaiss jaurs)
f. Whit's thon? (flooers)

4. How do you say the following in Scots?

a. What are you doing here?
b. Those people are here for tonight, anyway.
c. I'm off to Peterhead first thing tomorrow.
d. What's the quickest way to Dundee?
e. That isn't the quickest way at all.

5. Answer *emphatically* in the negative, to the question or to the statement with which you disagree, as in the examples:

Is this the road tae Jeddart? → It's nae that!
The shop's nae open the day. → It is that!

a. Sandie's in Glesca for a month.
b. Are ye wantin a cigarette?
c. This anes is the best.
d. Sandie's nae awa tae New York.
e. A'm the first ane tae get here.
f. Is Maggie in Glesca for the fishin exhibeition?

3
WHIT DAE YE DAE?
What do you do?

IN THIS UNIT YOU WILL LEARN:

- to ask about the identity of people and things
- to ask what people do for a living
- to say what people do for a living
- about working life in Scotland
- some Scots terms and conversational expressions related to work

SPEIK

Here, Dauvit is asking about the new job that his friend, Alasdair, has just started. Some Scots words for different types of job are given in **ABOOT SCOTLAND**, below.

Dauvit	Whit's this A'm hearin aboot you haein a new job?
Alasdair	Ay, that's richt.
Dauvit	That's weel duin! Whit kin o a job is it, then?
Alasdair	It's in thon new supermaircat on the main road jist afore ye come intae the toon. A'm wirkin in the office.
Dauvit	Sae whit are ye daein there?
Alasdair	A'm in chairge o the day-tae-day accoonts an the peyroll.
Dauvit	It soonds lik a gey responsible kin o a job.
Alasdair	Ay, fairlie that. Ye wadna think some o the things ye hae tae dael wi.
Dauvit	An a cheinge fae bein a dominie an aw.
Alasdair	Ay, an nae hauf sae stressfu, A can tell ye!

VOCABULAR 1

duin	done	kin o	kind of
afore	before	intae the toon	into town
wirkin	working	sae	so
in chairge o	in charge of	accoonts, peyroll	accounts, payroll
soonds lik	sounds like	gey	very
fairlie that	certainly so	wadna	would not
dael wi	deal with	cheinge fae bein	change from being
dominie	schoolmaster	nae hauf sae	not half so
supermaircat	supermarket		

RECORDIT TEXT

Listen to the following text, which is on the CD. It consists of a series of *statements* about what people do, interspersed with *questions* about what they do. The vocabulary list following the text will help you to understand what is being said. Other vocabulary can be found under *Aboot Scotland*, later in the lesson.

Whit dis this man dae? He's an ingineer. Whit dis this wumman dae? She's a doctor. Whit dis that twa weemin dae? They're secretars. Whit dis this twa mannies dae? They're polismen. Thon man is oot o wark an disna hae a job.

Wha's this? It's the doctor. Wha's thon wumman? She's the doctor's secretar. The doctor's secretar is a fermer's lass. Whit dis this man dae? Is he a jiner? He's nae a jiner, he's a scaffie. Wha's that bairns? They're the dominie's bairns. Whas bairns are they? They're the dominie's.

Whaur dis the fermer dae his wark? The fermer wirks on the land. Whaur dis the fisherman dae his wark? The fisherman wirks at sea. Wha's thon laddie? Thon's the toon droggist's son. Whit dis the droggist's man dae? He wirks as an accoontant.

VOCABULAR 2

faimlie	family	man	husband
ferm	farm	secretar	secretary
fermer	farmer	toon	town
ingineer	engineer	tae dae	to do
lad, laddie	boy	dis	does
lass, lassie	girl	tae wirk	to work
whaur	where	wark	work (n)
whas?	whose?	oot o wark	unemployed

NOTES ON THE VOCABULAR

1 Ingineer

Like its English counterpart, this word is from the Latin root *ingenio*, meaning 'I devise'.

2 Lad and Lass

In the north-east, the words **loon** ('boy') and **quine** ('girl') are also used. Although at one time their use was more widespread, their use nowadays is localised. For that reason, this course uses **lad** and **lass** which are also used in the north-east, as well as **loon** and **quine**.

With particular regard to **lassie** and **laddie**, note here the use of the diminutive particle, -ie. The same diminutive particle can be heard in the forms loonie and **quinie**, which are localised in the same way as **loon** and **quine**.

There is a distinction between **lad/loon** and **lass/quine**, on the one hand, and **laddie/loonie** and **lassie/quinie** on the other. The former (i.e. non-diminutive) forms can, at times, be used when speaking of people of *any* age, or at least, any age younger than that of the person speaking! On the other hand, the latter (i.e. diminutive) forms are used *only* when speaking of children or young people. In particular, **quinie** is used only when speaking of a girl-child.

3 Man

This word is used to mean both 'husband' and 'man'. However, very often, when referring to a man without reference to marital status, the word is used in its diminutive form, **mannie**. There is a parallel to this, in that the word **wifie** is often used when referring to a woman – at least, a woman mature enough not to be referred to as a **lass**. This usage can be summarised thus:

man an wife	husband and wife
mannie an wifie	man and woman

Although the latter is very much the normal usage, the diminutive often carries connotations of familiarity which are sometimes inappropriate. In such a situation, the use of **man an wumman** is to be preferred. Also, **man** and **wumman** are the forms used in compound words such as **fisherman** or **poliswumman** ('policewoman'). As in English, the plural of **man** is **men**.

Although **man** can mean either 'husband' or 'man', if there is a need to make it *completely* clear that what is meant is 'husband' then the word **guidman** can be used. However, many people would see this as rather old-fashioned nowadays. Its counterpart, meaning 'wife', is **guidwife**.

4 *Secretar*

There are a number of words, originating in French and ending in -*aire*, which have been borrowed by both Scots and English. *Secretaire* is an example of this: others are *ordinaire* and *dictionaire*. When borrowed by English, the ending has become -*ary*, giving 'secretary', 'ordinary', 'dictionary', and so on. In Scots, on the other hand, the ending has become -**ar**, giving forms such as **secretar, ordinar** and **dictionar**.

5 *Dis*

The *only* negative form of this is **disna**, parallel to the forms **isna, arena**, and so on. There is no equivalent form corresponding to **'s no(nae), 're no(nae)**, etc.

6 *Whas*

This word's role is more restricted than that of 'whose' in English. In English, 'whose' serves in two roles, an *interrogative* one (as in 'whose book is this?') and a *relative* one (as in 'the person whose book I read'). In Scots, **whas** has *only* the interrogative role: the relative role is expressed differently, and is explained in Unit 7.

7 *Sae*

The English word 'so' is expressed in Scots either as **sae** or as **so**.

Although the choice is mainly one of euphony as perceived by the speaker, there are some general guidelines to note here.

- **sae** is generally used more often than **so**;

- an exception to the point above is when it is emphasised at the end of a statement, such as in (for example) **A dinna think so**, when **so** is the form always used.

LANGUAGE PATTRENS

1 *Asking about the identity of several people or things*

An important point should be noted in questions relating to the identity of several people or things. For instance, if one wanted to ask in English who some people were, the question would be 'Who are these (people)?', and with regard to things rather than people the equivalent would be 'What are these (things)?'.

In Scots, however, the people or things are considered as one entity when asking the question.

Wha's this?
Whit's this?

would be the questions asked *even when more than person or thing is involved*. Here, of course, **this** could be replaced by **that** or **thon**.

On the other hand, when a plural noun (such as **fowk** or **things**) is introduced, then the demonstrative adjective takes a plural form accordingly, if appropriate in the context of the regional dialect concerned:

Wha's thir(this) fowk?
Whit's thir(this) things?

The same principle applies with **thae/that** and **thon**.

2 The diminutive ending, -ie

In Scots, as in English, the ending -ie is added to words to create a *diminutive* form; that is, a form such as **mannie, wifie, laddie** or **lassie** which conveys an impression of the smallness (either literal or figurative) of the person or thing.

However, in Scots and especially in the north-east, the diminutive is used colloquially when speaking of a range of things where it would be very unusual to use it in English. For example, someone might speak of living in a **rare hoosie** (a great little house); or even of putting on **ma best coatie** (my best coat), *without* implying that the coat is a small one. Often the diminutive is used in Scots with connotations of affection rather than of size.

ABOOT SCOTLAND

The nature of working life in Scotland, and of its economy, has changed radically since the 1960s. At one time, Glasgow and central Scotland were one of the great heavy industrial centres of the British Empire, with a large concentration of activity in **coal-minin** (coal-mining), **ship-biggin** (ship-building), **steel-makkin** (steel-making), and other heavy industry. Dundee, the major port adjacent to a large **fruit-growein** (fruit-growing) area, was a centre for processing not only fruit, but also imported **naitural fibres** (natural fibres), especially **jute**. Aberdeen was one of the major **fishin** (fishing) ports around the shores of the North Sea. The southern part of Scotland, the Borders, was a major centre for **weavin** (weaving).

Today, there remains only one deep coal mine in Scotland, serving the adjacent **pooer station** (power station), and there is no more steel-making, although a few **shipyairds** (shipyards) still maintain a precarious existence. **Airtifeicial fibres** (artificial fibres) have superseded jute, although the last mill closed only in 1999, and over-fishing of the fish stocks of the North Sea has led to a major decline in the size of catches.

However, new industries have emerged to replace those that have declined. **Information technologie** (information technology) is a major employer, not only in hardware manufacturing – a major proportion of Europe's PCs are built in Scotland – but in the burgeoning Scottish **saftware** (software) industry. As the fishing industry has declined, Aberdeen has thrived on the basis of a new industry, **North Sea ile** (oil), and is the most important centre in Europe for oil exploration and production. Edinburgh has established itself as one of Europe's major centres for **financial sairvices** (financial services). A comparatively new industry, **fish-fermin** (aquaculture), has become an important sector of employment, especially in the Highlands.

Through all this, **fermin** (agriculture) has remained an important industry – although much fewer are employed in it now than before mechanisation – in the major fertile growing areas of the Borders, the central Lowlands, Angus and the North-East. **Scotch whuskie makkin** (whisky making) has remained throughout not only as a major employer, but also as an enormously profitable industry, for the British government as well as for the multi-national companies involved in it.

Some other Scots terms relating to work and employment are as follows:

English	_Scots_
accountant	**accoontant**
agent, landlord's	**factor**
barrelmaker	**cooper**
barrister	**advocate**
caretaker	**janitor**[6]
carpenter	**jiner**
chimney sweep	**sweepie**
cook	**cuik**
engineer	**ingineer**

---

[6] Some would say that the word **janitor** should be used only to mean the caretaker _of a school._

garbage collector	**scaffie**
gardener	**gairdener**
head farmhand	**greive**
minister	**meinister**
odd-job man	**orraman**
pharmacist	**droggist**
police(wo)man	**polis(wum)man** or just **polis; bobbie**
post(wo)man	**postie**
prosecutor, public	**procurator fiscal** (pl **procurators fiscal**)
schoolmaster	**dominie**
soldier	**sodger**

Some traditional Scots terms relating to professions exist nowadays only in the form of personal surnames, for example **Baxter** (baker), **Chapman** (door-to-door merchant), **Soutar** (shoemaker), and **Webster** (weaver). Lastly, the **Buroo** or **B'roo** is Scots for the dole (state support for unemployed people), something on which all too many people in Scotland still find it necessary to rely.

EXERCEISES

1. Your friend has just started a new job. Ask him:

a. where he's working
b. what kind of job he has
c. what he does at his work
d. whether he likes what he's doing

2. Read aloud the following questions, then answer them in Scots based on the dialogue at the start of the lesson:

a. Whit job wis Alasdair daein afore?
b. Whit kin o place is his new job in?
c. Whit is he in chairge o?

d. Wis the auld job nae sae stressfu?

e. Whit bit o the shop is Alasdair wirkin in?

f. Whaur is the shop?

3. How do you express the following in Scots?

a. Whose are those books?

b. What kind of job do you do?

c. Where do those people work?

d. Who are those children?

e. Having a farm is very hard work.

f. I'm off to the supermarket to get my shopping.

4
RARE TAE SEE YE

Great to see you

IN THIS UNIT YOU WILL LEARN:

- to describe family relationships
- to introduce yourself to others
- to give some of your personal details
- to ask negative questions
- about Scots personal names

SPEIK

John Thomson, Helen Grant, and their daughter Jean, a Scottish family living overseas, have flown to Glasgow in spring for a holiday in their home country. They are met at the airport by John Thomson's friend, Dr Dauvit Young, who has come to welcome them.

Dauvit	Guid mornin. Are you Jean Grant?
Jean	Ay, A'm Jean Grant. An you're Dr Young, are ye nae?
Dauvit	Ay, that's me. It *is* you, then, Jean! Ye'v grown a lot in five year! Is that yer faither, there, wi his back tae us?
Jean	Naw, ma faither's there ahint ye. Faither, Dr Young's here.
John	*There* ye are, Dauvit, it's rare tae see ye agane!
Dauvit	Ay, it's rare tae see you an aw.
John	Ye met ma wife Helen an ma dochter Jean on wur last trip tae Glesca.
Dauvit	Ay, that's richt. Whit like are ye, Helen?
Helen	Fine, an yersel?
Dauvit	Och, nae baud. A hear ye're a maths student nooadays, Jean. A hope ye'll come an meet ma son Gordon agane, that's whit he is nooadays an aw.
Jean	He's nae wi ye the day, then?
Dauvit	He's nae. He's awa tae see his brither Alan in Strasbourg.
Helen	An his mither, whit like's she?
Dauvit	My wife Alexandra? She's fine, an keen tae see ye aw agane.
Helen	Ay, we'll hae tae come an see hir.
Dauvit	Noo, is there time for a cup o coffee afore ye awa tae yer hotel?
Jean	I'm needin something oniewey.
John	Ay, whit wey nae? Oor time's nae short, if yours isna.
Dauvit	An did ye aw hae a guid journey?
Jean	Ay, we did. It's rare tae be here, though.
Dauvit	Weel, whit mair can A say? Walcome back tae Scotland!

VOCABULAR

brither	brother	**hir**	her
dochter	daughter	**wur**	our
faither	father	**oor**	our *(emph)*
mither	mother	**yer**	your
mornin	morning	**your**	your
walcome	welcome	**A**	I
ma	my	**I**	I *(emph)*
my	my *(emph)*	**ye**	you
ahint	behind	**you**	you *(emph)*
mair	more	**rare**	great

NOTES ON THE VOCABULAR

1 *Pronouns*

In Scots, pronouns have emphatic and unemphatic forms. Some of these are shown in the vocabulary list above, but a full description is given in Appendix B. Although the second person singular pronoun, **thoo**, is not given in the list above because it is generally obsolete nowadays, it may still at times be encountered in written Scots[7].

The second person pronoun has the unemphatic and emphatic forms, **ye** (with a short **e**) and **you**. An alternative form of **you** favoured by some, generally older, speakers is like **ye** but pronounced with a long **e**. Some examples of this pronunication, shown in the written dialogues as **you**, are given on the CD.

---

[7] The verbal conjugation used with **thoo** is the same as that used with the third person singular: for example, the English 'thou knowest' is expressed in Scots as **thoo kens,** and 'thou seest' as **thoo sees.**

Note also that some dialects of Scots have evolved a new second person *plural* pronoun, **yiz** (emphatic form, **youse**). The verbal conjugation used with **yiz/youse** is the same as that used with the other plural pronouns. However, since its use remains localised, it is not otherwise covered in this course.

2 Possessive adjectives

In Scots, possessive adjectives such as **ma**, **oor**, etc, have emphatic and unemphatic forms. Some of these are given in the vocabulary list above, but a full description is given in Appendix B.

3 Ahint

This is another example of a number of Scots prepositions where the Scots word has **a-** at the beginning, where its English counterpart has 'be-'. Another is **afore**, which we saw in Unit 3, and others will be met.

4 Rare

Rare also can have its literal meaning familiar through English of 'scarce', but in Scots it is more often used with the *figurative* meaning of 'great' or 'excellent' shown here.

LANGUAGE PATTRENS

1 Negative questions

It is very important to note that constructions in English such as 'aren't you?' and 'doesn't he?' are *not* rendered into Scots as 'arena ye?' and 'disna he?'. The correct equivalents of these in Scots are **are ye no(nae)?** – see, for instance, the dialogue above – and **dis he no(nae)?** This is the pattern that *always* holds in negative questions of this form.

1a The inverted interrogative

In north-eastern usage, a distinction is made between those situations where the speaker genuinely wishes to resolve doubt, and those where the speaker simply seeks to emphasise what is being said, with a so-called 'tag question'. In the *latter* situation, what is used is the form of the verb used in *positive* – rather than negative – questions. The following examples should make this clear:

> **He's a guid doctor, is he!**   *He's a good doctor, isn't he?*
> **It's a grand day, is it!**   *It's a fine day, isn't it?*

The above are examples of sentences where there is no real doubt on the part of the speaker, and the falling intonation at the end makes this clear. On the other hand, where there *is* an element of doubt, the form of the verb used corresponds to a *negative* question, and has a rising intonation:

> **Thon's yer brither's caur, is it nae?**
> **You're Alasdair's brither, are ye nae?**

On the other hand, note that in *other* areas of Scotland the inverted interrogative given above is not used. The four example sentences above would generally take the form:

> **He's a guid doctor, is he no?**
> **It's a grand day, is it no?**
> **Thon's yer brither's caur, is it no?**
> **You're Alasdair's brither, are ye no?**

2 The verb 'tae be', present tense

A table showing in full the various conjugations of the present tense of the verb **tae be**, 'to be', is given in Appendix A. For now, the conjugations can be summarised as follows:

> **A am ; ye are ; he/she/it is ; we are ; they are**

In speech, these uncontracted forms are normally used only when the speaker wishes to emphasise the verb. In normal usage, the first letter of each form of the verb is omitted, and the pronoun combined with the verb (as in English) to give contracted forms such as **A'm** and **ye're**. This was explained in Unit 2.

Negative forms are formed in either of two ways: (i) by adding the negative particle -na to the *uncontracted* form of the verb, for example it isna or we arena; or (ii) by adding no(nae) as a separate word to the *contracted* form of the verb, for example it's no(nae) or we're no(nae).

Negative questions are formed by adding no(nae) to the corresponding positive question; for example, are they no(nae)? or am A no(nae)?

Additional points to note are that the combination A amna is *very* seldom used, and A'm no(nae) is the form almost always preferred; and that in all of these, the emphatic forms of the pronouns – I instead of A, for example – can be used.

Note that the plural form, are, used in the table above, is used only with the *pronouns* we, ye/you, and they. Plural nouns take the same form used with singular nouns and pronouns, is.

3 Guid *as an equivalent to 'in-law'*

As well as being the Scots counterpart of 'good', guid is used as a prefix corresponding to the English suffix '-in-law' when discussing relations *by marriage*. For example, guid-sister and guid-faither are the Scots for 'sister-in-law' and 'father-in-law', respectively.

ABOOT SCOTLAND

In Unit 2, we saw how places in Scotland can have different names in Scots and English, and the same is also true to some extent of personal names, although the situation is more complicated in that the Scots names can have formal and familiar variants. The English form is the one that generally appears on a person's birth certificate, and is used for all formal and legal purposes, although this is not as a matter of legal requirement, simply a matter of custom. The familiar Scots form is the one used in the more intimate setting of family and friends; and formal

Scots forms, it must be said, are not often used nowadays where they differ from English.

Here is a list of some Scots first names, giving the formal and familiar forms of each alongside its English equivalent:

English	Formal Scots	Familiar Scots
Adam	Aidam	Addie
Alexander	Alexander	Alex/Alec or Sandie
Andrew	Andra	Andie/Drew
Archibald	Airchibald	Airchie
Catherine	Katrin	Katie
Charles	Chairles	Chairlie
Christine	Christine	Kirstie
David	Dauvit	Davie
Douglas	Dooglas	Doogie
Elizabeth	Elspeth/Elisabeth	Bettie
George	George	Geordie or Dod(die)
Hugh	Hugh	Shug(gie)
Isobel	Isobel	Bella or Tibbie
John	John	Jock(ie)
Margaret	Magret	Meg or Maggie
Mary	Mary	May
Robert	Robert	Rab(bie)
Steven/Stephen	Stephen/Steven	Stevie/Steg
Thomas	Tammas	Tam(mie)
Walter	Walter	Watt(ie)

A BITTIE MAIR
a little more

From now on, there is some extra material at the end of each unit. These sections are intended to add useful phrases and expressions to the reader's vocabulary. There is a key with each dialogue, but the reader should try first just to get the gist of the conversation, and only then check the phrases. This should help to prepare for situations in real life where a learner can understand some of a conversation, but not all of it. Often this extra material will touch on features of Scots that are covered more thoroughly in later lessons.

If the reader travels in Scotland as a visitor, he or she will almost certainly find it necessary sometimes to introduce him- or herself to people. Although ordinarily most Scottish people will expect visitors to communicate in English, she or he may want to use Scots, especially in a situation where people are gathered for business related to the language itself. On the other hand, the reader should note the advice given in the introduction about caution in using Scots in short, casual encounters with strangers.

Some useful expressions for introducing oneself to people, and finding out about them, are shown in the dialogue below.

Anna and Robert are introducing themselves at the start of a residential course for learners of Scots.

Anna	Hello, A'm Anna.
Robert	A'm pleased tae meet ye. My name's Robert.
Anna	Pleased tae meet ye. Whaur are ye fae, Robert?
Robert	A'm fae Cairdiff in Wales. Whaur dae ye come fae yersel?
Anna	A wis born an brocht up in Sofia, Bulgaria.
Robert	Is that whaur ye bide yet?
Anna	Nae noo. A'm mairriet, an A bide in Helsinki, Finland. Whaur dae you bide, Robert?
Robert	Me? A bide in London, England. A'm nae mairriet, though.
Anna	Whit dae ye dae in London?
Robert	A'm a saftware ingineer. Whit dae ye dae yersel?
Anna	A'm a student, daein a PhD.

English	_Scots_
I'm...	**A'm...**
My name's...	**Ma name's...**
Where are you from?	**Whaur are ye fae?**

Where do you come from?	**Whaur dae ye come fae?**
I was born and brought up in...	**A wis born an brocht up in...**
Where do you live?	**Whaur dae ye bide?**
"	**Whaur dae ye stey?**
I'm married.	**A'm mairriet.**
I'm single.	**A'm no(nae) mairriet.**
Do you have any children?	**Dae ye hae onie bairns?**
"	**Dae ye hae onie weans?**
What do you do?	**Whit dae ye dae?**

EXERCEISES

1. Read the following questions aloud, and answer them *in Scots* based on the dialogue at the beginning of the lesson.

a. Whaur's Dr Young meetin the fowk comin tae Scotland?
b. Whit dis Jean an Gordon dae?
c. Wha's ahint Dr Young?
d. Wha's there wi Dr. Young?
e. Whit kin o journey did John, Helen an Jean hae?
f. Is Helen, John an Jean in Scotland for their wark?

2. Correct the mistake of the person speaking, using the emphatic form of the word shown in brackets:

Margaret is Jamie's sister. (A) → Naw, I'm his sister.
Dauvit's caur's the green ane. (ma) → Naw, my caur's the green ane.

a. Ye're the best teacher. (ye)
b. He's the youngest in the faimlie. (A)
c. Anne's faither is the postie. (wur)
d. Ma glaisses is in the case. (hir)
e. A'll close the winda. (A)
f. They keep a dog. (we)

3. Ask the person to whom you are speaking, to confirm your statement as follows:

   You're an ingineer. → You're an ingineer, are ye nae?
   This is my glaisses. → This is my glaisses, is it nae?

a. Thon twa lassies is new in the toon.
b. Yer mither's a teacher.
c. A'm late this mornin.
d. We're at the doctor's hoose.
e. They're the fermer's bairns.
f. Thon anes is Jean's.

4. How do you express the following in Scots?

a. My sisters are living in Glasgow.
b. My brother is married to a farmer's daughter.
c. How was your journey from Aberdeen?
d. Is that her father, getting out of the car?
e. Aren't your wives working tomorrow?
f. Whose husband is that?
g. Doesn't our postman come today?

5. While on holiday in Italy, you find yourself next to a group of Scots-speaking holiday-makers in a café.

a. Greet the member of the group next to you, and introduce yourself by name.
b. When he responds with his name, say where you are from and ask the same of the other person.
c. Introduce your companion (who is sitting beside you) and say where you both live.
d. Say what you do for a living, and ask the same of the other person.
e. The coffee is finished, and it is time to leave. Tell the other person that it was good to meet him.

5
BYE FOR NOO
Goodbye for now

IN THIS UNIT YOU WILL LEARN:

- about the present participle and the continuous present tense
- about stating wants and needs
- about festivals in Scotland
- about the customs that go with them

SPEIK

There is hectic activity while Dauvit Young is at the airport, helping the visitors and their luggage into a taxi to take them to their hotel.

Helen	Noo, whaur's Jean awa tae?
Jean	A'm here ahint ye, Mither!
Helen	Och ay. Whaur's yer faither?
Jean	He's awa tae the shop. He said he wis wantin a paper.
Helen	An whaur's ma camera? A'm nae wantin tae forget it.
Jean	Is it nae in yer pootch?
Helen	Naw, it's nae in ma pootch.
Jean	Is it nae there in yer jaicket?
Helen	Naw, it's nae in ma jaicket aether.
Jean	Is that yer camera there, in the side pootch o that bag?
Helen	Ay, that's it! Noo, we're wantin a taxi.
Dauvit	Thon taxi's free, the ane ahint the larrie there. Whaur aboot's yer hotel?
Helen	The fax fae the hotel's in ma haundbag. Here – that's the fax, an that's the address o the hotel at the tap o 't.
Dauvit	Och ay, the Thorncroft Hotel. Thon's near Queen Street station. Whaur's John, noo? Is he nae oot o the shop yet?
Jean	There's him comin, jist ahint the taxi.
Dauvit	Ay, A see him noo. Is that aw yer luggage, there on the grund?
Helen	Ay, it's that cases an bags.
Dauvit	Lat me help ye wi them.
	(They load the luggage into the taxi)
John	Noo, that's aw wur cases an bags in the buit. Bye for noo, Dauvit, an thank ye!
Helen	Ay, bye for noo!

VOCABULAR

buit	boot	tap	top
grund	ground	aether	either
haund	hand	fae	from
jaicket	jacket	wi	with
larrie	lorry	guidbye	goodbye
tae lat	to let	thank ye	thank you
poot	pocket	awa	away

NOTES ON THE VOCABULAR

1 *Grund*

As well as meaning 'ground', this can also mean the 'theme' of a piece of music or of a discussion. Note also that the 'd' at the end is often silent.

2 *Haund*

The same observations apply to the vowel in this word as apply to the second syllable of **awa**, below. Note that the 'd' at the end of this word is also often silent, at least when the word stands alone, although it is more often pronounced where another syllable follows, for instance in a word such as **left-haundit** (left-handed).

3 *Aether*

The first syllable of this word is the first example in the course, of a pattern found in many Scots words: that is, where some dialects have the same vowel as in 'pain', others have the same vowel as in 'seed'.

The use of **aether** in Scots is more restricted than that of 'either' in English, in that **aether** is used only as an adverb. As an *adjective*, 'either' in English is expressed as either **onie** or **baith** depending on the meaning.

Tak onie o this(thir) anes.
Take either of these.

The grund fell awa steep on baith sides.
The ground fell away steeply on either side.

4 *Fae*

This word is a modern form of an older word, **frae**. The older form may still at times be heard in some areas.

5 *Awa*

See note 10 under **SPELLING AND PRONUNCIATION** for guidance on the different pronunciations of this word. In effect, it comes into the category of words ending in -aw, even though it is not actually spelt in that way.

LANGUAGE PATTRENS

1 *The present participle*

The present participle is formed in Scots by the addition of the suffix -in, corresponding to the English suffix '-ing'. The very small number of verbs that form their present participle irregularly will be dealt with as and when they occur in the text. The present participle is important because, as in English, it is used to express the continuous present tense.

2 *'tae want', 'tae need' and 'tae care'*

Note how, in the conversation above, the forms **A'm no(nae) wantin** and **we're wantin** are used. It would be very unusual in English to use a continuous present form such as 'he's wanting X': instead, 'he wants X' would almost always be used. However, in Scots both **he's wantin** and **he wants** can be used, with different implications in each case. **He's wantin** is what is said in relation to a situation that currently exists in the short term; **he wants** expresses a longer-lasting want of something.

The observations above apply equally to the verbs **tae need** and **tae care** as well as to the verb **tae want**: that is, it is quite in order in Scots to say **she's needin X**, whereas in English it would always be expressed as 'she needs X'. In Scots, 'I don't care' is most likely to be expressed as **A'm no(nae) carin.**

ABOOT SCOTLAND

The main festival of the year in Scotland comes at the very beginning – the **New Year.** In the early hours of **Ne'erday** (New Year's Day), it is the custom to visit neighbours to wish them a **guid new year,** bringing alcoholic drink, usually **whuskie** (whisky), and a **wee mindin** (a small gift, usually of something to eat). It is considered to bring good luck if the **first fit** (the 'first foot', the first visitor of the year) is tall, dark and handsome.

Another important festival falls only a few weeks later. **Burns Nicht** (Burns Night) falls on 25 January, and is the aniversary of the birth in 1759 of the national poet, **Rabbie Burns** (Robert Burns). While not as widely celebrated as New Year or the religious festivals, on that evening Burns admirers gather for a **Burns Supper** – an evening of poetry reading, and a customary meal of **haggis, neeps an tatties** (haggis, swede and potatoes).

In spring, April Fools' Day is known in Scots as **Hunt-the-Gowk,** and the activities surrounding it are similar. **Pace** (Easter) is observed in Scotland much less than in other countries, and is primarily a religious festival; however, as a throwback to an earlier custom involving real eggs, some people give gifts of chocolate eggs. May Day is not now generally celebrated in Scotland, although in recent years a few people have tried to revive it in its earlier form of the Pagan festival of **Beltane.** The biggest public celebration takes place on Edinburgh's Calton Hill. **Midsimmer** (Midsummer, known as **Johnsmass** in Shetland) is celebrated by some, usually simply by partying until the early hours.

In the autumn, **Meal-an-Ale** is the term used in the north-east for the Harvest Home celebrations.

Halloween (31 October) is a festival kept mostly by children, although the customs have changed in the last two decades or so. At one time, the custom was to go **guisin** (to wear fancy costume and/or a mask) and to carry a **neepie lantren**, a lantern made by hollowing and carving a swede to resemble a human face, suspending it from a **towe** (cord), and lighting a **caunle** (candle) inside it. The costumes were generally on the theme of **ghaists** (ghosts), **wutches** (witches) or the **supernaitural** (supernatural). The **guisers** would then visit neighbours in groups in the hope of receiving a small gift. Nowadays, **guisin** has been widely replaced by the US American custom of 'trick-or-treat', and the lanterns are made from pumpkins.

Guy Fawkes Nicht (Guy Fawkes Night, the aniversary of Guido Fawkes's failed Gunpowder Plot of 1605, to assasinate James VI & I as he opened the English parliament) is celebrated in Scotland too nowadays. **Firewarks** or **squeibs** (fireworks) are set off, and many neighbourhoods have a **tannel** or **bondie** (bonfire). Although many families have their own fireworks, it is also popular (and safer) to attend organised public displays, which many people do.

Sanct Andra's Day (St Andrew's Day) falls on 30 November. Saint Andrew is the patron saint of Scotland, and his day is the nearest thing that Scotland has to a national day, although there is no generally accepted way of celebrating it, and the day is not a public holiday. There is no great public revelry as there is, for example, among Irish people on Saint Patrick's Day.

Yuil or **Christmas** is a much more important festival nowadays than at one time, and as in all places, much more commercialised. There are few specifically Scottish customs associated with Christmas, although at one time some people would also celebrate **Auld Yuil** (Old Christmas) on 7 January, the date of Christmas according to the old Julian calendar, as still observed by the Orthodox churches. Some Protestant denominations in Scotland, knowing its origin as a Pagan festival, do not observe Christmas at all.

The year ends on **Hogmanay** (New Year's Eve), a word of which the true origins are unknown. Again, customs have changed in recent years. Formerly, **Hogmanay** was only a day of *preparation* for the coming year, when homes were tidied, repairs made, debts settled, and food and drink prepared in private for the festivities of **Ne'erday** starting only after midnight.

Nowadays, there is a tendency for the festivities to begin on New Year's Eve itself, and a new custom has developed, the **Hogmanay pairtie** (New Year's Eve party). Some towns nowadays even have publicly-organised celebrations on **Hogmanay,** of which the best-known is the open-air party and concert in central Edinburgh, which brings tens of thousands of people into the streets and is internationally televised.

All over the country, in the largest and in the smallest of gatherings, people pause in the final moments of the old year, to wait for the stroke of the midnight bell. Then, the New Year is welcomed in, with a toast and often with the singing of **Auld Lang Syne,** an international anthem of friendship written by Robert Burns. Another song sometimes sung is **A Guid New Year tae Ane an Aw.**

A BITTIE MAIR

A Guid New Year!

Anna is asking her Scots-speaking friend, Steven, about how New Year's Eve and Day are spent in his part of north-east Scotland.

Anna   Whit dis fowk dae in your airt for Hogmanay an Ne'erday?
Steven   Different fowk dis different things! There's nae monie disna celebrate it in some kin o wey, though.
Anna   Whit kin o things dae they dae?

Steven	Maist fowk bides up till midnicht tae hear the bells, at hame wi their freends or faimlie. Gey aften, they hae the TV on tae see whit's happenin in Edinburgh an aroond the countra.
Anna	Ay, an whit happens efter that?
Steven	Efter that, some fowk's awa tae their bed, bit ither anes bides up yet, an gangs roond their neibours tae gie them a Guid New Year.
Anna	Gangs roond their neibours?
Steven	Ay, fowk that's walcomin veisitors leaves a licht on, an oniebodie that's wantin can drap in. Ye hae tae bring something wi ye, though, tae aet or tae drink.
Anna	Hoo lang dis this gang on for?
Steven	Oh, weel intae the nicht. It's naething tae be comin hame at five in the mornin.
Anna	Nae doot ye're gey wabbit efter aw that.
Steven	Fairlie that. That's the wey the 2nt Januar's a holiday in Scotland as weel as Ne'erday.

airt	area, region	**drap**	drop
gie	give	**hoo lang**	how long
maist	most	**naething**	nothing
aften	often	**freends**	friends
as weel as	as well as	**veisitors**	visitors
gangs roond	go(es) round	**nae doot**	no doubt
neibours	neighbours	**gey wabbit**	very tired
there's nae	there aren't	**bit**	but
monie disna	many who don't		(unemphatic)
ither anes	others	**efter**	after
oniebodie	anyone		

EXERCEISES

1. Read the following questions aloud, and answer them *in Scots* based on the dialogue at the beginning of the lesson.

a. Whaur's John awa tae?
b. Whit's he wantin there?
c. Whit's Helen nae wantin tae forget?
d. Whit dis Helen read the address fae?
e. Whaur's the nearest free taxi?
f. Whaur dis Jean see the camera?

2. Construct questions and answers using the person and item given, as in the following examples. Decide whether the continuous or the simple present tense is the more appropriate:

    this lad, a licht → Whit's this lad wantin? He's wantin a licht.
    that wifie, a new caur →
        Whit dis that wifie want? She wants a new caur.

a. the bairn, an aipple.
b. the fermer, a larrie.
c. thon mannie, his buik back.
d. the doctor, a new hoose.
e. the fermer's son, some guid claes.
f. this bodie, tae see oor toon.

3. Construct questions and answers as in Exercise 1, but using **need** instead of **want**. Again, decide whether the continuous or the simple present tense is the more appropriate:

a. ma caur, fillt ('filled') wi petrol.
b. that faimlie, a bigger hoose.
c. this lassie, a jaicket.
d. the winda, new glaiss.
e. the lad, the glaisses fae his pootch.

4. How do you express the following in Scots?
a. I have visitors coming tomorrow.
b. My friends and neighbours often want to drop in.
c. Who is that letter in your pocket from?
d. Let me give you a hand with your cases.
e. What do you want from me?
f. Doesn't he care what happens to his family?

5. Try to describe, simply, how the New Year is celebrated in your own community. Consult the English-Scots vocabulary at the back of the book for any extra words that you need.

6
THERE'S THEM
There they are

IN THIS UNIT YOU WILL LEARN:

- some prepositions in Scots
- about pronouns in compound subjects
- about dress and clothing in Scotland

SPEIK

John Thomson and Helen Grant are in their hotel room. Before the conversation begins, John describes the scene for us.

John	This is wur room in the hotel. It's a rare big room. Ma wife, Helen, an me is in this ane, bit wur dochter Jean's nae. Hir room's near the stair. Wur bed's near the wa, an there's a table aside the bed. At the heid o the bed, there's a bonnie picter o...
Helen	John, ye see thon picter on the wa?
John	That ane ower the bed?
Helen	Ay. Is that Stirlin Castle?
John	Weel, it's a castle! Dae you nae think it's Edinburgh?
Helen	Naw, it's ower sma tae be Edinburgh.
John	Och weel, Stirlin it is then.
Helen	Noo, is aw wur cases up here? Is there onie still doon-the-stair?
John	Naw, they're aw here.
Helen	Whaur are they? In the press?
John	Ay, there's them.
Helen	A'm wantin ma green dress fae the big case. It's anaith yer sarks.
John	Is it this ane?
Helen	Ay, that's it. Noo, ma white shuin fae the sma case.
John	Here's them.
	(A knock on the door)
Helen	Is that somebodie chappin at the door?
John	Ay. Wha can it be?
Helen	Is it Jean?
John	Jean disna chap, she jist walks in!
	(John opens the door)
John	Whit did A tell ye? It's nae Jean, it's Dauvit Young! Come awa in, Dauvit!
Dauvit	Guid efternuin! Whit like are ye?

VOCABULAR

efternuin	afternoon	aside	beside
picter	picture	sma	small
press	cupboard	anaith	beneath
sark	shirt	aside	beside
shae	shoe	ower	over, too
shuin	shoes	bit	but
tae chap	to knock	but	but (emph.)
aw	all	somebodie	someone
onie	any	doon-the-stair	downstairs
bonnie	*(see below)*	heid	head

NOTES ON THE VOCABULAR

1 Press

This refers especially to a cupboard built into a wall. Another word for 'cupboard', derived from the French *armoire*, and rather old-fashioned nowadays, is **aumrie**.

2 Shae and Shuin

Note the irregular plural form here.

3 Chap

Although it is normal in English to speak of 'knocking *on* the door', in Scots the expression used is **chappin *at* the door**, or else just **chappin the door**.

4 Bonnie

Bonnie is a difficult word to render exactly into English. In some contexts it can be translated as 'pretty', but it is also possible to speak of **a bonnie**

lad without the suggestion of effeminacy inherent in 'a pretty boy'. A **bonnie day** is a fine day, with good weather.

5 Bit and But

Note the unemphatic and emphatic forms of this word.

6 Ower

This means 'too' only as in an expression such as 'too many'. (The other sense of 'too', meaning 'also', is dealt with elsewhere.) **Ower** also has the other meaning of 'over'.

LANGUAGE PATTRENS

1 'Accusative' pronouns in compound subjects

Note how a normally *accusative* pronoun, **me**, is used *nominatively* as part of the compound subject in a sentence such as **ma wife an me is here.** Many would regard the equivalent use of 'me' in this way in English as erroneous, but it can be considered as a counterpart to the usage found in French, where the above statement would be expressed as: *ma femme et moi, nous sommes ici.*

2 There's them

The equivalent in Scots to statements such as 'there they are' or 'here I am' is not at first obvious. In statements of this kind in Scots, the verb comes *immediately* after 'here' or 'there', and is **is** irrespective of the number or person of the subject. (In the past tense, of course, **wis** is used.) The pronoun, which comes at the end, is in the *accusative* form as in 1 above.

A few examples will help to illustrate this:

'Here I am.'	**Here's me.**
'*Here* I am.'	**Here's me, here.**
'There you are.'	**There's you.**

'Here she is.'   Here's hir.

'There he was.'   There wis him.

3 Come awa

Note the idiomatic use of **come awa** in the dialogue above, as an equivalent to the English 'come on'.

ABOOT SCOTLAND

People outside Scotland can have misconceptions as to how Scots dress. For instance, on 20 March 1998 the United States' Senate passed a resolution, of which the text below is a part:

Whereas April 6 has a special significance for all Americans, and especially those Americans of Scottish descent, because the Declaration of Arbroath, the Scottish Declaration of Independence, was signed on April 6, 1320 and the American Declaration of Independence was modeled on that inspirational document...

Whereas this resolution commends the more than 200 organizations throughout the United States that honor Scottish heritage, tradition, and culture, representing the hundreds of thousands of Americans of Scottish descent, residing in every State, who already have made the observance of Tartan Day on April 6 a success; and

Whereas these numerous individuals, clans, societies, clubs, and fraternal organizations do not let the great contributions of the Scottish people go unnoticed: Now, therefore, be it Resolved, That the Senate designates April 6 of each year as 'National Tartan Day'.

Contrary to such beliefs, apparently widespread, **tartan** is *not* in fact an item of everyday wear for most Scots; indeed some regard it, and anything made of it, as kitsch. A **kilt**, if worn at all, is mostly worn only for special occasions, and even then it is often hired. Most Scotsmen will never wear a kilt in their lives, and even of those who do, only a minority will ever actually possess one. In origin, kilts are the ethnic dress of the

Gaels of the Highlands, and it says something of the confusion that exists about Scotland's cultural heritage, that the kilt has come to be associated with the whole country.

Everyday clothing in Scotland is much the same as in other developed Western countries. Below follows a list of words that are likely to be useful when discussing clothing:

blouse	**bloose**	shoe(s)	**shae, shuin**
boot(s)	**buit(s)**	shoe-laces	**pints**
braces	**galluses**	skirt	**skirt**
cap, flat	**bunnet**	socks	**socks**
clothes	**claes**	stockings	**stockins**
fly, trouser	**spaiver** or **ballop**	swim-trunks	**dookers**
jacket	**jaicket**	trousers	**breiks**[8]
jersey	**gansey**	underpants	**drawers**
scarf	**gravat**	vest	**seimit**
shirt	**sark**		

A type of fabric often associated with Scotland is **tweed**, a very hard-wearing material woven from wool. In the adjoining islands of Lewis and Harris in the Western Isles, there is made a unique product called **Harris Tweed** (*Clò Hearach* in Scottish Gaelic), made from locally-produced wool, spun, dyed and woven exclusively on hand looms by local people. The result is one of the finest textiles in the world, and 'Harris Tweed' is a jealously-guarded trade mark.

A BITTIE MAIR

Whit'll we weir? *What shall we wear?*

---

[8] The word **troosers** is also sometimes used. Particularly, a woman's trouser-suit is a **trooser-suit**.

Helen and John are deciding how to dress for the hotel's dining-room.

Helen	Whit'll we weir at wur denner the nicht?
John	Och, naething ower formal. A'm jist pittin on ma broon suit. Whit are you weirin?
Helen	Nae ma best goon this time, oniewey. Ma new blue skirt, an ma gray jaicket oot o the big case.
John	Ma broon shuin's needin new pints. A can get awa wi jist weirin ma black anes the noo[9], bit A'm needin a bit blaik tae them.
	(Helen unpacks her jacket)
Helen	Och, naw! There's a button aff ma jaicket!
John	That's aw richt, we can suin hae it back on. A mindit tae bring twa-three needles an a pirn o threid.
Helen	Och ay, bit A'm nae wantin tae wait that lang. A'm needin ma denner afore that!
John	Weel ye'll hae tae pit on yer ither jaicket, then.
Helen	Dae ye nae think black's a bit dowie?
John	Weel, ye'll hae tae decide... ye can be dowie wi weirin yer black jaicket, or dowie for gettin yer denner late!

tae weir	to wear	**blaik**[10]	shoe polish
denner	dinner	**suin**	soon
tae pit	to put	**A mindit**	I remembered
broon	brown	**twa-three**	two or three
goon	gown	**pirn o threid**	reel of thread
gray	grey	**dowie**	gloomy
ither	other	**the noo**	just now

---

[9] The pronunciation of **the noo** heard throughout the CD is local to the speakers' home area. The more widespread pronunciation is just as the written form suggests.

[10] Although **blaik** and **black** are in origin the same word, in principle **blaik** can be of any colour. For example, it is correct to speak of **broon blaik**.

EXERCEISES

1. Read the following questions aloud and answer them *in Scots*, based on the dialogue at the beginning of the lesson.

a. Whit's Helen needin fae the sma case?
b. Whaur's Helen's dress in the big case?
c. Whit dis Dauvit Young dae afore he walks in?
d. Whit time o day dis he come at?
e. Whaur wis aw the cases afore they wis up in the room?
f. Whaur's the picter o Stirlin Castle?

2. Insert a suitable preposition into the spaces in the following sentences:

Whit's that picter ... the bed? → Whit's that picter ower the bed?

a. The sarks is ... the press.
b. The shuin's there ... the bed.
c. The sma case is ... the big ane.
d. Wha's ... the winda?
e. A see the hoose ... the wa.
f. Dauvit's in the room ... us.

3. Think of a suitable question to precede each of the following responses, as follows:

It's anaith the table in yer room → Whaur's the dog?

a. She's in the taxi.
b. It's wi yer sarks.
c. It's at the tap o the stair.
d. He's at the winda.
e. They're in the hoose.
f. It's on the grund.

4. How do you express the following in Scots?

a. Do up your shoe-laces!

b. There she was, downstairs.

c. Come on in and take your jacket off.

d. Someone's knocking on the door.

e. Helen and I need our cases from the cupboard.

f. Did you remember to bring your grey trousers?

5. Whit are ye weirin?

Give a brief description of the clothes and footwear that you are wearing, and of what colour they are.

7
THAT'S RICHT KIND
That's very kind

IN THIS UNIT YOU WILL LEARN:

- about saying how things are, and what they are like
- about saying whom things belong to
- about sport in Scotland

SPEIK

Dauvit Young has come to see the visitors in their hotel room.

John	Come awa in, Dauvit!
Dauvit	Guid efternuin!
John	Come in an tak aff yer coat.
Helen	John, tak Dauvit's coat an pit it on the bed.
Dauvit	That's rare, thank ye.
John	You're gey reid in the face, Dauvit, sit ye doon. Whit's thon chair like? Is it comfortable?
Helen	John, Dauvit's shuirlie tire't an drouthie. Whit aboot some drinks?
John	Ay, lat's aw hae something.
Helen	Cry doon tae the baur, John.
Dauvit	A whuskie an watter for me, please.
John	Hello – is that the baur? Bring a whuskie an watter, an twa glaisses o dry sherry tae room nineteen, please. Ay, that's richt, dry sherry. Thank ye. Noo, Dauvit, whit like are ye?
Dauvit	A'm nae bad at aw. Are you aw weel?
Helen	Och, we're richt weel, thank ye. We're settlin in nae baud.
Dauvit	Is this a guid hotel, John? Whit dae ye think o the place? Helen, whit dae you think?
John	Weel, it's aw richt. It's a bittie dear, though.
Helen	Ay, John's richt there.
Dauvit	Here's an idea: ye can aw come an bide wi me an ma faimlie, oot in Dowanhill. Whit dae ye think o that?
Helen	That's richt kind o ye!

VOCABULAR

baur	bar	**reid**	red
drouth	thirst	**tire't**	tired

81

watter	water	**whas?**	whose?
tae bide	to stay	**doon**	down
(tae) cry	(to) cry, call	**hoo**	how
tae like	to like	**gey**	very
tae pit	to put	**richt**	very
tae tak	to take	**weel**	well
ain	own (adj)	**tae**	to
shuirlie	surely		

NOTES ON THE VOCABULAR

1 Drouth

The adjective derived from this, meaning 'thirsty', is **drouthie**.

2 Bide

 This is the word used in the north-east to mean not only 'to remain', but also 'to live' or 'to dwell'. As a *noun*, **a bide** means something tedious, or 'a drag' as it would be expressed in colloquial English.

 In some other areas, the verb **tae stey** is also used with the same range of meanings as **tae bide**.

3 Cry

Note that this means only 'to call'. The verb **tae caw** is also used in this sense. Unlike in English, **tae cry** in Scots carries no suggestion of weeping and is unambiguous. On the other hand, **tae caw** *has* a second meaning, 'to impel'.

4 Like

In the main, this verb is used much as it is in English, but there is a particular point to note when expressing a preference. Whereas in English one might say 'I prefer X' or 'I like X more', in Scots the expression is **A like X better**: note the use of **better** where English uses 'more'.

5 *Tak*

Although this is the equivalent of the English word 'take', it is also used in situations where in English 'eat' or 'drink' would normally be used.

6 *Ain*

Note that this word *only* corresponds to the English word 'own' where it is being used as an adjective.

7 *Whas*

This word is not always used in Scots where 'whose' would be used in English. If one considers a subject such as

'the woman whose son's away in Canada'

 This is expressed in north-eastern Scots using the following construction.

the wifie that hir son's awa in Canada

This is worth noting as an example of a grammatical feature of Scots that has no counterpart in English, and which may give English-speakers some difficulty in following, before it becomes familiar. Specifically, in the above sentence, **that** is used to introduce a relative clause (**hir son's awa in Canada**) *which could itself stand as a complete sentence*.

In other areas, the alternative construction **the wifie thats son's awa in Canada** might be used instead of the one above.

However, to return to **whas**: when used in the *interrogative* sense, the use of **whas** in Scots is the same as that of 'whose' in English: for example,

Whas son's awa in Canada?

is a usage that matches English exactly.

8 *Gey and Richt*

These are best considered together, since they both correspond to the English word 'very'; however, their respective connotations are subtly different. The more forceful of the two is **richt**, and it normally (but not always) carries the implication of approval on the part of the person speaking. On the other hand, **gey** is less forceful, and can carry the implication of doubt or disapproval on the part of the speaker. Like many things in language, it is not always possible to give an exact rule for this, and complete knowledge is something that will only come through practice and familiarity.

The word **verra** also exists in Scots as an equivalent to 'very', but its use is less common than the two words given above. It is used mostly in a negative sense, such as in the sentence **A'm no(nae) verra happy**. It is unlikely that either **richt** or **gey** would be used in such a statement. Colloquially, **deid** (literally, 'dead') is also used to mean 'very'.

Lastly, note that the word **richt** is, literally, the Scots counterpart of the English word 'right'. As such, as well as having the meaning 'very', it has all the connotations of 'right' – and others besides.

9 *Tae*

In certain areas another unemphatic form, **till**, is used in certain contexts. However, for learners its use is an unnecessary complication, and it is necessary only to recognise it when it is heard or read. For those interested, it is described in Appendix B.

LANGUAGE PATTRENS

1 *Constructions using 'whit like?'*

From the Expressions above, it may appear that **whit like?** means the same as **hoo?** This is true up to a point, but **whit like?** must be followed immediately by a verb. For example, one can say **whit like wis it?** as an alternative to **hoo wis it?**, but it is *not* possible to say something such as 'whit like sma is it?' for **hoo sma is it?**

2 Possessive pronouns

Unit 4 covered the use of possessive adjectives such as **ma/my, ye/your**, and so on, and now we consider the use of the possessive pronouns derived from these. The possessive pronouns in English are 'mine', 'yours', 'his', 'hers', 'its', 'ours' and 'theirs', and although the words in Scots are similar, the way in which they are used is different from how they are used in English.

In English, although there is no distinction between the singular and plural forms of the pronouns, the distinction is still conveyed by the *verb* in a sentence. The following example illustrates this:

> Where's your car? Mine is outside.
> Where are your children? Mine are outside.

Note how, in English, the distinction between 'mine' (singular) and 'mine' plural is conveyed by the difference in the verb, 'is' or 'are'.

In Scots the possessive pronouns are: **mine** or **mines, yours, his, hirs, its, oors**, and **theirs**. However, as has already been described, in Scots the specifically plural forms of verbs are used only with the personal pronouns, **we, ye/you**, and **they**. As a result, the distinction between singular and plural is lost completely in sentences of this form in Scots. The distinction between singular and plural must therefore be deduced from the context, for example:

> **My caur's ootside; whaur's yours?**
> **My bairns is ootside; whaur's yours?**

Yours in the above sentences can refer to one person or thing, or to several.

On the other hand, where it is felt necessary, an alternative construction can be used which *is* unambiguously singular or plural, involving the emphatic forms of the possessive adjectives, with the addition of **ane** or **anes** to give the following range of possessive pronouns:

> **my ane(s); your ane(s); his/hir/its ane(s); oor ane(s); their ane(s)**

Here are some examples of usage of these forms, in both the singular and plural forms:

> **Your jaicket's in the press, bit hir ane's here.** (singular)
> **Your shuin's in the press, bit hir anes is here.** (plural)

> **My fish is on the table, bit your ane's no(nae).** (singular)
> **My fish is on the table, bit your anes is no(nae).** (plural)

An exception to the general pattern is that **mine ane(s)** is sometimes used where **my ane(s)** might be expected, simply for ease of pronunciation. Note also that, in spite of the ambiguity between singular and plural, the simple pronouns such as **mine/mines, yours,** and so on, are *still* used more often than the constructions with **ane(s).**

The same general principles apply when it is not from a *pronoun* that the subject of the sentence is derived, but from a *noun.* For example:

> **Helen's caur's ootside; whaur's Dauvit's?** (singular)
> **Helen's bairns is ootside; whaur's Dauvit's?** (plural)

Note how **Dauvit's** above can be either singular or plural, and that the verb does not show which it is.

> **Helen's jaicket's in the press, bit Dauvit's ane's here.** (singular)
> **Helen's shuin's in the press, bit Dauvit's anes is here.** (plural)

Dauvit's ane and **Dauvit's anes** are clearly singular and plural respectively; however, in spite of this the potentially-ambiguous form **Dauvit's** is still the one more likely to be used.

ABOOT SCOTLAND

The most popular spectator and participatory sport in Scotland is **fitbaw** (association football), although it is not generally played to a particularly high standard. The national team can generally be relied on to qualify for the final stages of the World Cup every four years, and then to be eliminated in the first round! **Fitbaw** is actually a matter that some Scots, mainly men, unfortunately take *very* seriously to the extent that many city pubs have notices forbidding supporters from wearing team colours, in case fighting breaks out between rival groups. It must be said, of course, that most football supporters are well-behaved and law-abiding.

Scotland's own contribution to world sport is **gowf** (golf). While in many countries golf is a game played only by affluent men of mature years, in Scotland it is played by both sexes and by old and young alike, even by some teenagers. This may be because, in Scotland, **gowf coorses** (golf courses) are not only numerous but also relatively inexpensive to play on. A game unique to Scotland is **shinty** (*iomain* or *camanachd* in Scottish Gaelic), played mainly in the Highlands. Although it has some resemblance to hockey, it involves much more physical contact and there is no restriction as to how high players may swing their stick! A similar game, hurling, is played in Ireland.

A gentler but very skilful game is **boolin** or **bools** (lawn bowls). While at one time this had a mostly elderly following, in recent years it has been attracting more young people. A similar game is **curlin** (curling) where, instead of bowls across a lawn, **curlin stanes** (curling stones, flat-bottomed granite circles fitted with a handle on top) are launched to slide across ice. While nowadays **curlin** is mostly played in an ice rink, at one time the usual setting was a frozen **loch** (lake) and, when the weather allows, some people still take the opportunity to play the game in the original location.

Rugby (both the fifteen-a-side and seven-a-side versions of the game) is popular in some parts of Scotland, particularly in the south. **Sweemin** (swimming) is as popular in Scotland as anywhere, both competitively and non-competitively. The quintessentially English sport **cricket** is much more popular in Scotland than is generally realised, although again it is not played to a particularly high standard. The national team plays at about the same standard as a minor English county. The best **surfin**

(surfing) in Europe is to be found on the shores of some of Scotland's islands, although the climate means that a wet-suit is usually necessary. Lastly, Britain's best – indeed, only – **ski** resorts are located in Scotland's highlands.

Since the 1970s, **American fitbaw** (American football) has had a growing following here, although it is very unlikely ever to become more popular than the more usual form of the game!

A BITTIE MAIR

Wis ye at the match? Were you at the match?

Rab and Alex are discussing the previous weekend's football.

Rab	Wis you at the match on Saturday?
Alex	Ay, A wis. Wis ye there yersel? Whit did ye think o it?
Rab	It wis awfu, wis it! It wis aw ower afore hauf-time. Efter that, Thistle awmaist didna get oot o their hauf o the pairk.
Alex	A dinna ken. Thon late goal wis some heider fae Murdoch!
Rab	It wis naething bit luck. He tuik a hyter jist in time for the baw tae stot aff his heid.
Alex	Whit aboot that lowpin save fae Broon?
Rab	Ay, he did weel. Itherwise the score wis 6-2 and nae 5-2. Efter that, Thistle wis breengin forrit agane, an they gey near got anither ane back.
Alex	Whit a shame Anderson hid tae jist blooter it ower the baur.
Rab	Och weel, it wis a guid try.
Alex	Ay, bit there's tryin an there's winnin. A tell ye, A wis gled tae hear the ful-time whustle.
Rab	Ay, me an aw.

awfu	awful	aff	off
afore	before	lowp	leap, jump
awmaist	almost	breengin	surging
pairk	pitch	forrit	forward
heider	header	blooter	blast wildly
tuik a hyter	took a stumble	gled	glad
baw	ball	whustle	whistle
stot	bounce	anither	another
hid	had		

EXERCEISES

1. Read the following questions aloud and answer them *in Scots*, based on the dialogue at the beginning of the lesson.
   a. Whit district o Glesca dis Dauvit Young bide in?
   b. Whit dis John tak fae Dauvit?
   c. Whaur dis he pit it?
   d. Whit dis Helen hae tae drink?
   e. Whit dis Helen an John think o the hotel?
   f. Is Helen an John bidin in the hotel fae noo on?

2. Point out how your people or items are different from those of the other person, as follows:

   My dochter disna bide here noo. → Ay, bit mine dis.
   My shuin's in the press. → Ay, bit mine's nae.

   a. My brither taks watter wi whuskie.
   b. My son disna like fish.
   c. My grund's nae guid for tatties.
   d. My jaicket's reid.
   e. My bairns is aw lassies.

89

f.   My picters is nae on the wa.

3.   Point out how the other person's items or people are different from yours, as follows:

Your hoose is ower the brig fae here. → Ay, an yours isna.
Your faither disna like dogs. → Ay, an yours dis.

a.   Your hoose is ootside the toon.
b.   Yer watch isna at the richt time.
c.   Your grund's nae guid for flooers.
d.   Yer brithers is awa noo.
e.   Yer claes is in the case yet.
f.   Your faimlie's aw left-haundit.

4.   How do you express the following in Scots?

a.   Those are the people whose house I'm buying.
b.   Buchanan almost scores with a header, but the ball bounces from the bar and lands off the pitch.
c.   Remember to call us before you leave.
d.   I remembered to bring my cases, but not yours.
e.   Are Helen's shoes there with John's?
f.   Whose are these?

5.   Say in Scots **whit yer favourite sport** is. Explain whether you participate (**tak pairt**) or **spectate**; say **wha yer favourite player** or **team** is; try to explain **hoo the game is playd**, whether **wi a baw** and/or **wi a bat**; whether **inside** or **on a pairk** or **in watter**; whether it's a **fast, rinnin game** or a **slow game**; say **hoo lang the game laists** and **whit ye dae efterhin** (afterwards).

8
WHIT ARE YE HAEIN?
What are you having?

IN THIS UNIT YOU WILL LEARN:

- how to express having things in Scots
- about numbers in Scots
- about the press in Scotland

SPEIK

The visitors are with Dauvit Young in their hotel room. Someone knocks on the door. John Thomson opens it.

John	Wis that somebodie chappin at the door? Ay, it's the waiter wi wur drinks. He his the glaisses on a tray.
Waiter	Here's yer drinks, sir. Ae whuskie wi watter, an three glaisses o sherry.
John	Three glaisses o sherry! That's wrang. We wis jist wantin twa.
Waiter	A'm sorry aboot that, sir.
John	That's aw richt, ye can jist tak the ither ane awa.
Waiter	Richt ye are. Hiv ye awthing ye're needin, sir?
John	Ay, that's awthing noo.
Waiter	That's ten pound[11] twintie-wan awthegither, sir.
John	Ay, pit it on wur bill, please.
	(The waiter leaves)
John	Dauvit, here's yer whuskie an the joug o watter.
Dauvit	Thank ye.
Helen	Is this glaiss o sherry mine?
John	Ay, they're baith the same. Hiv ye a cigarette, Helen? Gie ane tae Dauvit.
Helen	A'v a packet in ma haundbag. Here it is. Och, A hinna monie in 't, though – jist twa. Cry the waiter back an send him doon for some mair!
Dauvit	There's nae need! A'm tryin tae gie them up.
Helen	Ye're a wice man. Hoo lang hae ye been aff cigarettes?
Dauvit	Och, nae lang – aboot a fortnicht noo.
John	Ach weel, we canna pit temptation in yer wey then. Pit them awa, Helen.
Dauvit	*(Raising his glass)* Weel, here's tae a grand holiday for ye!

---

[11] For an explanation of why this is **pound** rather than 'pounds', see Unit 16.

Helen	Ay, cheers!
John	Cheers, an a grand holiday!

VOCABULAR

joug	jug	**monie**	many
tae hae	to have	**wrang**	wrong
baith	both	**och**	oh
ither	other	**ae**	one
pound	pound (£)	**awthegither**	altogether
wice	wise	**fortnicht**	fortnight

NOTES ON THE VOCABULAR

1 Hae

This is a verb which has emphatic and unemphatic forms in the present tense. These are summarised in **LANGUAGE PATTRENS** below, and described in full in Appendix A.

2 Ither

For an important point about the use of this word, see **LANGUAGE PATTRENS** below.

3 Pound

For the use of 'pound' as a unit of *weight*, see Unit 16.

4 Och

In most contexts, **och** has more or less the same connotations as **oh**. However, the expression **och ay!** is more forceful and emphatic than **ay** used alone, whereas **oh ay!** usually has sarcastic connotations, implying that the speaker doubts what is being said.

LANGUAGE PATTRENS

1 'tae hae', present tense

The first important point to mention is that the explanation below concerns the verb only as it is used to express *possession*. Its use in expressing the *perfect tense* is explained in Unit 24. A table showing in full the present tense of this verb is given in Appendix A but, for now, the basic principles are summarised below. The reader ought not to expect to gain complete and instant familiarity with these, as familiarity will come only with time and practice.

1.1 Statements

The two forms of the present tense are **hiv** and **his**, corresponding to the English 'have' and 'has' respectively. However, these are normally contracted to **'v** and **'s**, giving the following conjugation:

A'v ; ye'v ; she's/he's/it's ; we'v ; they'v

However, when the speaker wishes to place emphasis on the verb, the respective forms are used in full:

A hiv ; ye hiv ; he/she/it his ; we hiv ; they hiv

The use of **hae** as a present-tense form – such as in, for example, **we hae** – is sometimes heard but is less common than the forms given above.

1.2 Negative statements

There are two forms used when expressing negative statements. The first involves negating the verb itself, which then has the forms:

A/ye/we/they hinna ; she/he/it hisna

The second involves the use of **tae dae**, giving the following form:

A/ye/we/they dinna hae ; he/she/it disna hae

1.3 Questions

There are two forms used when expressing negative statements. The first involves inverting the order of verb and subject, which then has the forms:

hiv A/ye/we/they? ; his she/he/it?

The second involves the use of tae dae again, giving the following form:

dae A/ye/we/they hae? ; dis he/she/it hae?

1.4 Negative questions

There are two forms used when expressing negative questions. These are formed by adding no(nae) to the two respective forms used in expressing positive questions:

hiv A/ye/we/they no(nae)? ; his she/he/it no(nae)?

dae A/ye/we/they no (nae) hae? ; dis he/she/it no(nae) hae?

2 Numbers in Scots

Here are the *cardinal* numbers in Scots from two to twenty. The number 'one' is more complex than in English and is explained separately, below.

twa; three; fower; five; sax; seiven; echt; nine; ten; eleivin; twal; therteen; fourteen; fifteen; saxteen; seiventeen; echteen; nineteen; twintie.

The *ordinal* numbers for the first four of these are: saicont; third; fourth; and fifth. From then on, ordinal numbers are formed from cardinal numbers by adding the suffix -th, as in English. However, a more traditional form, using -t instead of -th (for example, saxt instead of saxth), may still at times be seen.

'A dozen' in Scots is a dizzen, and 'zero' can be expressed in Scots as nocht. However, nocht can also be taken to mean 'nothing', and so those who wish to avoid confusion between the two concepts are better using **zero** as a Scots word. The casual use of **naething** to mean 'zero' is also not unknown.

Lastly, the Scots word meaning 'number' itself is **nummer.**

3 The number, one

The number 'one' is a point of considerable variation between different varieties of Scots, but the forms given in this text will be understood everywhere, even by speakers who themselves would use different forms. One general point that holds true is that there is a distinction made in Scots between several different concepts, all of which are represented in English with the single word 'one', but which are represented in Scots by a number of different words.

To illustrate this, consider the following sentences in English:

> She has <u>one</u> brother and three sisters.
> Her brother is thirty-<u>one</u> years old.

> Take <u>one</u> of these books.
> Don't take two, only take *one*.

> My phone number's three-<u>one</u>-six-eight-<u>one</u>.

- In the first sentence, 'one' has the role of an adjective qualifying the noun 'brother', and in the second its role is similar except that it is part of the compound 'thirty-one'.

- In the third and fourth sentences, 'one' has the role of a noun in the subject.

- In the last sentence, 'one' has the role of a dissociated numeral not actually signifying any amount or quantity as such.

These sentences would generally be expressed in Scots as follows:

> She his <u>ae</u> brither an three sisters.
> Hir brither is thertie-<u>wan</u> year auld.

> Tak <u>ane</u> o this/thir buiks.
> Dinna tak twa, jist tak *wan*.

Ma phone nummer's three-<u>wan</u>-sax-echt-<u>wan</u>.

Note that:

● 'one' as an adjective is expressed in Scots as **ae** when it stands alone, and as **wan** when it is part of a compound.

● 'one' as a noun is expressed as **ane**, except where the intended meaning is 'one *and only one*' in which case the form used is **wan**.

● 'one' as a dissociated numeral is expressed as **wan**.

The general forms given above are the ones used from now on in this text. The forms used in the north-east are these same forms, but a point to note is that the north-eastern pronunciation of **wan** is the same as that of 'one' in Scottish English. Also, in much of the north-east, **ane** rhymes with **seen**, although there are some places where it rhymes with **sane**.

As far as other areas go, it is worth noting that in some places **ae** takes the form **yae**. In some places, **ane** takes the form **yin**; in others, **ane** rhymes either with **seen** or with **sane**, according to area.

4 Non-numerical uses of 'one'

4.1 Impersonal pronouns, 'ye' and 'a bodie'

The word 'one' has another use in formal English, as an *impersonal pronoun* as in, for example, 'one never can tell what tomorrow may bring'. The most commonly-used impersonal pronoun in Scots is **ye**, just as 'you' is used in colloquial English in the same sense.

However, a more formal impersonal pronoun equivalent to 'one' *does* exist in Scots, and it is *not* 'ane' or 'yin', but rather **a bodie** (literally, 'a person'). Thus, the sentence in English in the paragraph above could be expressed in Scots as **a bodie nivver can tell whit the morn can bring**. Colloquially, **a bodie nivver can tell** could also be **ye nivver can tell**,

97

where ye is understood from the context to be used in the impersonal sense.

4.2 'One' as a pronoun after an adjective

'One' is also used in English as a pronoun, when the nature of a person or thing is less important in context than the *adjective* which qualifies it. The equivalent in Scots here is **ane**.

> **A sellt ma auld computer, an bocht <u>a new ane</u>.**
> I sold my old computer, and bought <u>a new one</u>.

5 Ither

An important point to note about the use of **ither** is that it is not normally used alone as a *noun*, whereas 'other' *is* often used in that way in English. The equivalent of this in Scots is **ither ane**: for example, the English question 'where are the others?' would be expressed in Scots as **whaur's the ither anes?** This is in keeping with the use of **ane** as a pronoun following an adjective, described in 4.2 above. In less recent Scots, **tither** is used synonymously with **ither ane**.

Ither is also often used in Scots as an alternative to **else**. For example, **whit ither?** means 'what else?' and **some ither bodie** means 'someone else'.

ABOOT SCOTLAND

Scotland has two major 'quality' national daily newspapers aimed at an educated readership: the **Scotsman**, produced in Edinburgh; and the **Herald**, produced in Glasgow. The **Daily Record**, also produced in Glasgow, is a national newspaper, in tabloid format, and aimed at a mass-circulation readership. There are also daily newspapers serving particular regions of the country: the **Press and Journal** (produced in Aberdeen) serves the North, while the (Dundee) **Courier**, the **Inverness Courier** and the **Paisley Daily Express** serve their respective towns and the surrounding areas.

The large cities have their evening newspapers, in the form of the **Evening Times, Evening News, Evening Telegraph** and **Evening Express**, which serve Glasgow, Edinburgh, Dundee and Aberdeen respectively. There are also a great many local weekly newspapers, too numerous to mention, some based in small communities where the potential readership is only a few thousand people.

Scotland has two 'quality' national Sunday newspapers, **Scotland on Sunday** and the **Sunday Herald**, each a counterpart of one of the 'quality' dailies. The **Sunday Mail** is a mass-circulation tabloid, and is the Sunday counterpart of the *Daily Record*. Another major Sunday newspaper in Scotland is the **Sunday Post**, also a mass-circulation tabloid, much of whose content consists of homely human-interest stories as well as news. English newspapers (some of which have token 'Scottish' editions) are also widely read in Scotland, and in the cities some shops sell newspapers from Ireland, mainland Europe, and elsewhere.

The content of the above-mentioned Scottish newspapers is almost entirely in English. The amount of material in Scots in the Scottish press is very limited, although this is unsurprising given that Scots is not taught in schools as a medium of literacy. The *Press and Journal* does have a weekly column in Scots, in an orthography intended to represent the north-eastern dialect, but which even native speakers can find difficult to connect with the spoken word. The *Sunday Post* has cartoons in which some Scots is used. The **Scots Independent**, a monthly political magazine favouring withdrawal from the UK, has an article in Scots in most issues.

Some of the other newspapers do occasionally publish articles or readers' letters written in Scots, but there also are some journalists in the English-language press who are hostile to any attempt to promote Scots. When the first Scots-language web-site **Scots on the Wab** (now no more, unfortunately) was set up, it was described in *Scotland on Sunday* as **keech** ('crap'). The *Evening Telegraph* described **Cairn** (see below) as a journal for historians unable to spell properly, and attempts to promote Scots were once routinely ridiculed in the 'Diary' column of the *Scotsman* and elsewhere, although more recently there have been encouraging signs that attitudes are changing.

Much of the national Scottish press is owned by business interests based outside Scotland, which may to some extent explain the cultural bias. Of the national newspapers, the *Herald* has the most balanced outlook, although some of the local press – a good example is the **Banffshire Advertiser** – is pro-Scots in outlook, even if the amount of material they actually publish in Scots is limited.

There is a literary magazine, **Lallans,** which is produced three times a year by the Scots Language Society and is entirely in Scots, although some of the content is written by learners whose command of Scots is not always the best. Another literary magazine, **Chapman,** includes material in Scots along with material in Scottish Gaelic and English. The University of Aberdeen produces a yearly history journal, *Cairn,* written entirely in Scots with, again, some of the content written by learners.

A BITTIE MAIR

Whit paper are ye wantin? Which newspaper do you want?

Rab and Alex are making a purchasing decision.

Rab   Are ye awa tae get a paper? Can ye get ane tae me an aw?
Alex   Whit paper are ye wantin?
Rab   Get me a *P&J.*
Alex   Ay, an whit if it's sellt oot?
Rab   Whit ane dae ye think's better for sport? The *Record* or the *Sun?*
Alex   There's nae muckle in it. A'd say the *Sun* – bit thon's whit A'm buyin tae masel oniewey.

Rab	A like the *Record* better for the crosswird. Mind ye, the cartoons is better in the *Sun*.
Alex	Ye're haein a sair chaave makkin up yer mind, A can tell.
Rab	A cud jist wait an get the *Evening Express*. It's gaun tae be oot in a wee whilie.
Alex	Ay, bit A'm nae waitin, A'm gaun tae the shop noo, sae hurry an mak up yer mind.
Rab	Aw richt, I ken. A'll jist read your paper!

whit paper?	which paper?	**whit ane?**	which?
P&J	Press & Journal	**cud**	could *(unemph.)*
sellt oot	sold out	**wee whilie**	short while
like better	prefer	**sair chaave**	hard struggle
muckle	much; large	**tae mak**	to make
masel	myself	**gaun**	going

EXERCEISES

1. Read the following questions aloud and answer them *in Scots*, based on the dialogue at the beginning of the lesson.
a. Whit dis the waiter hae on a tray?
b. Is Helen's glaiss o sherry different fae John's ane?
c. Dis John pey cash for the drinks?
d. His the waiter brocht the richt drinks?
e. Whaur dis Helen hae hir cigarettes?
f. Hoo lang his Dauvit nae been smokin?
2. State the opposite of the following sentences, as in the example:
    Dauvit his some aipples. → Dauvit hisna onie aipples.
a. We'v some holidays tae tak.
b. The press his some claes in it.

c. Ye'v some explainin tae dae.

d. The bed his some shuin anaith it.

e. Thon drawer his some matches in it.

3. Ask questions, as follows:

This bag his picters in it. → His this bag picters in it?

a. That drawer hisna oniething in it.

b. This muckle case his claes in it.

c. Their hoose his a gairden.

d. Yer glaiss his some whuskie in it.

e. A'v time tae bide a whilie.

4. How do you express the following in Scots?

a. The meal costs forty-five pounds thirty-one altogether.

b. They have two houses – one house in Edinburgh, and one in Portree.

c. Don't you have twenty pounds with you?

d. Give one to me and twenty-one to the others.

e. One never knows what to say at times like this.

5. Insert the item being discussed into the following sentences, as in the example:

A'v ane here. (buik) → A'v ae buik here.

a. There's ane at the door. (man)

b. There's ane in ma case. (jaicket)

c. We'v ane in the hoose. (bedroom)

d. A'v lit ane in the winda. (licht)

e. The toon his ane. (hotel)

6. You are about to go to the local shop. Ask your Scots-speaking friend whether (s)he would like anything. Your friend would like a newspaper: ask which one, what your friend likes about that particular one, and which to buy as an alternative if the first preference is sold out.

9
IT'S ABOOT TWA MILE
It's about two miles

IN THIS UNIT YOU WILL LEARN:

- some distinctive uses of possessive adjectives in Scots
- more about numbers in Scots
- an aspect of units of measurement as used in Scots
- about broadcasting in Scotland

SPEIK

Dauvit	Ay, come awa oot tae oor hoose in Dowanhill the morn's nicht, an see Alexandra an Gordon agane. Ye can hae yer denner, an bide wi us for the lave o yer time in Glesca.
Helen	That's richt guid-wullie o ye.
John	It is that. Hoo faur is it fae here tae Dowanhill, Dauvit?
Dauvit	Och, it's nae faur, it's aboot twa mile.
Helen	An is there a bus, or dae we hae tae tak a taxi?
Dauvit	Ay, there's a bus, there's the fortie-fower. Ye needna tak the bus, though, I can come for ye in the caur an gie ye a hurl insteid.
Helen	Can ye get the caur in aboot tae the door?
Dauvit	A think so – A'll gie it a shottie, oniewey.
John	Are ye shuir it's aw richt wi Alexandra for us tae come an bide wi ye?
Dauvit	Ay, she kens ye're comin an she'll be gled tae see ye.
John	A'm richt gled aboot aw this. Ye ken, Dauvit, we hinna onie ither freends in Glesca nooadays. Tak this hotel. There's fiftie-twa rooms here, an fowk bidin in ilka ane o them, or maist o them. There's naebodie here for us tae hae a blether wi, though, an maist o them's jist fowk here their holidays lik us.
Dauvit	Weel, there's jist sax rooms in oor hoose, bit ye can hae twa o them, an ye can hae a blether wi us!
Helen	John, awa an lat Jean ken whit's happenin!

VOCABULAR

denner	dinner	**guid-wullie**	kind, kindly
freend	friend	**ilka**	each
hurl	lift, ride	**ivverie**	every

tae gang	to go	faur	far
tae ken	to know	insteid	instead
gled	glad	nooadays	nowadays
lave	remainder	ilkane	each one
blether	chat	their holidays	on holiday
shottie	a 'go'	in aboot	adjacent

NOTES ON THE VOCABULAR

1 Gang

The present participle used with **tae gang** is **gaun**; for example **A'm gaun** is the Scots counterpart of the English 'I'm going'. For a full explanation of the complicated verb **tae gang**, see Appendix A.

2 Ken

This has the same connotations as the verb 'to know' in English or, in other words, it can be used to refer to knowing *facts* as well as to knowing a *person or place*. However, the idea of knowing a person or place also can be conveyed with the expression **tae be acquant wi**; for example, **A'm weel acquant wi Pairis** means 'I know Paris well'.

3 Blether

This word does not have the exact same significance as 'chat' has in English. Sometimes it can have derogatory connotations, implying that the talk is unnecessarily verbose or not entirely factually accurate. A **blether** or a **bletherskate** is a person who talks too much.

4 Ilka and Ivverie

To some extent these are interchangeable, and often **ilka** is used in Scots where 'every' would be used in English; for example, 'every day' can be rendered into Scots as either **ivverie day** *or* as **ilka day**. Note also that, while it is quite possible to render the expression 'each one' into Scots as **ilka ane**, it is possible to combine those two words into the single word **ilkane**.

LANGUAGE PATTRENS

1 *Idiomatic use of possessive adjectives*

In the conversation above, note the use of the (unemphatic) possessive adjective in **hae yer denner**, which in English would be expressed just as 'have dinner'. In Scots, meals are normally referred to in this way; one speaks of one's own meals as **ma denner**, **ma brakfast** (breakfast), and so on. There is a similar use of possessive adjectives in constructions such as **their holidays** (meaning 'on holiday'), also in the dialogue above. Thus, in Scots, 'I went on holiday' would be expressed as **A gaed ma holidays**. Another example of this form of construction, although it is not used in the dialogue above, is used when speaking of going to or being in bed. In Scots, 'she's in bed' is expressed as **she's in hir bed**, and 'I'm going to bed' is expressed as **A'm gaun tae ma bed**.

2 *'Awa' as a pseudo-verb*

Note the idiomatic use in the dialogue above of **awa** as an imperative, meaning 'go!' This is another example of the use of **awa** as if it were a verb. Compare, for example, the usage in the dialogue in Unit 1 where **A'll awa** is used to mean 'I'll go'.

3 *Cardinal numbers from twenty to a thousand*

Following on from the list of numbers from one to twenty in the previous unit, here are the numbers for the multiples of ten, one hundred, etc.

> **twintie; thertie; fortie; fiftie; saxtie; seiventie; echtie; ninetie**
> **a hunner** (sometimes **ae hunner**); **twa hunner; three hunner;** etc.
> **a thoosand** (sometimes **ae thoosand**); **twa thoosand;** etc.

Ordinal numbers are formed from these, according to the usual pattern (**twintie-first, twintie-saicont,** etc).

4 Units of measurement used in the singular

An important grammatical point is illustrated in the dialogue above, in the expression **twa mile,** where the learner might expect to see 'twa miles'. The explanation of this is that Scots often distinguishes between units of measurement considered *separately*, and units considered *together*. If there is any doubt as to what is meant by this, it can be illustrated by considering the difference in meaning between the English expressions 'two pennies', and 'two pence'. The first of these conveys the idea of the coins considered *separately*; the second conveys the idea of the sum that *together* they represent.

In Scots, the same principle applies to many units of measurement, but operates in a slightly different fashion. The idea of the units considered *separately* is expressed by following a number with the normal *plural* form, whereas the idea of them considered *together* is expressed with the *singular* form as in, for instance, **twa mile.** Since it is normal for units of measurement to be considered together, the usage with the singular form of the noun is that one that is heard most often.

Unfortunately, this principle does not apply to *all* units of measurement, and so a list is given in Unit 16 of those to which it *does* apply.

ABOOT SCOTLAND

Braidcastin (broadcasting) in Scotland falls into two general categories: **public** and **private.** All public broadcasting, both **televeision** (television) and **radio,** is in the hands of the BBC (British Broadcasting Corporation) and is funded by public subscription, in the form of a **leicence** (licence) without which it is illegal to use a television set. Most public radio and television available in Scotland comes either from England, because that is where the BBC has its main focus of activity, or from the USA in the case of television.

However, the BBC does have a Scottish arm known as BBC **Scotland**, with its headquarters in Glasgow and other studios elsewhere in Scotland, notably in Edinburgh and in Aberdeen. It has its own English-language radio service known as **Radio Scotland**. Also, BBC Scotland provides a restricted Scottish output of television, with a daily half-hour programme of Scottish news, as well as some Scottish coverage of other matters such as politics, current affairs and sport. A few drama and comedy programmes are produced in Scotland, and all areas of Scotland receive radio and television programmes in Scottish Gaelic, regardless of whether that language is actually used by any great number of people living there. Actual Gaelic-speaking areas receive a more extensive service.

Television in the private sector is run by companies to which the British government has granted a franchise, based on the companies having previously submitted their agenda for government approval. The centre and west of Scotland are served by a company called **Scottish Television** (STV), based in Glasgow, and the north and east are served by Grampian Television (**Graumpian**), based in Aberdeen. The south of Scotland is served by **Border Television**, which is based in the English town of Carlisle, and has the near-impossible task of satisfying viewers in three countries. **Channel 4** and **Channel 5** provide the same broadcasts in Scotland as in England, with little Scottish input.

Radio in the private sector is more diverse, with a greater number of stations serving smaller regions. These include **Radio Clyde** (Glasgow), **Radio Forth** (Edinburgh), **Radio Tay** (Dundee), **North Soond** (North Sound, Aberdeen), **West Soond** (West Sound, Ayr), **Q96** (Paisley) and **Moray Firth Radio** (Inverness). **Real Radio** (formerly known as **Scot** FM) serves a larger area, the whole of central Scotland.

The amount of Scots in broadcasting is extremely limited. Scots has almost no presence on television, with the possible exception of an occasional appearance in comedy or drama when it (or an anglicised imitation of it) appears as the speech of comical or uncouth characters. Radio is better, but only in that it could hardly be worse. Twice (in 1991 and 1996), BBC Radio Scotland held a token 'Scots language week' when there was a small daily item *in* Scots and longer ones *about* it, such as panel discussions on its status or a talk on the vocabulary related to a particular subject. Programmes with a Scots content of historical or current social interest are occasionally broadcast, having been made for the BBC by freelance broadcasters such as **Billy Kay**.

Edinburgh, 1998

BBC Scotland's web-site attracted criticism in 2000 when it featured a joke 'language course' in which a parody of Scots was presented to the world under the name 'Nedspeak'. In Scots, the word **ned** corresponds roughly to 'yob' in English.

A BITTIE MAIR

Whit's on TV the nicht? What's on TV tonight?

Helen and John are flicking through the channels in their hotel room.

Helen	Whit's there tae watch on the televeision the nicht?
John	A dinna ken, lat's tak a leuk an see.
Helen	Nae doot the programmes is aw different fae whan we wis here last.
John	Mair likelie it's jist the same auld things.
Helen	Weel, there's fitbaw on SBC1. Are ye wantin tae see that?
John	Naw, A dinna think so. Efter aw, A can watch aw the sport A'm wantin at hame.
Helen	Lat's see whit's on SBC2, then.
John	Och naw, it's auld repeats o *Absolutely Fabulous*. A cudna thole that whan A wis young, an A canna be daein wi it noo aether.
Helen	Ye're gey hard tae please the nicht. A wunner whit's on STV?
John	It's gaun tae be the news in a wee whilie. A'v heard eneuch baud news for ae day!
Helen	Weel, it's nae yuise leukin at Channel Fower.
John	Ye're richt there. A see they hae cable here – lat's see whit CNN's sayin.
Helen	Noo whit's that ye wis sayin aboot baud news?
John	Och, lat's jist hae the fitbaw efter aw. Ye ken whit's gaun tae happen whan it's fitbaw.

leuk	look	**wunner**	wonder
fae whan	since	**eneuch**	enough
likelie	probably	**be daein wi**	stand, bear
thole	stand, bear	**yuise**	use

EXERCEISES

1. Read the following questions aloud and answer them *in Scots*, based on the dialogue at the beginning of the lesson.

a. Whit nummer o bus gangs tae Dauvit's fae the hotel?
b. Dis John an Helen hae ither freends in Glesca?
c. Whit's maist o the ither fowk daein in the hotel?
d. Hoo is Helen, Jean an John gaun tae gang tae Dauvit's hoose?
e. Hoo faur awa dis he bide?
f. Is Jean there in the room wi Dauvit, John an Helen?

2. Read aloud the following numbers in Scots.

28, 82, 83, 37, 74, 46, 65, 289, 1972, 2484, 6290, 8358.

3. How do you express the following in Scots?

a. I'm going to bed now.
b. We're just about to have tea.
c. What time do you want breakfast?
d. Where are they going on holiday?

4. How do you express the following in Scots?

a. I was glad to see my friends when I needed a lift.
b. She knows each of them very, very well.
c. Come close to the light, I want to see your new jacket better.
d. We were glad to see them going away so soon.
e. You can have the rest of the meal later.
f. Go away out of here!

5. You are discussing with a Scots-speaking friend what to watch on television. Say which channel you want to watch, what is on that you want to see, and what it is that you like about it.

10
DAE YE MIND?

Do you remember?

IN THIS UNIT YOU WILL LEARN:

- about the important verb **tae dae** in Scots
- some aspects of the accusative forms of personal pronouns
- about asking 'why?' in Scots
- about government in Scotland

SPEIK

Alexandra and Gordon are at home, and the guests are on their way.

Alexandra Whit are ye daein, Gordon?

Gordon A'm jist readin the paper.

Alexandra Weel stop noo, an gie me a haund wi the table.

Gordon Whit wey? Whit's happenin?

Alexandra John Thomson an Helen Grant's comin. Yer faither's bringin them hame tae hae their denner wi us the nicht.

Gordon Are they noo? Is their dochter, Jean, gaun tae be wi them?

Alexandra Ay, as faur as A ken. It's nae jist their denner they're comin for. They're aw leavin their hotel, an they're gaun tae be bidin wi us for the lave o their time in Glesca. Dae ye mind them fae the time they wis here afore? Ye likelie dinna mind them.

Gordon A div mind them. A mind A like Jean oniewey.

Alexandra Sit wi hir at the denner then, an speik tae hir.

Gordon Hoo lang is it fae they wis here last? It's shuirlie five year an mair.

Alexandra Ay, that'll be richt. A wunner whuther they're muckle different?

Gordon They're five year aulder, jist lik us! Jean's likelie grown up a lot.

Alexandra Ay, she'll fair be the young leddy noo.

Gordon Ay... oh! A can see the caur jist comin alang the street.

Alexandra Hurry noo, Gordon. Gie that paper tae me.

Gordon Whit wey?

Alexandra Wur denner's ready, an you're nae.

Gordon Ay A am, aince A kaim ma hair oniewey.

Alexandra Lat me see... och ay, nae baud.
(The car pulls up)

Alexandra The caur's stoppin noo an they're gettin oot!

Gordon That's them at the door noo!

VOCABULAR

leddy	lady	him	him
tae dae	to do	hir	her
(tae) kaim	(to) comb	ye	you
whit wey	why	you	you *(emphatic)*
alang	along	them	them
whuther	whether	thaim	them
aince	once		

NOTES ON THE VOCABULAR

1 Dae

This verb was first introduced as early as Unit 2, but now we start to look at it in greater depth. Like **tae hae**, this is another verb which has emphatic and unemphatic forms in the present tense. These forms are given in full in **LANGUAGE PATTRENS** below.

2 Whit wey?

Note that **hoo** or **whit for** can often be used in the same sense. However, note also that **whit for** can be split, as in for example **whit are ye gaun there for?** but, on the other hand, **whit wey** *cannot* be split.

LANGUAGE PATTRENS

1 Gaun tae

Although the future tense will be dealt with more fully in Unit 20, note for now that **gaun tae** is used to express intentions or actions in the immediate future, just as 'going to' is in English. For example:

Are ye gaun tae eat the noo?   Are you going to eat just now?

As in English, there is no implication here that the subject is actually *going* anywhere. Even when the word **awa** is added, as colloquially it often is to indicate that something is imminent, there is still no implication of that kind.

It's gaun awa tae rain.   It's just about to rain.

In some areas, although *not* in the north-east, **gaun tae** is sometimes contracted to **gaunae**, just as 'gonna' is used for 'going to' in English. A negated form of **gaunae** is sometimes used, **gaunae no:**

Are ye gaunae no dae that?
Will you stop doing that?

2 Idiomatic use of possessive adjectives

This is a point that was covered in the previous unit, but note again in the conversation above the references to **their denner, yer denner** and **wur denner** where English would have had just 'dinner'.

3 Accusative forms of personal pronouns

The above vocabulary and conversation contains examples of use of the so-called *accusative* forms of the personal pronouns – that is, the form used when the pronoun is the *object* of a sentence or when it is preceded by a preposition. (There are also certain situations where these forms are used *nominatively* – see Unit 6.) These are much the same as in English, but there are differences, especially in that Scots has a distinction between emphatic and unemphatic forms which English does not have. These are described in Appendix A.

4 The verb, 'tae dae'

The verb **tae dae** is another of the more complex verbs in Scots. In the present tense there is a difference between its use as the *primary* verb of a sentence, on the one hand, and its use as an *auxiliary* verb on the other. Because of this difference, the two uses are best considered separately. A table showing in full the present tense of the verb is given in Appendix B, but for now, the basic principles are summarised below.

4.1 'Tae dae' as a primary verb

The forms used in statements are **A/ye/we/they dae** and **it/she/he dis**. Some examples of these are as follows:

Ye dae naething aw day!	You do nothing all day!
A dae ma turn o the stair.	I do my turn of the stairs.
He dis whit he his tae.	He does what he has to.

Negative statements, and *questions* both positive and negative, involve the use of **tae dae** as an auxiliary verb. This is explained below.

4.1 'Tae dae' as a auxiliary verb

The forms used in *statements* are **A/ye/we/they div** and **it/she/he dis**. Some examples of these are as follows:

They div bide ootside the toon.	They *do* live outside the town.
He dis ken whit he's daein.	He *does* know what he's doing.

Negative statements are formed with **A/ye/we/they dinna** and **she/it/he disna**. Again, some examples follow:

A dinna see whit ye mean.	I don't see what you mean.
He disna come here on Fridays.	He doesn't come here on Fridays

Positive questions are formed with **dae/div A/ye/we/they?** and **dis he/she/it?** Note particularly that **dae** and **div** are interchangeable here. *Negative questions* are formed by adding **no(nae)** to the corresponding positive question. Some examples of questions are as follows:

Dae we tak the road on the richt?	Do we take the road on the right?
Div we tak the road on the richt?	Do we take the road on the right?
Dis he ken whit time it is?	Does he know what time it is?
Dae they no(nae) see?	Don't they see?

Div they no(nae) see?	Don't they see?
Dis it no(nae) maitter?	Doesn't it matter?

As a point to beware of, note that it would be an error to use **div** as a primary verb in a statement such as 'Ye div naething aw day' or 'A div ma turn o the stair'. If emphasis is required (perhaps as a response to contradiction) then **div** must be introduced in the form of an auxiliary verb, for instance as in:

Ye div dae naething aw day!	You *do* do nothing all day!
A div dae ma turn o the stair.	I *do* do my turn of the stairs

It would also be erroneous to use either **dae** or **div** to add emphasis to an imperative as is done with 'do' in English. For example, the request 'do sit down' does *not* translate into Scots as 'dae sit doon' or 'div sit doon'. In Scots, emphasis of this kind can only be added with tone of voice.

ABOOT SCOTLAND

What you have within the United Kingdom is three small nations, in terms of their population, who have been over the centuries under the cosh of the English.

Those words were spoken by Jack Straw, the British government's then Home Secretary (interior minister) in an interview broadcast on BBC radio in January 2000. There may be some truth in that statement but in Scotland's case, in modern times at least, the country's position has had the acquiescence of most of the population. However, even at the time when Jack Straw gave that interview, **government** in Scotland (and also in Wales and Northern Ireland) was going through something of a new beginning. The period of direct British rule, which began in Scotland in 1707, had ended in the previous year when Scotland had been given a limited measure of devolved self-government within the United Kingdom.

For most of its history, Scotland has been a sovereign state. Although in 1603 **Jamie Saxt** (James VI) fell heir to the throne of England and immediately moved his **coort** (court) there, Scotland and England remained different and politically sovereign kingdoms, albeit sharing the same royal dynasty. Scotland's involvement in the current United Kingdom originates only from 1707. In that year, through a combination of bribery and the threat of an economic blockade or another invasion, Scotland's parliament (whose formal title was **The Estates**) was made to sign the Treaty of Union and thus have the country governed along with England under a new combined parliament based in London. Given the large English majority there, the practical consequence was little different from the annexation that already had been England's aim for several centuries, and its motive for repeated attempts to invade Scotland. However, under the terms of the treaty, Scotland did keep some of its own national institutions such as its legal system, its educational system, and its established Church of Scotland.

For about a century and a half following Scotland's incorporation into the United Kingdom, the situation was relatively stable[12]. Significant demands to restore some measure of **hame rule** (autonomous self-government) date from the later part of the nineteenth century. A petition on this issue, the **Scottish Covenant**, signed in the 1950s by a large proportion of the country's electorate, was simply disregarded by the British government. The demand increased during the 1970s to the point of being impossible to disregard, when about 30% of voters voted for the **Scottish National Party**, standing for withdrawal from the United Kingdom. In 1979 a referendum was held on the issue of a very limited degree of autonomous self-government, but the result was deemed to be inconclusive, and the proposal was abandoned. The issue came to the fore again during the 1980s when the **Conservative**

---

[12] The Highland Rebellions of 1715 and 1745 arose from the deposed Stuart dynasty's attempts to regain the British throne, rather than from a conflict between Scotland and England as is sometimes thought.

government was able to impose vastly unpopular measures on Scotland, on the strength of its majority in England.

In 1997 voters in both countries elected a **Labour** government, which again promised Scotland a degree of autonomous self-government, if supported by the people in a referendum. That support was given, and so the first election for the new Scottish Parliament was held in May 1999, and the parliament formally opened by Queen Elizabeth on 1 July of the same year. However, there is still a very real movement in Scottish politics – comprising not only the SNP, but also the long-established **Greens** and a rising new force, the **Scottish Socialist Party** – for the nation to withdraw from the United Kingdom, and resume a normal form of government and role in the world community. The Scottish Parliament will provide a setting in which to argue for that aim, and the coming decades in Scottish politics may well be as complex and interesting as those gone by. A study published in June 2001 showed that although almost two thirds of Scots wanted the Scottish Parliament to be the most powerful institution in the country, roughly the same number believed that in reality most power still resided with the British government. That being the case, it is unlikely that the current arrangement will be a permanent one.

The only political parties in Scotland which have a positive policy for Scots (the language) are parties favouring withdrawal from the United Kingdom, namely the SNP and the Scottish Green Party. These are also the only Scottish parties that make any use of Scots in their own activities; each year the SNP Convener's message to the party's Annual Conference is issued in English, Scots and Scottish Gaelic. The Scottish Green Party, on the other hand, has material in Scots on its web-site (see Unit 18 for the URL). Highly ironically, the only other party which has used Scots is the **Folk-Owerance Pairtie o the Ulster-British Cleek** (Democratic Unionist Party of Northern Ireland), which issued a leaflet in Ulster Scots for the 1997 parliamentary election, and whose aim is to *strengthen* the United Kingdom rather than dissolve it.

A BITTIE MAIR

Dae ye mind thon time? Do you remember that time?

After dinner, the two families are reminiscing about the guests' previous visit to Scotland.

Helen	Weel, that wis wur best meal in Scotland, up tae noo.
John	Ay, it wis wirth comin aw the wey here for!
Alexandra	Div ye think that, noo?
Helen	Ay, we div. It minds me on whit ye gied us that nicht afore we gaed[13] awa, last time we wis here.
Gordon	That lang syne, an ye mind it yet?
Helen	Ay. A can even mind jist whit ye gied us.
Dauvit	Weel tell us then, cause I doot whuther onie o us minds!
Alexandra	Ay, whit wis it?
Helen	Tae stairt wi, it wis carrot soup wi carrots oot o the gairden.
Gordon	Weel, it micht hae been! Faither's aye been guid at growein cairrots.
Helen	Ay, an tae folla ye sairved us gigot o lamb, wi sauté tatties, green salad wi walnut ile dressin, an steamed sparagras wi butter.
Dauvit	A dinna believe a wird o this, bit cairry on!
Helen	An tae roond aff it wis rasps wi cream an hinnie.
Alexandra	Hoo on earth can ye mind aw this, five year efter?
Helen	Och, it wisna hard. A wis jist leukin throu ma diary this mornin, an there wis aw the recipes ye gied us afore we gaed...

---

[13] The pronunciation of **gaed** heard on the CD, identical to **gied**, is local to the speakers' home area. The more general pronunciation is as its spelling suggests.

wirth	worth	**gigot o lamb**	haunch of lamb
minds me on	reminds me of	**sparagras**	asparagus
gied	gave	**tae cairry**	to carry
gaed	went	**rasp(berry)**	raspberry
syne	ago	**hinnie**	honey
cause, acause	because	**throu**	through
micht	might	**tae growe**	to grow
tae mind	to remember	**tae stairt**	to start
tae folla	to follow		

EXERCEISES

1. Read the following questions aloud and answer them *in Scots*, based on the dialogue at the beginning of the lesson.

a. Whit's Gordon daein whan his mither tells him the guests is comin?
b. His the guests been tae the hoose afore?
c. Hoo lang syne wis they there?
d. Is there muckle tae dae afore their denner's ready?
e. Wha's Gordon gaun tae be sittin wi at the table?
f. Whit wey dis Gordon hae tae hurry?

2. Restate the following sentences according to the pattern shown in the examples:

A ken yer sister. → It's hir that A ken.
A dinna want that loon here. → It's him that A dinna want here.

a. She sees ye.
b. A'm buyin that picters.
c. He's haein us for wur tea.
d. They're takkin ye hame.

e.   Ye're pittin me aff ma denner.
f.   A saw Dauvit's mither the nicht.

3.   Add **div** or **dis** to add emphasis to the following statements, as in the example:

She bides in thon hoose.   →   She dis bide in thon hoose.

a.   Helen kens aboot Scottish historie.
b.   Gordon taks braw picters.
c.   We bide in wur ain hoose.
d.   They'v twa dochters.
e.   Ye ken whit A mean.
f.   A gie them a hurl hame.
g.   He jist dis whit he his tae dae.
h.   It gangs faur.

4.   How do you express the following in Scots?

a.   Why didn't that car stop at the traffic lights?
b.   I don't know whether to do this or not.
c.   I do know that it wouldn't be easy.
d.   This town reminds me of where I went on holiday three years ago.
e.   Gordon is just about to meet the guests.
f.   Who's that coming through the garden? Why doesn't he go along the road?

5.   You are with your Scots-speaking friend, preparing to have some guests for dinner. Say who you want to invite, who will sit with whom, and what you will serve them.

11
A'M NAE CARIN
I don't care

IN THIS UNIT YOU WILL LEARN:

- more about the continuous present tense in Scots
- more about the use of emphatic forms of pronouns
- about pronouns in compound subjects
- about life's important events, in Scots

LETTER

Helen Grant is reading again the letter that she has just written.

Dear Dorothy,

A thocht it wis aboot time tae pit pen tae paper an drap ye a wee bit screive. We're haein a rare time in Glesca, A can tell ye!

The hoose is gey quate the noo. It's rainin hivvie ootside, an A'm sittin in ma room here writin twa-three letters tae fowk at hame. John is doon-the-stair in the kitchie helpin Dauvit Young's wife – Alexandra is hir name – tae cuik wur denner. The twa young fowk, Gordon an Jean, is doon-the-stair an aw, playin a game o cairds. Dr Young himsel is wirkin the noo.

We're richt lucky here: we're hopin tae bide wi this guidwullie fowk for the nixt ten days, an syne aiblins we're gaun on tae Aiberdein. Atweenhaund we're likelie haein days oot here an there, ane tae Edinburgh oniewey an likelie ither anes tae Pairth an Ayr.

Noo it leuks lik the rain's gaun aff, an the sun's comin oot. A'm gled tae see it, seein as we're ettlin tae gang oot this efternuin. Alexandra is drivin us tae Kelvingrove Pairk whaur we're gaun tae walk fae, up the Kelvin tae the Botanic Gairdens. A'm leukin forrit tae it: it's bonnie there, though the Kelvin's likelie in spate efter aw this rain.

A'm awa noo tae hae ma denner, sae A'll close noo. Whit like are ye aw gettin on at hame? Mind me tae yer faither.

Wi best regairds,

Helen.

VOCABULAR

caird	card	hivvie	heavy
kitchie	(see below)	quate	quiet
screive	(see below)	nixt	next
spate	(see below)	twa-three	two or three
tae cuik	to cook	wee	little
tae ettle	to intend	aiblins	perhaps
tae mind	(see below)	atweenhaund	in the interim
thocht	thought	syne	then
		seein as	since

NOTES ON THE VOCABULAR

1 Kitchie

This word is a diminutive form of **kitchen**. The kitchen is often also referred to in Scots as the **scullerie**, especially if washing, cleaning, and other such tasks are carried out there.

2 Screive

This word is used both as a noun, as in the dialogue above, and as a verb **tae screive**. It is sometimes seen (erroneously) as being synonymous with **tae write** but there is a difference, in that **screive** carries the implication of the writing being copious, or hurried, or both.

3 Spate

This word is used when speaking of a river or stream being **in spate**, that is, swollen and in flood. The same word can be used metaphorically in other contexts, for example **a spate o incomers tae the toon**. Although originally Scots, this word has been adopted by Scottish English and from there, to an extent, by international English.

4 Ettle

Note that **ettle** can also be used as a noun, meaning 'intent' or 'intention'. As a *verb*, it is normally used in the continuous form where English would use the simple form: for example, 'I intend' is expressed in Scots as **A'm ettlin**.

5 Mind

The more usual meanings of this verb are 'remember' and (less often) 'remind', but in the letter above there is an example of yet *another* meaning. **Mind me tae yer faither** in the context above means 'give my regards to your father'.

6 Aiblins

This is a word belonging more to written, literary, Scots than to everyday spoken Scots, just as 'perhaps' belongs to slightly more formal English than its everyday spoken counterpart 'maybe'. The equivalent of 'maybe' in Scots is **mebbe**.

7 Syne

One usage of this word is as a straightforward counterpart of the English 'ago' – for instance, **five year syne** is Scots for 'five years ago'.

However, another use of this word corresponds to the English word 'then', although the match is not exact. When 'then' is used to mean 'at that time', then the corresponding word used in Scots is also **then**, for example:

Dae ye mind ten year syne? Whit did a guid sark cost then?
Do you remember ten years ago? What did a good shirt cost then?

On the other hand, when 'then' is used in English to convey the idea of one action or situation immediately following another, the word used in Scots is **syne**, for instance as in:

A wis at sea for three year, an syne oot o wark for twa.
I was at sea for three years, and then unemployed for two.

LANGUAGE PATTRENS

1 The continuous present tense

In Scots, the form of the present tense used in discussing an action that is currently taking place (or to take place in the imminent future) is formed as in English, with the present tense of **tae be** followed by the present participle of the verb describing the action. (See Appendix A for the table giving the present tense of **tae be**.)

The present participle itself is derived by adding the ending **-in** (corresponding to the English '-ing') to the root of the verb describing the action[14]. Examples of present tenses so constructed are:

A'm seein hir the morn.	I'm seeing her tomorrow.
They're cuikin the denner.	They're cooking dinner.
She's leukin oot for them.	She's looking out for them.

This form of the present tense is often used with the verbs **tae want, tae care**, and **tae need**, although the corresponding form is not usually used with the corresponding verbs in English.

They're wantin a paper.	They want a newspaper.
He's needin a rest.	He needs a rest.
A'm no(nae) carin.	I don't care.

Note the irregularly-derived word used as the present participle of **tae gang**, which is **gaun**:

We're gaun tae Aiberdein.	We're going to Aberdeen.

For a full explanation of the complicated verb **tae gang**, see Appendix A.

---

[14] However it may appear, the ending **-in** is *not* derived from '-ing', but rather from the older Scots ending **-and**. For instance, the Gordon Highlanders' regimental motto **Bydand** is an older form of the word that, in modern Scots, has the form **bidin**.

The examples above are mostly examples of positive statements. However, the same principle – the present tense of **tae be**, followed by the appropriate present participle – applies also to negative statements, to questions, and to negative questions. The example **he's wantin tae ken**, shows the pattern here:

he's wantin tae ken	(statement)
he's no(nae) wantin tae ken	(negative statement)
is he wantin tae ken?	(question)
is he no(nae) wantin tae ken?	(negative question)

Note that where they exist, emphatic forms of the pronoun and/or **tae be** can be used, allowing flexibility of expression. For example:

A'm wantin tae ken	(I want to know)
A am wantin tae ken	(I *do* want to know)
I'm wantin tae ken	(*I* want to know)
I am wantin tae ken	(*I do* want to know)

are all different forms of the same statement, each with its own subtleties of emphasis.

2 *Plural and compound subjects*

Note again that **are**, the plural present tense form of **tae be**, is used *only* with the personal pronouns **we**, **ye/you**, and **they** when they stand *alone* as the subject of a sentence. With other plural subjects (even those involving these plural pronouns as part of a compound subject), the form used is **is**. Some examples should make this clear:

You an me is bidin.	You and I are staying.
Us an you is bidin.	We and you are staying.
We are bidin.	We are staying.
You an Dauvit is bidin.	Dauvit and you are staying.
Ye are bidin.	You are staying.
Jean an Dauvit is bidin.	Jean and Dauvit are staying.

| Them an Jean <u>is</u> bidin. | They and Jean <u>are</u> staying. |
| They <u>are</u> bidin. | They <u>are</u> staying. |

ABOOT SCOTLAND

The customs and ceremonies associated with the important events of life – **birth, mairriage** (marriage) and **daith** (death) – are much the same as they are in neighbouring countries. However, there are some specifically Scottish customs associated with these events, particularly with marriage.

A very visible custom associated with marriage is the **hen nicht,** which takes place in the days just before the **waddin** (wedding ceremony) itself. The bride-to-be is sometimes 'paraded' noisily through the streets by her friends, and any passing male stranger is invited to kiss her on payment of a small fee! This ritual is known in Glasgow as a **bottlin,** and in Lanarkshire as a **creelin.** Its aim is to raise money for wedding presents. At the **waddin** itself, there is a **scoor oot,** or **poor oot,** or **scrammle,** where the best man scatters coins, to be picked up by the children present.

Some customs, historically associated with marriage in Scotland, were ahead of their time in relation to customs elsewhere. One example was the **haundfastin,** which was a socially-accepted period of temporary trial 'marriage' (often for one year) following which a couple could decide whether to be permanently married. Another is that, until the nineteenth century, it was the norm in Scotland for married women to retain their own surname. Nowadays, some are returning to the older custom. Even if a woman takes her husband's surname while alive, her unmarried name may still be used on her gravestone. Until the time of the Second World War, most people brought the clergyman to the home or a hotel to solemnise a marriage, rather than go to the church to be married. In Scots, **divorce** is the same word as in English, and an unmarried but permanent living partner is known as a **bidie-in.**

Funerals in Scotland are sombre occasions, as they are elsewhere. The custom of the **wauk** or **lykewauk** – the wake, or vigil over the dead person prior to **buirial** (burial) – is seldom observed nowadays. Among the stricter Presbyterian denominations (see **ABOOT SCOTLAND**, Unit 17), burials are still events attended only by men; this was the norm in other Christian denominations until recent years.

A gift given on the occasion of any important event or new beginning in life, such as **flittin** (moving home), a **new job**, or **graduation**, is known in Scots as a **haundsel**.

A BITTIE MAIR

Wha'd hae thocht it? Who'd have thought it?

Maggie and Sandie, whom we met in Unit 2, are discussing mutual acquaintances.

Sandie	Whit's this A'm hearin aboot Evelyn an Kenneth gettin mairriet?
Maggie	Ay, it's true.
Sandie	Wha'd hae thocht it? They wis coortin an gaun oot thegither for years, an syne they wis bidin thegither, an aw the time nae sign o onie need tae get mairriet.
Maggie	Och weel, whilies there jist comes a time that fowk feels the need for something mair formal.
Sandie	Dae ye ken whan the waddin's gaun tae be?
Maggie	Ay, it's on the 2nt September at the Registry Office in Culter.
Sandie	An whaur are they haein the reception efterhin?
Maggie	They're gaun tae the Gordon Airms, jist alang the road.
Sandie	An A jalouse that ye're inveitit yersel, seein as ye ken aw this?
Maggie	Ay, A am that, an fair leukin forrit till it an aw!

tae coort	to court	**efterhin**	afterwards
gaun oot	going out	**airm**	arm
bidin thegither	living together	**inveite**	invite
whilies	sometimes		

EXERCEISES

1. Read the following questions aloud and answer them *in Scots*, based on the letter at the beginning of the lesson.

a. Whit's gaun on in the hoose the noo?
b. Whit like is the wather ootside?
c. Whit's Helen an hir faimlie gaun tae be daein the day?
d. Whaur are they gaun tae be bidin efter Glesca?
e. Hoo lang are they gaun tae Pairth for?
f. Whaur are they gaun tae stairt their walk fae?

2. Say that these regular events are not taking place at the moment, as in the example:

Jean plays the piano ilka day. →
    Jean plays the piano ilka day, bit the noo she's nae playin.

a. Dauvit writes tae his faither ilka month.
b. A listen tae the radio ilka nicht.
c. John an Helen reads buiks aw the time.
d. The bairns plays in the gairden in the mornin.
e. We cuik the denner at sax.
f. They wirk fae Monanday[15] tae Friday.

3. Ask questions concerning the following statements, as in the example:

---

[15] 'Monday' – see Unit 13.

Yer freend's bidin here. → Wha's bidin here?
Whaur's he bidin?
Whaur's yer freend bidin?

a. She's talkin tae hir faither.
b. Wur dochter's comin the morn.
c. Ma man's gaun tae Aiberdein.
d. The bairns is in the gairden.
e. A'm staundin in the scullerie.
f. We're wirkin the morn.

4. How do you express the following in Scots?

a. She and I aren't getting married after all.
b. They did want a divorce a year ago, but in the interim they've got back together.
c. Since we have two or three more days in Perth, perhaps we can have a day together without the children.
d. I intended to invite him to the wedding, but I only remembered afterwards.
e. It last rained six days ago, but it was so heavy then that the river's still in flood today.
f. Give my regards to all your friends in Dublin, and say I intend to be there next summer.

5. Say in Scots whether you are **single, mairriet, divorce't** or **weedowd**. If you have been married, say a bit about your spell of courtship and what your wedding was like. If you hope to be married, say something about that too.

12
DINNA BE LANG!
Don't be long!

IN THIS UNIT YOU WILL LEARN:

- about the imperative in Scots
- about the simple present tense
- some points about the verb **tae mind**
- about Scottish homes and housing

SPEIK

It is almost time for the evening meal again, but Jean and Gordon decide that there is time for a quick visit to the local shops.

Jean	Are you gaun oot, Gordon?
Gordon	Ay, A'm gaun doon tae the shops. Are ye wantin tae come wi me?
Jean	Ay, bit A'm nae ready yet.
Gordon	Och, dinna worry aboot that.
John	Whaur are ye gaun, Jean?
Jean	Gordon an me is jist gaun tae the shops.
Gordon	Ay, A'll jist gie ma haunds a dicht first, cause they're muckit after the wark A'v been daein.
John	Oniewey, there's nae muckle time for ye tae gang oot, cause Alexandra an me is makkin the denner an it's jist aboot ready.
Jean	A ken, it smells rare. Whit is it ye're makkin?
John	Tae stairt wi we're haein labster salad. For wur main coorse, it's roast deuk wi ingans an size, broccoli an bile't tatties forby, an efter aw thon it's groser pie.
Jean	It soonds rare as weel, an A'm nae missin that, A can tell ye!
John	Weel, dinna be lang at the shops then!
Jean	Naw, A dinna think we're gaun faur.
Gordon	A'm jist wantin tae buy some ile tae ma motorbike. The petrol station his 't.
Jean	Oh, ye'v a motorbike, hiv ye?
Gordon	Ay, it's oot in the garage.
John	Cairry on then, awa ye gang. Mind an nae be lang!

VOCABULAR

coorse	course, coarse	**size**	chives
deuk	duck	**tae bile**	to boil

groser	gooseberry	**(tae) dicht**	(to) wipe
ingan	onion	**(tae) soond**	(to) sound
ile	oil	**forby**	also, too
labster	lobster	**bile't**	boiled

NOTES ON THE VOCABULAR

1 Coorse

Note how this word corresponds to *two* English words which, although pronounced identically, are written differently.

2 Ile

Another word for 'oil', **ulyie**, is sometimes found in older written Scots.

3 Size

As well as meaning 'chives', this word also has the same meaning as the English word 'size'.

4 Forby

Note that **-by** at the end of this word is pronounced like **-bye** in **guidbye**. Other Scots expressions with the same meaning as **forby** are **an aw** and **as weel**, and even sometimes just **tae**. However, *none* of these correspond to the English word 'too' as in, for instance, 'too much'. This will be covered in Unit 15.

LANGUAGE PATTRENS

1 The imperative

The above dialogue shows two examples – in **dinna worry** and **dinna be lang** – of the use of **dinna** to form a negative imperative. Note that where, in English, there is a variation in that one can say either 'do not' or 'don't', in Scots the word always used is **dinna**. In the *positive* rather than the *negative* sense, the imperative in Scots functions much as in English, but there is one specific difference worthy of note. Specifically, there is a distinction between imperative statements referring to a *single* action, and those referring to how the person spoken to ought to act *in general*.

Imperatives referring to single actions are constructed identically to those in English:

> **Gie me a haund wi this!**   Give me a hand with this!
> **Say whit ye're thinkin!**   Say what you're thinking!

On the other hand, imperatives referring to behaviour in general can be expressed *either* in the same fashion, *or* using the imperative **be** with the present participle of the other verb. For example:

> **Aye be leukin on the bricht side o life.**
> Always look on the bright side of life.
>
> **Be thinkin aboot ither fowk, no(nae) jist yersel.**
> Think about other people, not only yourself.

The first-person *plural* imperative is formed with **lat's** or (more formally) **lat us**. The negative form of this imperative is formed with **lat's no(nae)**, *not* with 'dinna lat's'.

2 Points to note about 'tae mind'

The verb **tae mind** is rather different from its English counterpart 'to remember' when it is used as an imperative, and followed by another verb. For example, an instruction in English such as 'remember to go' is *not* expressed in Scots as 'mind tae gang'; rather, it is expressed as **mind an gang**. When the following verb is negative, the construction is even more unlike English; to continue with the same example, 'remember not to go' is expressed as **mind an no(nae) gang**. The last line of the dialogue above has another example of this construction. On the other hand, in moods other than the imperative, **tae mind** is used much as 'to remember' is used. For example 'she remembers to go' is expressed in Scots as **she minds tae gang.**

3 The simple present tense

In the previous lesson, we looked at the form of the present tense used in discussing an action that is currently happening, or is about to happen. In this lesson we look at the form used when discussing *habitual* action, the simple present tense.

● The general pattern for forming this tense is broadly the same as in English: however, there are certain differences which will be described here in some detail. The form of the verb in this tense is identical to the root of the verb (just as in English), except in the third person singular, when the ending -s or -es is added (again, just as in English). For example, with the verb **tae bide,** we have the following forms:

A/ye/we/they bide...	I/you/we/they live...
he/she/it bides...	he/she/it lives...

However, a very important principle applies here, which has already been illustrated with the verbs **tae be, tae hae,** and **tae dae:** that is, the forms used with plural subjects other than **ye/you, we,** and **they,** are the same as those used with the *singular* form of the verb. For example:

Tam an Mary bides...	Tam and Mary live...
They bide...	They live...
You an me bides...	You and I live...
We bide...	We live...
You an Tam bides...	You and Tam live...
Ye bide...	You live...

● The examples above are all examples of positive statements. Negative statements are also formed similarly to those in English, with the addition of **dinna** or **disna** where English would use 'don't' or 'doesn't'. For example:

A/ye/we/they dinna bide...	I/you/we/they don't live...
he/she/it disna bide...	he/she/it doesn't live...

Note that where, in English, there is a variation between formal and colloquial speech in that one can say either 'do not' or 'don't', in Scots the word used is **dinna** in either situation. Likewise, **disna** in Scots corresponds to both 'does not' and 'doesn't'. Note also that the negative ending, **-na**, cannot stand on its own as a word (unlike the English word 'not'), and cannot carry emphasis[16].

The same principle applies to negative statements as applies to positive ones, concerning the use of forms used with plural subjects: that is, with plural subjects other than **ye/you**, **we**, and **they**, it is **disna** rather than **dinna** that is used.

Tam an Mary disna bide...	Tam and Mary don't live...
They dinna bide...	They don't live...

● Questions are formed with **dae** or **dis** combined with the root of the verb. For example:

Dae A/ye/we/they bide..?	Do I/you/we/they live..?
Dis he/she/it bide..?	Does he/she/it live..?

Again, with plural subjects other than **ye/you**, **we**, and **they**, it is **dis** rather than **dae** that is used.

Dis Tam an Mary bide..?	Do Tam and Mary live..?
Dae they bide..?	Do they live..?

● Lastly, negative questions are formed by inserting **no(nae)** before the primary verb in positive questions. For example:

---

[16] Where emphasis is required, the construction with **that** described in Unit 2 can be used:

A bide...	I live...
Ye dinna *that.*	You do *not.*

138

| Dae A/ye/we/they no(nae) bide..? | Don't I/you/we/they live..? |
| Dis he/she/it no(nae) bide..? | Doesn't he/she/it live..? |

Yet again, with plural subjects other than **ye/you, we**, and **they**, it is **dis** rather than **dae** that is used.

Dis Tam an Mary no(nae) bide..?	Don't Tam and Mary live..?
Dae they no(nae) bide..?	Don't they live..?
Dis you an me no(nae) bide..?	Don't you and I live..?
Dae we no(nae) bide..?	Don't we live..?
Dis you an Tam no(nae) bide..?	Don't you and Tam live..?
Dae ye no(nae) bide..?	Don't you live..?

In any of the above questions, **dae** can be replaced if need be by its alternative form **div**, and any of the unemphatic pronouns can be replaced by its emphatic form.

ABOOT SCOTLAND

One notable point about life in Scotland is that a considerable proportion of the population lives in public housing. In 2001 the figure was 23%, although it had declined from 40% in 1990 and from 55% in 1981, and it continues to decline under current government policies. The **cooncil scheme** (council estate, or public housing project) has been a feature of life since the 1920s, and especially since the 1950s. The **schemes** were begun as slum-clearance projects, and although many have turned out to be decent enough places to live, there are others (especially in the large cities) that are anything but. With their lack of good social and shopping facilities, and with a high level of crime, it is only a continual input of public money that prevents some council estates from degenerating into slums themselves.

A distinctly Scottish form of housing is the **tenement**, a three- four-, or five-storey block with two or three **flats** or **flets** (apartments) on each floor. Many of the grander districts of Glasgow and Edinburgh consist of long terraces of these blocks, built in the late nineteenth century in red, blond or 'honey' **saundstane** (sandstone). Other forms of housing are the **multi** (tower block, mainly in council housing) and the **semi-detatcht** or **detatcht hoose** (semi-detached or detached house). The passageway at the entrance to a tenement or other apartment building is the **close**, and the grassed area at the rear is the **back green** or **back coort**.

The rooms found in Scottish houses are much the same as those in other European countries: the **leivin room** (living room), **sittin room** (sitting room) or **front room**; bedrooms (the word **chaumer** is used in some country houses, especially on farms); a **bathroom** and **wattrie** (WC); and the **kitchen**, or **kitchie**, or **scullerie**. Some houses may have a **laft** (loft, or attic) or a **dunnie** (basement). Most houses and even some flats have a **gairden** (garden) or a **garage**. The hallway leading in from the front door of a house is the **lobby** or **trance**, and a conservatory is sometimes referred to (slightly jocularly) as a **sitooterie**.

At one time, although it is less common nowadays, a typical country dwelling in Scotland had two rooms: one reached immediately from the front door, and a second reached by way of the first. The outer part was known as **but the hoose**, the inner part as **ben the hoose**, and that style of dwelling was known as a **but an ben**. Although such houses are few in number nowadays, the word **ben** is still used as a preposition meaning, 'within' or 'in the inner part of'. When someone is indoors, in any kind of dwelling, the person can be said to be **ben the hoose**, an expression also used where in English a person would be said to be 'in the other room'.

A BITTIE MAIR

Whit wis the maitter? What was the matter?

Dauvit and Alexandra have been in their current home for less than a year, and explain to Helen and John the trials of setting up home.

John	Hoo lang hae you been bidin in this hoose noo?
Alexandra	We flittit here in October o last year, sae that maks echt month noo.
Helen	An hoo are ye likin it?
Dauvit	It's rare. We hid a fair amoont o wark tae dae on the ruif whan we cam here, though.
Helen	Whit wis the maitter wi it?
Dauvit	There wis slates aff, an the rain hid been dreepin doon ontae the boords. We hid tae replace a wheen o rotten boords as weel as pit on a curn new slates.
Alexandra	Bit thon wisna aw we hid tae dae. Ye shid hae seen the cairpets on the grund flaer – threidbare an muckit, the lot o them.
Dauvit	Whan we tuik them up, there wis holes in the flaerboords throu tae the dunnie. We hid that tae fix an aw.
John	So hoo lang did that tak ye awthegither?
Dauvit	Aboot twa month. We hid it feinisht jist afore the wunter set in.

flittit	moved home	**boord**	board
amoont	amount	**a wheen o**	several
ruif	roof	**curn**	few; group
feinisht	finished	**shid**	should
dreepin	dripping	**cairpet**	carpet
ontae	onto	**threidbare**	threadbare
flaer	floor	**muckit**	filthy

EXERCEISES

1.   Read the following questions aloud and answer them *in Scots*, based on the dialogue at the beginning of the lesson.

a.   Whit's Gordon gaun awa tae dae?

b. Is Gordon gaun jist himsel?

c. Whit's John daein, an wha wi?

d. Whit's Gordon needin tae buy?

e. Whaur's he gaun tae, tae get it?

f. Whit'll happen if Gordon an Jean disna come back in time?

2. State the opposite of the following sentences, as in the example.

   John kens Dauvit weel. → John disna ken Dauvit weel.

a. That flooers needs watter ilka day.

b. Alexandra an John cairries the denner fae the scullerie.

c. The twa young fowk likes broccoli.

d. This tatties taks a lang time tae bile.

e. Jean dichts hir face tae gang oot.

f. The denner ye're makkin smells guid.

3. Ask questions based on the following statements, as in the example.

   Ma freend bides here. → Dis yer freend bide here?

a. The bairns plays in the gairden.

b. A mind hoo tae stairt a motorbike.

c. Gordon kens whaur tae get ile.

d. She thinks she kens it aw.

e. The ingans gangs weel wi deuk.

f. Ma man comes fae Glesca.

4. Ask for confirmation of the following sentences, as in the example.

   We see them ilka mornin. → Dae ye nae see them ilka mornin?

a. A keep ma caur oot in the garage.

b. Ye leuk awricht for gaun oot.

c. Jean pits hir coat on tae gang oot.

d. The sales stairts the morn.

e. The wifies cairries the bairns.
f. We dicht the table efter wur denner.

5. How do you express the following in Scots?
a. Remember to buy onions, too, not only garlic and chives.
b. Remember not to overboil the potatoes.
c. Don't put any more oil in the mushrooms, they don't need it.
d. When you move home, do you intend to sell the carpets along with the house?
e. My flat has two bedrooms, a front room, a kitchen, a bathroom, a little garden, and its own front door.
f. This timber (**timmer**) of this whole house is rotten, from the basement to the loft.

6. Explain a little in Scots about your home. Say whether its a house or flat; say whether its **yer ain** or **rentit** (rented); say where it is, how many rooms you have, and what kind.

13
IT RINS WEEL YET
It still runs well

IN THIS UNIT YOU WILL LEARN:

- about adding emphasis to verbs with **div** and **dis**
- about adverbs in Scots
- an important point about the adverb **nivver**
- about food and drink in Scotland

SPEIK

Jean is asking Gordon about his and his family's weekly routine.

Jean   Gordon, hoo dae ye aw spend yer time? Whit dae ye aw dae?

Gordon   Throu the weik, we're aw oot o the hoose fae Monday tae Friday. I'm at the College, ma faither's wirkin at his surgery, an ma mither's wirkin at hir office doon in Pairtick.

Jean   Ay, bit whit kin o things dae ye dae whan ye're nae wirkin?

Gordon   Och, aw sorts o things! Still, there *is* a bit o a pattren tae the wey we spend the weik.

Jean   Whit's that, then?

Gordon   Wadensday is aye wur day for gaun tae the supermaircat for wur messages, at nicht. Maist Friday nichts A see ma pals at the Students' Union, an ma mither an faither gangs oot tae play bridge[17], whan they're nae haudin the game at oor hoose. On Seturdays A'm aften at the Students' Union agane, bit whilies the three o us gangs tae the picters.

Jean   An whit aboot Sundays?

Gordon   Maist o the day A spend studyin, an for ordinar ma faither likes tae wirk in the gairden. Ma mither gangs tae the kirk whilies, bit I nivver gang there masel.

Jean   If ye're at hame at nicht an there's naething special happenin, whit kin o things dae ye dae then?

Gordon   Weel, whan A'm nae studyin, there's aye the TV! Forby that, we hae a fair collection o videos. Ye likelie saw them in the loonge. The motorbike taks a bit o leukin efter an aw. It's auld, bit it rins weel yet.

Jean   Dae ye gang tae the College on yer motorbike, then?

Gordon   Whilies A gang on the motorbike, an whilies A walk.

---

[17] The Scots for 'bridge' is **brig,** but the *card game* is always known as **bridge.**

VOCABULAR

kirk	church	aye	always
picters, the	cinema	for ordinar	usually
weik or ook	week	maistlie	mostly
tae haud	to hold	nivver	never
tae rin	to run	whiles	sometimes
aften	often	pattren	pattern

NOTES ON THE VOCABULAR

1 'Weik' and 'ook'

Strictly, this refers to a *calendar* week, beginning on a Sunday and ending on a Saturday. Any other period of seven consecutive days would at one time have been referred to as a **seinicht**, just as any fourteen consecutive days are a **fortnicht**. However, in modern usage **weik/ook** is often used instead of **seinicht**.

The question of whether **weik** or **ook** is used is a matter of regional dialect. **Weik** is used in this course, because it is the more geographically widespread form. It can be pronounced either identically to 'week', or else as if it were 'wick'.

The traditional names of the days of the week in Scots are: **Sunday** (or **the Saubath** to some people), **Monanday, Tyseday, Wadensday, Fuirsday, Friday** and **Seturday**. However, some of these names are no longer in current use and have been replaced by their English equivalents, although the traditional forms may still be known to some older speakers. The names currently in general use are: **Sunday, Monday, Tuesday, Wadensday, Thursday, Friday** and **Seturday**. (Note the underlined names as those still distinct from English.)

The months of the year in Scots are: **Januar**, **Februar**, **Mairch**, **Aprile**, **Mey**, June, **Julie**, August, September, October, November, December.

2 Picters

'Going to the cinema' translates into Scots as **gaun tae the picters**. However, the cinema itself as a building can be referred to as either a **picter-hoose**, or else **cinema** can be used as a Scots word.

3 Rin

This verb has an irregularly-formed past tense, which is the same as the *present* tense in English: **run**.

4 Aften and aftimes

The usual Scots word meaning 'often' is **aften**. However, both 'often' and **aften** have two meanings: they can mean 'frequently' or 'at short intervals', as in **hoo aften dae ye come here?** They can also mean 'many times' as in, for example, **A'v aften been tae Birmingham**.

On the other hand, there is another Scots word, **aftimes**, whose meaning corresponds to 'often' used *only* in the sense of 'many times'. Note that the use of **aftimes** is confined nowadays almost entirely to poetry and song. For example:

'**Fare ye weel, ye Mormond Braes, whaur** <u>aftimes</u> **A'v been cheery.**' (traditional song)

5 Nivver, whiles, aften and aye

These are the adverbs of frequency in Scots. Remember that **aye** is pronounced quite differently from **ay** which, when used in English, is also written 'aye'. In Scots, both **aye** and **yet** can be used where 'still' would be used in English; for example, in the title of this unit.

 In the north-east, **whiles** is often used in the diminutive form **whilies**, as in the dialogue above, but there is no difference in meaning between the two forms.

LANGUAGE PATTRENS

1 A point about 'the' and places

Note in the dialogue above the use of **the** in expressions such as **tae the kirk** and **tae the college** where English would have had 'to church' and 'to college', with no 'the'. This is the norm when discussing places of that kind, and occurs with others such as **the scuil** ('school') or **the toon,** for example as in **at the scuil** ('at school') or **in the toon** ('in town').

2 Adding emphasis to verbs with 'div'

In the last two units, we looked at the different forms of the present tense used when discussing either *current* action, or *habitual* action. In this lesson, we complete our look at the present tense with a form also found in English, the emphatic form. In general, the emphatic form is formed by using **tae dae** as an auxiliary verb, combined with the root of the verb describing the action. Examples of present tenses so constructed are:

A div see him ilka day.	I do see him every day.
They div wirk here.	They do work here.
She dis ken them.	She does know them.

This use of the emphatic forms, **div** and **dis,** was touched on in Unit 10, in the description of their use as auxiliary verbs in relation to the primary verb of a sentence. As will be seen from the examples, this construction is used in the same way as the equivalent construction in English, to add emphasis to a statement about a habitual action, for example as a response to contradiction.

3 Adverbs

We now look at the various ways in which adverbs are derived in Scots. Although there are a number of words which are adverbs in their own right – for example, the adverbs of frequency given in the vocabulary above – in general, adverbs are derived from adjectives, and we now look at the relationship between adjectives and adverbs in Scots.

Before beginning the discussion, there is a point to note about the nature of adverbs themselves. Adverbs are usually thought of as words which qualify *verbs*, and very often that is true; however, adverbs also have a role in qualifying *adjectives*. It is important to draw attention to this, because in Scots there can be a difference in the form that an adverb takes, depending on this difference in role.

● Our discussion begins with adverbs qualifying *adjectives*, as this is the simpler case to consider. Note that, in this context, an 'adjective' can also be a verbal participle (present or past) in the *role* of an adjective. To form an adverb, based on a noun or another adjective and to qualify an adjective, the ending -**lie** is added just as the ending '-ly' is added in English. For example (an adverb based on an adjective, and qualifying an adjective):

Scuils in France is <u>formallie</u> secular.
Schools in France are <u>formally</u> secular.

or again (this time, an adverb based on a noun, and qualifying a participle):

Scuils in Scotland is <u>maistlie</u> run by the state.
Schools in Scotland are <u>mostly</u> run by the state.

Exceptions to this pattern are some very common adjectives which are used as intensifier adverbs in front of other adjectives, and which are used *without* the ending -**lie**. Among these are the everyday words **richt, fell, fair,** and **awfu** ('awful'), as well as the more literary words **byordinar** ('extraordinary') and **unco** ('strange'), all of which are used *unaltered* as intensifiers.

It's <u>awfu</u> cauld the day.
It's <u>awfully</u> cold today.

Thon wumman talks <u>byordinar</u> quick.
That woman talks <u>extraordinarily</u> quickly.

• More complicated is the question of adverbs qualifying *verbs*, which is actually how adverbs are more usually thought of. To begin with, it is essential to understand that, in Scots, adverbs qualifying verbs are wherever possible replaced by the the adjective denoting a quality of the subject or object. This gives the appearance of an adverb *identical in form* to an adjective. If this sounds complex, some examples should serve to illustrate:

He aye comes hame <u>quick</u> fae his wark.
He always comes home <u>quickly</u> from work.

or

Ither fowk aye spells ma name <u>wrang</u>.
Other people always spell my name <u>wrongly</u>.

Where it is not possible to substitute an adjective in this way – where it would cause confusion, or where the idea of a quality *of the subject, or of the object* is really not appropriate – the adverbial ending -**lie** is introduced.

He aye thocht soorlie on his auld teachers.
He always thought sourly of his old teachers.

She leukit cannilie oot fae hir hidin-place.
She looked cautiously out from her hiding place.

In the latter example, **she leukit cannie...** might suggest that it was an aspect of her appearance. On the other hand, there would be no confusion in saying **she keekit cannie oot...**, where **keek** means 'peep'.

A slight extra complexity is that there is another adverbial ending, -**like**, which can be used instead of -**lie**. Forms with -**like** are more emphatic than those with -**lie** or without any ending.

The bairns is playin in the gairden, happy-like.
The children are playing in the garden, happily.

or

He comes hame fae his wirk, quick-like.
He comes home from work, quickly.

It is also possible to use **like** in association with an entire question or statement, in which context it has approximately the same significance as 'as it were' or 'so to speak' in English.

Are ye seein hir the morn, like?
Are you seeing her tomorrow, as it were?

● There is a small number of adverbs in Scots, most of which are seldom used nowadays, derived from nouns or adjectives by the addition of yet another adverbial ending, -lins. Examples of this form of adverb are **sidelins** ('sideways'[18]) or **scantlins** ('scarcely'). This form is used as it stands to qualify either a verb or an adjective.

● Prepositions in the role of adverbs are used unmodified, as they are in English:

Come in an sit doon.
Come in and sit down.

● There is one adjective, **guid**, which has a wholly *irregularly*-formed adverb, **weel**.

4 A point about 'nivver'

The past tense will be dealt with in full in Unit 18, but at this point it is worth noting that there is a difference in the meaning of **nivver** between situations where it is used with the *simple past tense*, and those where it is used with the *perfect tense*.

When used with the *perfect* and most other tenses, the meaning is the same as that of 'never' in English, that is, meaning 'at no time ever'.

A'v nivver been tae Inverness.
I've never been to Inverness.

---

[18] 'Sideways' is most likely to be expressed in Scots nowadays as **sidieweys**.

On the other hand, when used with the *simple past tense*, **nivver** has a different meaning: it is an emphatic form of negation comparable to the use of 'not at all' or 'definitely not' in English (although **no(nae) at aw** also exists in Scots).

A nivver gaed tae Inverness last year, bit A'm gaun this year.
I didn't go to Inverness at all last year, but I'm going this year.

With the *present tense*, **nivver** can (unfortunately) have either of the two meanings, and so the actual meaning must be deduced from the context.

A ken Fiona's mither, an she's nivver seiventie year auld.
I know Fiona's mother, and she definitely isn't seventy years old.

A nivver drink oniething alcoholic.
I never drink anything alcoholic.

ABOOT SCOTLAND

On the subject of alcohol, the alcoholic drink usually associated with Scotland is **whuskie**, Scotch whisky. A **single maut** (single malt) is the drink of choice for the connoisseur, made from pure barley malt and the product of one specific distillery, of which Scotland has dozens. Single malt whisky is most often aged in wood for twelve years before bottling, although the usual age range is anything from eight to fifteen years. A **blend** (blended whisky) is a less expensive choice, for everyday drinking and for use in mixed drinks. Another spirit made in Scotland is **vodka,** for which the name **voddie** (the Scots diminutive -**ie** replacing the Russian diminutive -*ka*) is sometimes used.

The most popular alcoholic drink in Scotland is pilsner-style **lager** beer, which has been brewed regularly here since the 1880s, although the more traditional Scottish beer style is actually dark bottom-fermented beer. Brewers often categorise beers according to alcoholic strength, based on the amount of tax that once would have been charged on a barrel of the beer. Thus, there are four categories ranging from the weakest, **saxtie shullin** (sixty shilling, 60/-), through **seiventie shullin** (70/-) and **echtie shullin** (80/-) to the strongest, **ninetie shullin** (90/-). These are also often known respectively as **licht ale** (light ale); **hivvie** (heavy) or **best**; **export**; and **strang ale** (strong ale). Visitors should note that, in a pub or bar in Scotland or indeed anywhere in Britain, it is not usual simply to ask for 'beer' but rather to ask for a particular kind.

To some Scots, especially in the poorer sections of society, the word **wine** has the specific sense of *fortified* wine, and unfortified wine is identified as **denner wine**. Scotland has no commercial production of wine proper, but does have a small output of 'country wines', drinks similar to wine made from locally-grown fruit such as **raspberries**, **brammles** (blackberries) and **blaeberries** (bilberries/blueberries). Scotland is one of the few countries – possibly even the *only* country – where a native soft drink outsells Coca-Cola. The drink is **Irn-Bru** (pronounced 'iron brew'), which is made in Glasgow, and is recognisable by its bright orange colour. In the Glasgow area the word **ginger**, and in the Aberdeen area the word **ale**, are used (possibly confusingly) as generic terms for carbonated *non-alcoholic* drinks, irrespective of flavour. When it comes to hot drinks, **tea** is still more popular in Scotland than **coffee**, and is nearly always taken with milk.

As regards **fuid** (food), also known as **mait** or **scran**, the typical traditional urban Scottish diet was a consequence of poverty and was neither interesting nor healthful, being based mainly on cheap meat, potatoes, and a very limited range of other vegetables. It was a diet high in sugar and animal fat. **Breid** (bread) was usually **white** rather than **haillmeal** (wholemeal). The traditonal *rural* diet was better, and among the better points in it were **aits** (oats), a nutritious grain mostly eaten either as **parritch** (porridge) or as **brose** (raw meal mixed with hot water or milk, and seasoned); **kail** (cole, a vegetable of the cabbage family); and a relatively good supply of other **vegetables** and **dairy**

produce. Coastal areas were better again, with access to cheap and plentiful **caller** (fresh) **fish.**

With modern patterns of living, eating habits have changed, although not necessarily much for the better given that today's 'convenience' foods are not necessarily more healthful than those that they have replaced. The enormous irony is that Scotland produces some top-quality ingredients, especially **meat, fish, dairy products, berries** and **seafuid,** much of which are exported rather than used at home. There are a few superb 'Scottish restaurants' that use these ingredients to the full, although no-one ought to imagine that what they offer has much resemblance to the everyday diet of most Scots.

WALCOME TAE SURUCHI

SIMLA CHAAT** £3.95
A cannie mix o chickpeas, tatties, cucumber, coriander an bannanies, tappit wi a tangy sauce an spices.

DAL TARKA £3.95
A stoater o a side dish. Hale lentils (fresh cookit), wi garlic, ingans an spices.

SURUCHI'S CHICE O RICE AN BREID
Ye'll get sindrie types o rice in Indian cookin. But Suruchi yaises the maist weel-kent (an the brawest) - Basmati. Its name means 'the fragrant yin'.

---

from an Edinburgh restaurant menu

A welcome addition in recent years to Scotland's otherwise dull culinary scene, is the appearance of **restaurants** and **cairry-oots** (take-away restaurants) run by people from countries such as **Italy, China, India, Pakistan** and **Bangladesh** (or by Scots whose forebears came from those countries), and featuring respective national cuisines. Although spicy 'hot' food *can* be described in Scots as **het,** it is common too to describe it as **nippy. Pakora** – an Indian savoury consisting of meat, fish or vegetables cooked in a spiced batter – is very popular in Scotland, and in Glasgow there is even a bar-restaurant specialising in it! Meanwhile, the **chipper** or **chippie** (fish-and-chip shop) remains a mainstay of the 'fast food' scene, albeit with competition in recent times from **hamburger** and **pizza** outlets.

Some Scottish specialities that may be of interest to visitors are: **Arbroath smokies** and **Finnan haddies,** kinds of smoked haddock; **haggis,** a form of sausage made from sheep's offal and oatmeal, cooked in the animal's stomach; the **mealie pudden** or 'white pudding' (widely sold in fish and chip shops), another form of sausage filled with seasoned oatmeal, onion, and animal fat; **kebbock** ('caboc' in Scottish English, a soft cream cheese rolled in oatmeal) and other Scottish **cheeses;** the **rowie,** local to north-east Scotland, a form of bread roll[19] similar to a French *croissant,* made traditionally with butter although nowadays lard is often used; **Dundee cake,** a rich fruit cake; **shortbreid,** a simple but delicious form of biscuit based on flour, butter and sugar; **tattie scones,** savoury scones based on cooked potato; **Cullen skink,** a soup based on cream and smoked fish; **stovies,** pre-boiled potatoes broken up and fried with onion and sometimes small pieces of meat; **ait cakes** (oat cakes), flat crisp savoury biscuits made from oatmeal; **tablet,** similar to fudge but harder; and **Edinburgh rock,** softer and lighter in texture than the more familiar form of rock candy.

A BITTIE MAIR

A'll likelie be gey late! I'll probably be rather late!

Dauvit and Alexandra are going out for their Friday game of bridge, while Gordon is going to meet his friends.

Gordon Whas hoose are ye awa tae the nicht?
Alexandra We're gaun ower tae Matthew an Janet's, on the Sooth Side. Whit aboot yersel? Are you awa tae the Students' Union?

---

[19] An *ordinary* bread roll is known in Scots by a variety of words, differing in some instances from area to area. One word for 'bread roll' understood everywhere is **bap.**

Gordon	Nae the nicht, A'm nae. Craig's aulder sister Moira's haein a flat-warmin at hir new place in Maryhill, sae there's a crood o us gettin thegither tae gang up there.
Dauvit	Mind an tak a bit o haundsel wi ye, sae's nae tae gang tuim-haundit.
Gordon	Ay, A thocht A'd tak a bottle o champagne an a bunch o flooers.
Alexandra	Hae ye onie idea whit time ye'll be hame?
Gordon	We'll see, bit A'll likelie be gey late. A dinna think A'll be hame afore three, oniewey, even if Maryhill's nae verra faur tae walk hame fae.
Dauvit	We'll nae bide up then. Hiv ye yer ain key wi ye? A'm gled ye're nae gaun on the motorbike, bit watch yersel walkin yer lane at that time o nicht.
Gordon	A'v ma key here in ma pootch. Ye wunna be that late yersels, then?
Dauvit	Weel, we'll see aboot that an aw. Matthew an Janet's haen some gey wild games o bridge afore noo...

the Sooth Side	south Glasgow	**yer lane**	alone
crood	crowd	**wunna**	will not / won't
sae's nae tae	in order not to	**haen**	had (participle)
tuim-haundit	empty-handed		

EXERCEISES

1. Read the following questions aloud and answer them *in Scots*, based on the dialogue at the beginning of the lesson.

a. Whit nicht dis Gordon maist aften see his freends on?

b. Whit room in the hoose gets cleaned on Tuesdays?

c. Wha gangs tae the kirk maist aften?
d. Hoo aften dis Dauvit an Alexandra play bridge?
e. Whit dae they hae a collection o in the loonge?
f. Is Gordon's motorbike a new ane?
g. Hoo dis Gordon gang tae the College, for ordinar?

2. Form an adverb an appropriately from the given adjective or noun, and insert it into a suitable place in the given sentence, as in the example:

He cam oot o the hoose. (quaet)
→He cam quaet oot o the hoose.

a. It wis rainin. (hivvie)
b. She leukit in hir mirror afore drivin awa. (cannie)
c. The hoose wis birnt doon in the fire. (pairt) [birnt = 'burnt']
d. He thocht afore decidin whit tae dae. (lang)
e. The licht wis shinin oot fae the winda. (bricht)
f. The radio wis playin up-the-stair. (lood)

3. How do you express the following in Scots?

a. I didn't do any shopping at all on Saturday.
b. It isn't good to eat so quickly.
c. Why was this done so badly?
d. It rained heavily and often from February to April.
e. I do like to go to the cinema sometimes, but I usually prefer the theatre if it's done skilfully. ['skilful' = skeelie]
f. They met secretly, so that their families would not know.

4. Describe *in Scots* a little about the food and drink of your own or another country, and that which you personally prefer. Say whether you like cooking at home, or eating out. Explain the kinds of ingredient on which your favourite type of food is based.

14
WHIT DIS IT COST?

How much is it?

IN THIS UNIT YOU WILL LEARN:

- about shopping in Scotland
- about asking and stating prices in Scots
- how to discuss borrowing and owing in Scots
- about ways of paying for goods

SPEIK

Gordon and Jean have gone shopping together, and are in one of the local shops.

Jean	Noo, A'm wantin twa pund o jeelie.
Gordon	There's it, ower there.
Jean	An dae they hae onie ham?
Gordon	It's jist there.
Jean	Sae it is. Whit dis it cost, noo? It's a bittie dear, though – mebbe A can dae wi'oot it.
Gordon	Aw richt.
Jean	Noo, A'm wantin a haillmeal loaf. Dae ye ken whaur the breid is?
Gordon	It's at the ither end o the shop. Are ye comin noo, Jean? The caur's on a yella line ootside.
Jean	A'm still wantin some tabacca tae Faither, an some sweeties tae Mither. You awa an see tae the caur, an A'll get the messages... oh, haud on. Can ye len me ten pound? A'm gey short o siller.
Gordon	Weel, seein as it's you! Ye're owe me a tenner, mind. A'll see ye efter.
Jean	Ay, see ye efter!

Gordon arrives back at the car, but a local PC has spotted it. Just as the two are discussing the matter, Dauvit comes along the street.

Dauvit	Whit like, Gordon? Whit are you daein here?
Gordon	A'm nae baud – bit this polisman's sayin A'm pairkin on the wrang side o the street.
Polisman	Guid mornin, sir. Are you this young man's faither?
Dauvit	Ay, A am.
Polisman	Is this his caur, then?
Dauvit	Naw, it's nae. It's mine.
Polisman	A see. Dis he aften drive your caur, then?

Dauvit Ay, he dis.

Polisman Ye see whaur we are here, sir? There's nae pairkin at aw on this side o the street atween echt in the mornin an seivin at nicht.

Gordon Bit there's nae room tae pairk on the ither side.

Polisman It disna mak onie odds, sir. A'm sayin there's nae pairkin here, sae drive the caur awa noo or ye're gettin a ticket.

Dauvit Dae whit the man says, Gordon.

VOCABULAR

breid	bread	**pund**	pound
ham	ham, bacon	**siller**	money, silver
jeelie	jelly, jam	**tabacca**	tobacco
haillmeal	wholemeal	**tae len**	to lend
messages	shopping	**yella**	yellow
odds	difference	**mebbe**	maybe
Polis, the	the Police	**wi'oot**	without
polisman	policeman	**atween**	between

NOTES ON THE VOCABULAR

1 Messages

'Going shopping' in Scots is **gaun the messages**. In Scots, **messages** also has its more familiar meaning.

 Another word meaning 'shopping' used in the north-east is **eerans**, and so **gaun the eerans** is another expression for 'going shopping'.

2 Odds

As well as **A'm no(nae) carin**, another way of expressing indifference in Scots is to say **it maks nae odds tae me.**

3 Polis

There are two basic ways of pronouncing this word, found in different parts of Scotland. One, which is the *less* common pronunciation, is the same as in English with the stress on the *second* syllable. The more common pronunciation has the stress on the *first* syllable, pronounced 'pole', with a short 'i' in the second syllable. An individual police officer is often referred to as **a polis**, although **polisman** and **poliswumman** are also used.

 Note that it is still normal in the north-east to refer to the **Polis** by the old nickname, **the Bobbies.** An individual police officer is known as a **bobbie.**

4 'Pund' and 'Pound'

Note the distinction here between the pound as a unit of *weight*, and as a unit of *money*. In speech, the 'd' at the end is usually silent in both.

5 Len

Note that **len** is also used as a noun, and thus **a len** is 'a loan'.

6 Wi'oot

In more literary Scots, the word **athoot** is also used with the same meaning.

LANGUAGE PATTRENS

1 More about 'pund' and 'pound'

Note that **pund** and **pound** are both units of measurement with which numbers ('twa' and 'ten' in the dialogue above) are followed by the *singular* of the noun rather than the plural when expressing a single quantity. If the expression **twa punds o jeelie** were to be used, it would convey the idea that there were two totally separate pounds (perhaps bought on different occasions) rather than a single amount with a total weight of two pounds.

2 *Repeating oneself*

Note how, in Scots, it is more usual to say **A'm sayin that...** (as in the dialogue above) rather than **A said that...** when repeating oneself.

3 *'Tae' used instead of 'for'*

With regard to the use of the preposition **tae**, note the following usage from the dialogue above:

A'm still wantin some tabacca tae Faither

When a particular thing or action is done for someone, or given to someone, the Scots **tae** is often used when in English 'for' would be used. Even so, the Scots **for** can still be used, especially where **tae** might lead to confusion. Here are some other examples; note particularly the words in italics.

Lat me open the door *tae* ye.	Let me open the door *for* you.
Can ye gang tae the shop *tae* me?	Can you go to the shop *for* me?
A'll dae naething *tae* ye.	I'll do nothing *to* you.
A'll dae naething *for* ye.	I'll do nothing *for* you.

A number of points stand out from the last two lines of the first section of the dialogue:

4 *Seein as*

In Scots, **seein as** is used where 'since' (but *only* in the sense of 'because') would be used in English. Here are some other examples:

Seein as the rain's aff, we can hae wur tea in the gairden.
Since the rain's off, we can have tea in the garden.

A'v tae buy some mulk, seein as A hinna onie at hame.
I have to buy some milk, since I haven't any at home.

5 'To owe' in Scots

In Scots, 'to owe' is usually expressed with the phrasal verb, **tae be owe**. Here are some examples, over and above the one in the dialogue above:

Ye're aye owe me twintie pound.
You still owe me twenty pounds.

A *wis* owe ye, bit no(nae) onie mair.
I did owe you, but not any more.

6 'Efter' used to express 'later'

In Scots, **efter** is often used where 'later' would be used in English to refer to an unspecified point later in time. For example, **A'll tell ye efter** ('I'll tell you later') or **she'll be back efter** ('she'll be back later').

7 Asking the price of something

Although in English it is possible to ask about the price of something with either 'how much is this?' or 'what does this cost?', in Scots the only one used is **whit dis this cost?** (see the dialogue for an example). Although **muckle** usually corresponds to 'much', a question such as **hoo muckle is this?** would be taken to refer to the *size* of the item rather than its price. However, **hoo muckle dis this cost**, although longer, also refers unambiguously to the price.

ABOOT SCOTLAND

For most Scots nowadays, shopping habits revolve around their preferred **supermaircat**. However, there is still a niche for the **Johnie Awthing** – the local corner shop that sells everything – for small or immediate shopping needs. Many shops of this sort are run by families where the parents are from Pakistan or India, especially in central Scotland.

Visitors to Scotland will find when shopping for food that the shops, like those in the rest of Britain, are coming to the end of a long process of transition from the British imperial system of **wechts an meisures** (weights and measures) to the metric system. Goods sold **pre-packit** (pre-packed) are in **metric amoonts** (metric quantities), whereas when buying foodstuffs **lowse** (loose) it was usual to state the amount in **punds an unces** (pounds and ounces, see Unit 16). This has now been forbidden, under new regulations in effect from the beginning of 2000 but, even so, it would be surprising if the practice had suddenly stopped entirely.

Few shops nowadays do not accept the major international **credit cairds** (credit cards) and the UK banks' **debit caird**, Switch. At one time, there was a custom of individual shops granting a **slate** (a personal account) to trusted customers, although nowadays credit cards have largely done away with the need for this. Shops in Scotland are *not* generally used to accepting **traivellers cheques** directly as payment, and if used at all these will need to be in British currrency, or Sterling as it is known. However, personal cheques can be used if in Sterling and supported by a **cheque guarantee caird**.

With very few exceptions, although there *are* a few, all goods on sale in Scotland are labelled in English.

A BITTIE MAIR

Whaur are we heidin noo? Where are we heading now?

The shopping accomplished, Jean and Gordon are driving home from the shops. Jean is taking her turn to drive but, as she is unfamiliar with the city, Gordon is giving her directions.

Jean	Richt, that's us oot o the caur pairk. Whaur div A gang noo?
Gordon	Caw cannie a meintie. A'm wantin tae see whit like the traffeck is alang St. Vincent Street there, tae see whuther we shid gang that wey, or up tae Charing Cross.
Jean	Sae whit dae ye think?
Gordon	Lat's gang by Charing Cross. Turn richt here... ye see that office on a brig ower the road? Cairry on throu aw this traffeck lichts, or we pass anaith the brig.
Jean	Richt ye are... that's us, an whaur are we heidin noo?
Gordon	We hae tae watch oot, the road splits three weys. That wey taks us on tae the motorwey tae Edinburgh, bit we're nae gaun there the day! Haud roond tae the left intae Wuidlands Road.
Jean	A like this pairt o the toon, wi the bonnie auld saundstane biggins an that. Noo whit wey are we gaun?
Gordon	Cairry on a whilie yet, an we'll come tae a roondaboot. Tak the saicont road oot o the roondaboot intae Gibson Street, an cairry on till the nixt set o lichts. Turn left at the lichts.
Jean	Thon wis handy, the filter arra turnin green jist as we cam up! Whaur are we gaun noo?
Gordon	This is Universitie Avenue. Haud roond tae the richt here, whaur the road taks us up tae the tap o the brae, an syne doon. A think ye'll ken yer wey fae there on.
Jean	This is Byres Road we're comin on till, is it nae? A ken the wey fae here aw richt.

caw cannie	hold back	**meintie**	moment
traffeck	traffic	**heidin**	heading
motorwey	motorway	**haud roond**	continue round
biggin	building	**an that**	etc, and so on
whit wey?	which way?	**whilie**	short while
roondaboot	roundabout	**arra**	arrow

tap o the brae   top of the slope   **pairt**   part

EXERCEISES

1. Read the following questions aloud and answer them *in Scots*, based on the dialogue at the beginning of the lesson.

a. Whit's Jean wantin tae hirsel, forby jeelie an ham?
b. Is it awricht for Gordon tae pairk the caur whaur it is? Whit wey?
c. Dis Jean hae plenty siller? Whit dis Gordon hae tae dae?
d. Wha dis the caur belang tae?
e. Whit's the latest time ye can pairk on the street whaur the caur is?
f. Whit dis Gordon end up haein tae dae?

2. How do you express the following in Scots?

a. Can I get a loan of twenty pounds from you, since I have to go shopping?
b. I can owe it to you until pay day.
c. Can you buy two pounds of apples for me?
d. It makes no difference how much it is, I want it.
e. I said, I want a loaf of wholemeal bread. Can you charge it to my account?
f. Don't tell them I'll see them later. I don't know how much time I have.

3. Describe *in Scots* a little about how and where you do your shopping. Explain about payment methods for different kinds of item, how you travel to the shops, and whether you prefer large stores or small shops.

15
THE BACK O TWAL
Shortly after twelve

IN THIS UNIT YOU WILL LEARN:

- about discussing amounts in Scots
- about telling the time in Scots
- about money and banking in Scotland
- a little about law in Scotland

SPEIK

John and Helen are discussing their financial situation.

John   A'm needin some mair siller. A'll hae tae gang tae the baunk the day.

Helen   An dae we hae muckle siller left?

John   Ay, A'm shuir we'v eneuch. The trip tae Aiberdein's gaun tae be dear, though.

Helen   Ay, bit we're nae needin siller for that jist yet.

John   Naw, bit A'm wantin tae get a bittie oot noo. I dinna hae muckle on me, an A'm owe Jean for thon films she bocht tae me.

Helen   We're nae spendin aw that muckle on the haill, are we?

John   Naw, sae lang as we're bidin wi Dauvit an Alexandra an nae haein tae pey, we're nae spendin muckle at aw. Are you wantin tae come tae the baunk wi me?

Helen   A dinna think so. There'll be an awfu lang queue at this time o day. Whit wey are ye gaun in the middle o the day? Whit wey dae ye nae gang aince we hae wur denner? Then we wunna hae sae monie fowk gaun aboot.

John   The baunk shuts at hauf-fower, ye ken.

Helen   Ay, bit we feinish wur denner at twa. Ye'v plenty time.

John   Whit's the time noo, then?

Helen   Jist the back o twal.

John   Aw richt, lat's baith gang efter we'v haen wur denner.

Helen   Whit are ye gaun tae dae noo, then?

John   A'v a pucklie cheques tae write, ready for whan we gang tae the baunk.

Helen   An hiv ye eneuch cheques tae keep ye gaun?

John   Och ay. This is a new cheque-buik, an there's plenty cheques in it yet. Twintie-twa, A think.

Helen   Weel, that's eneuch tae keep us aw gaun for this holiday!

VOCABULAR

baunk	bank	**bocht**	bought
back o	*see below*	**(tae) feinish**	(to) finish
bittie	small amount	**(tae) pey**	(to) pay
pucklie	small number	**haill**	whole
rowth	abundance	**shuir**	sure

NOTES ON THE VOCABULAR

1 *Bittie, pucklie, rowth, etc.*

Scots has a wide range of vocabulary related to discussing quantities, and this is covered below.

LANGUAGE PATTRENS

1 *Telling the time*

This is much the same in Scots as in English, but there are one or two points that the learner needs to know.

The equivalent of the expression 'the stroke of' in Scots is **the chap o**. For example, 'she arrived on the stroke of eight' is expressed as **she cam on the chap o echt**.

The expression **the back o** is very commonly used when speaking of an unspecified time shortly after the hour. Thus, a person who says **A'll hae tae awa at the back o ten** will probably have to leave sometime between ten and quarter past. There is an example of this expression in the dialogue above.

Also, note the use in the above dialogue of the expression **hauf-fower** to mean 'half past <u>three</u>'. This traditional Scots usage is in keeping with the usage in German, Dutch, and the Scandinavian languages, where the idiom employed is exactly the same when translated word-for-word. Thus, **hauf-ane** is 'half past twelve', **hauf-twa** is 'half past one', and so on until **hauf-twal** which is 'half-past eleven'.

However, in present-day speech a usage such as **hauf-fower** might very well be used to mean 'half past four', and so there is some room for confusion.

'Noon' in Scots is **nuin**, and 'midnight' is **midnicht**. The various periods of the day in Scots are: **mornin** (morning); **forenuin** (late morning); **efternuin** (afternoon); **evenin** or **forenicht** (evening); and **nicht** (night). The early hours of the morning are sometimes referred to as the (**wee**) **sma oors**.

The expressions of greeting or parting derived from these are **guid mornin, guid efternuin, guid evenin**, and **guid nicht**. It would *not* be normal to say 'good forenuin' or 'guid forenicht'. A statement such as 'good night to you' can be expressed as **guid nicht wi ye** if the person addressed is going away somewhere, as well as **guid nicht tae ye**.

In speech, the **v** in **evenin** is sometimes silent.

2 Words relating to quantities

These are worth considering in detail.

Muckle ('much') and **monie** ('many') are used much as their English counterparts are. **Muckle** is used with amounts, and **monie** is used with individual items, in *questions* and in *negative* statements:

Hoo muckle butter are ye wantin?	How much butter do you want?
Ye dinna drink muckle tea.	You don't drink much tea.
Hoo monie letters is there?	How many letters are there?
There's no(nae) monie glaisses.	There aren't many glasses.

In *positive* statements, there are several words that can be used (with either the singular or the plural) of which **rowth** is one example.

Another is **fouth**: and note also that **a lot** and **plenty** are used in Scots as well as in English.

She's daein a lot o wark.   She's doing a lot of work.
There's rowth mair fish in the sea.   There's plenty more fish in the sea.

A lot can be used in negative statements as well as positive ones, as in for example **ye dinna drink a lot o tea**. Note that **rowth** and **fouth** are grammatically different in the same way as are **plenty** and **a lot**: one speaks of **rowth**, but of *a* **fouth**.

The opposite of **muckle** is **a bit** (often used as the diminutive, **a bittie**) and is used when speaking of an amount that is small, *but enough*. In some areas, **a puckle** (also used in the diminutive form, **pucklie**) or **a pickle** is also used in this sense, and **some** is used in Scots as well as in English.

On the other hand the opposite of **monie**, and thus the expression used when speaking of a number of things, small *but enough*, is **a puckle (o)**, **a pickle (o)**, **a wheen o**, or **a few**.

There's a bit ile in the scullerie.   There's a little oil in the kitchen.
A'v a puckle cheques left.   I have a few cheques left.

A *large* group of people or things together is a **crood** ('crowd'), and a *small* group of people or things together is a **curn**.

In English, 'little' and 'few' are used without 'a' to denote amounts that are not only small, but which are judged by the person speaking *not* to be enough. In Scots, such statements are generally expressed using negatives:

He disna hae muckle siller.   He has little money.
There's no(nae) monie fowk.   There are few people.

Constructions in English, such as 'how few?' or 'how little?', would therefore be expressed in Scots using the opposite constructions **hoo**

monie? and **hoo muckle?** with the drift of the question being made clear by the context.

Similarly, 'too much' and 'too many' are expressed in Scots as **ower muckle** and **ower monie**, but 'too little' and 'too few' are both usually expressed with the negative construction **no(nae) eneuch**.

ABOOT SCOTLAND

There are three main banks that are generally identified as being Scottish – the **Baunk o Scotland** (Bank of Scotland), the **Royal Baunk o Scotland**, and the **Clydesdale Baunk** – although in reality all are part of international banking corporations. Whatever their names might suggest to some, neither of the first two are in any way state or national banks, and all are simply ordinary commercial banks.

By a unique arrangement with the Bank of England – which is actually the state central bank of the *United Kingdom* – the above-mentioned banks issue their own banknotes, which circulate more widely in Scotland than those from the Bank of England. For the amount that each issues in the form of its own notes, the Scottish banks must deposit the equivalent amount with the Bank of England. It is hoped that a similar arrangement can be reached with the European central bank if the **euro** is ever adopted in Scotland.

Some visitors ask whether Scottish banknotes are legal tender, but the question does not really arise, since the concept of 'legal tender' does not exist in Scottish law. In spite of almost three hundred years of political union with England and Wales, Scotland has kept its own system of civil and criminal law. A unique, and sometimes controversial, feature of Scottish criminal law is that juries have a third verdict, **not proven**, available to them as well as the more familiar 'guilty' and 'not guilty'.

Although prior to our involvement in the United Kingdom the *only* language used in Scottish courts was Scots, courts today do not recognise its validity as a form of expression. In recent years there have been a number of well-publicised cases of Scottish sheriffs[20] refusing to accept **ay** as a proper answer to a question, and even punishing for *contempt of court* people who have used the word!

from the *Doric Festival* programme, 2001

A BITTIE MAIR

Wad ye like oniething mair?   *Would you like anything else?*

John is in the branch of the European Co-operative Bank in Byres Road, Glasgow.

John   Guid efternuin. A'v an accoont wi this baunk, bit nae at this brainch. A wis wunnerin whuther ye cud gie me ma balance the noo.

Teller   Ay, an whit brainch is yer accoont at, sir?

---

[20] In Scotland, a sheriff (in Scots, **shirra**) is *not* a local chief of police as in some countries, but rather the judge who presides in a Sheriff Court.

John	The ane in Itäkeskus, in Helsinki.
Teller	A dinna ken that ane aff-haund. Dae ye hae oniething on ye wi the parteicularities o the accoont?
John	Ay, here's them on ma Maestro caird.
Teller	Richt ye are then sir, jist rin it throu the machine here an key in yer PIN nummer, an we'll send awa for yer balance. It'll jist tak a wee meintie tae come back ower the netwark. *(A pause)* Here's it comin throu, sir, A'll jist prent it oot till ye. Here ye are, noo.
John	That's rare. Noo the ither thing is, A'm wantin tae pey ma Internet bill here, tae that accoont at the Transatlantic Cyberbaunk.
Teller	Ay, lat's hae a leuk... we can dae that for ye, bit we'll hae tae tak a 2% commission for 't.
John	Aw richt then. Can ye jist chairge the haill thing tae ma accoont in Helsinki?
Teller	Ay, nae bather, jist rin yer caird throu the machine agane... an that's it duin! Wad ye like oniething mair?
John	Naw, that's awthing noo. Thanks agane!

brainch	branch	**whit brainch?**	which branch?
aff-haund	off-hand	**parteicularities**	details
tae prent	to print	**tae chairge**	to charge
duin	done	**accoont**	account
PIN nummer	PIN number	**wad**	would
netwark	network		

EXERCEISES

1. Read the following questions aloud and answer them *in Scots*, based on the dialogue at the beginning of the lesson.

a. Dis John hae plenty siller?
b. Whit wey is him an Helen needin mair, suin?
c. Whit wey are they nae haein tae spend muckle, on the haill?
d. Whit wey is Jean nae wantin tae gang tae the baunk the noo?
e. Whan dae they decide tae gang insteid? Hoo?
f. Whit dis John hae tae dae afore they awa?

2. Ask questions based on the statements below, as in the examples.

   He his a lot o freends. → Dis he hae monie freends?
   We'v plenty siller. → Dae we hae muckle siller?

a. A'v a lot o freends owerseas.
b. She his a lot o roses in hir gairden.
c. We'v plenty time afore we gang.
d. There's plenty mair fish in the sea.
e. Ye'v a lot tae dae the nicht.

3. Say the opposite of the following statements, as in the examples.

   He speiks a lot o sense. → He disna speik muckle sense.
   She eats a lot o sweeties. → She disna eat monie sweeties.

a. A'm needin a lot o time.
b. She writes a lot o letters.
c. We're spendin a lot o siller.
d. There's a lot o fowk ootside.

4. The following statements imply that the item or items involved *are* enough, albeit small. Reword them to imply the opposite, i.e. that they are *not* enough, as in the examples.

   She his a bit o siller left. →
   　　　　　She disna hae muckle siller left.

The veilage his a puckle o young bairns. →
The veilage disna hae monie young bairns.

a. She's writin a puckle o letters.
b. We're spendin a bit o siller.
c. He's writin oot a puckle o cheques.
d. There's a pucklie fowk ootside.

5. Say the opposite, as in the examples.

He disna hae eneuch time. → He his ower muckle time.
We dinna eat eneuch pulses. → We eat ower monie pulses.

a. Ye dinna read eneuch o the papers.
b. We're nae spendin eneuch siller.
c. He disna write eneuch cheques.
d. There's nae eneuch fowk there.

6. How do you express the following in Scots?

a. I won't be there on the stroke of nine, but I'll be there shortly after.
b. I'll see you tomorrow, in the late morning.
c. What's the time? It's just after half past three.
d. It's after midnight and I've little time left, so I have to say 'goodnight' now.
e. There was a small group of young people outside the bank.
f. Let me have the details of your account, and I can make the payment on your behalf.

16

TEN YEAR? TEN LANG YEARS

Ten years? Ten long years

IN THIS UNIT YOU WILL LEARN:

- about discussing quantities in Scots
- how units of measurement are used in Scots
- about education in Scotland

SPEIK

Helen and Alexandra are discussing some household matters.

Helen   That's a rare ingle ye hiv there. Dis it tak muckle coal tae keep the fire birnin?

Alexandra Ay, a guid lot. We gang throu aboot a seck a seinicht whan the wather's cauld.

Helen   An is it coal that ye birn in the scullerie biler an aw?

Alexandra Naw, we yuise coke in thon. It birns aboot three ton o coke in a year, or aboot three secks ilka month.

Helen   It's ile-fire't central heatin we hae at hame. A cudna tell ye hoo muckle it birns, cause it's for the haill o the biggin, nae jist for oor flat. At wur holiday cottage, we'v a wuid-birnin stove. It's auld-farrant, bit that's the wey we like it! Anither thing – thon's a gey big caur that you an Dauvit hiv. Hoo muckle petrol dis it tak tae fill it?

Alexandra I think it hauds aboot twal gallon.

Helen   An hoo muckle's a gallon o leid-free petrol costin nooadays?

Alexandra A think it's aboot five pound fiftie a gallon.

Helen   It's nae up aw that muckle fae the last time we wis here. At hame it's a bittie dearer yet, bit nae muckle. Hoo monie miles dis yer caur dae tae the gallon?

Alexandra It disna dae baud, ye ken, for aw that it's a big caur. On the open road it dis aboot fortie mile tae the gallon. Weel noo, whit are ye wantin for yer brakfast?

Helen   Noo then... can A hae jist a bowlie o muesli, a piece an jeelie, an a cup o black coffee?

Alexandra Oh noo, thon's nivver eneuch.

Helen   A nivver tak aw that muckle for ma brakfast.

Alexandra Ah weel, you ken. Are ye wantin sugar an mulk in yer coffee?

Helen   Nae mulk, an jist hauf a spuinfu o sugar, please.

VOCABULAR

biler	boiler	**wuid**	wood
bowlie	small bowl	**(tae) birn**	(to) burn
ingle	fireplace	**cauld**	cold
leid	lead (Pb)	**ile-fire't**	oil-fired
piece	see *Notes*	**auld-farrant**	old-fashioned
seck	sack	**for aw that**	see *Notes*
wather	weather		

NOTES ON THE VOCABULAR

1 Piece

As well as corresponding to the English word 'piece', this can also be used to mean 'sandwich'. For example, **a piece an jeelie** or **a jeelie piece** is a jam sandwich. By extension, **piece** can be used to refer to any packed meal or snack; one can ask **whit dae ye hae in yer piece?**, without assuming that the other person has a sandwich.

 In the north-east, a **fancy piece** is an individual *sweet* cake, pastry, or gateau.

2 Seck

The word **poke** (or **pyock**, in the north-east) is also used to mean a small sack or a paper or plastic bag.

3 For aw that

This expression serves the role of two that are used in English. The first of these is as an equivalent to 'even so' or 'nevertheless' as in, for example:

A man's a man, for aw that. (Burns)

A man's a man, even so.

The other is as an equivalent to 'in spite of the fact that'. There is an example of this in the dialogue above:

It disna dae baud, for aw that it's a big caur.
It doesn't do badly, in spite of the fact that it's a big car.

LANGUAGE PATTRENS

1 Units of measurement

The above dialogue shows a number of examples of how, in Scots, many units of measurement are used in a singular form when used with a number to express an amount. Note that this principle is confined to *units of measurement*, rather than nouns in the plural generally – for instance, in the dialogue Alexandra refers first to **three ton** (singular), and then immediately after to **three secks** (plural).

Unfortunately for the learner, not all units of measurement are treated in this way, and there are some units which are customarily used in the plural. For that reason, this lesson summarises those units which are used in the singular, although as a general rule the *larger* units are those that are used in that way. If a unit is not mentioned below, it can be assumed that it is used in the *plural* form when expressing quantities.

Units of Length/Distance: **mile, yaird** ('yard'), and **fit** ('foot') are used in the singular. In the case of **inch**, either the singular or the plural can be used.

Units of Mass/Weight: **ton, hunnerwecht** ('hundredweight'), **stane** ('stone'), **pund** and **unce** ('ounce') are all used in the singular.

Units of Volume/Capacity: **gallon** is used in the singular. The plural is used in the case of **pint, gill, fluid unce** and **nip**. The last of these is the word for a 'shot' of spirits or liquor, and can be either 35ml or 25ml depending on the bar. With units such as **cubic fit**, the plural (e.g **cubic feet**) is used, as **cubic** is an adjective (see below).

Units of Area: **acre** is used in the singular. With units such as **square yaird** the plural (e.g **square yairds**) is used, as **square** in this context is an adjective (see below).

Units of Time: **year/towmond**[21] and **month** are used in the singular. The plural is used in the case of **weik, day, meinit** ('minute') and **saicont** ('second'). With **oor** ('hour'), either the singular or the plural can be used.

Units of Money: **pound** is used in the singular. **Penny** is used in the plural and, as in English, two plurals exist (**pence** and **pennies**) according to whether they are considered together or individually. Units of money from other countries are also used in the plural.

Units of Temperature, *Units of Angle*: **degree** is used in the plural.

Words denoting Sets: although these are not units of measurement as such, the words **pair** (a set of two), **hauf-dizzen** (a set of six), and **dizzen** (a set of twelve) are used in the singular very much as if they were units. For example:

A bocht three pair o shuin the day.
I bought three pairs o shoes today.

The units given above all belong to the traditional British system of weights and measures. It is not currently possible to give guidance on the usage with metric units, since their use is almost wholly confined to formal or technical discourse, which at present is not generally conducted in Scots.

---

[21] The relationship between **year** and **towmond** is similar to that between **weik** and **seinicht** (Unit 13). A **year**, strictly speaking, was a *calendar* year, beginning on 1st January and ending on 31st December, and a **towmond** was any other period of that length. However, **towmond** is seldom used now, and **year** is used instead.

Note also that that the use of units of measurement in the singular is confined to situations where a number is followed *directly* by the unit. If, as sometimes happens, the unit is qualified by an adjective, then the unit is always used in the plural. An example should help to make this clear.

He wis in the jile for <u>five year</u>.
He was in prison for five years.

He wis in the jile for <u>five lang years</u>.
He was in prison for five long years.

Note finally that the *plural* is used with **monie**, even when the *singular* would be used with a number in the same context.

Hoo monie miles is it tae The Broch? Ten mile.
How many miles is it to Fraserburgh? Ten miles.

2 Ratios

In Scots, these relationships between units are always expressed using **a** or **an,** and the alternative 'per' which exists in English is not used. For example:

The speed limit here is thertie mile <u>an</u> oor
The speed limit here is thirty miles <u>per</u> hour

An exception to this is in certain set Latin expressions expressing ratios, such as **per capita** and **per annum**. Another is in some semi-set expressions such as **miles tae the gallon.**

3 Nouns ending in '-fu'

Scots has a class of noun ending in **-fu**, such as **spuinfu, pootchfu, haundfu,** etc, corresponding to the English 'spoonful', 'pocketful', 'handful' and so on. A point to watch is in the formation of the plural of these nouns: whereas the plural in English of 'spoonful' is 'spoonsful', Scots follows a more regular plural formation, giving **spuinfus, haundfus,** etc.

ABOOT SCOTLAND

Mandatory education in Scotland began as long ago as 1496, with the following statute written in the Scots of its day:

It is statute and ordanit throw all the realme that all barronis and frehaldaris that ar of substance put thair eldest sonnis an airis to the sculis fra thai be aucht or nyne yeiris of age and till remane at the grammer sculis quill thai be competentlie foundit and have perfite latyne and thereftir to remane thre yeris at the sculis of art an jure sua that thai may have knawlege and understanding of the lawis. Throw the quhilkis justice may reigne universalie throw all the realme sua that thai that ar schireffis or jugeis ordinaris under the kingis hienes may have knawlege to do justice that the pure pepill sulde have na neid to seik our soverane lordis principale auditouris for ilk small iniure. And quhat baroune or frehaldar of substance that haldis nocht his sone at the sculis as said is haifand na lauchfull essonye bot failyeis heirin fra knawlege may be gottin thairof he sall pay to the king the soum of xx pounds.

Careful reading shows that it applied only to boys, only to the eldest boy of each family, and only to affluent families who could afford the fees! However, after the Reformation, schools were established in most villages and by the seventeenth century Scotland was probably the most literate country in Europe.

Nowadays, **lear** or **learin** (education) is for all, and begins at an earlier age than in many countries. The average age for children to begin **the scuil** (school) is five, meaning that some start as young as four and a half! This tendency, to do things young, also exists as the *end* of the educational process as well as at the beginning: studies at **the varsitie** or **universitie** (university) can start at as young an age as seventeen, with graduation for some as early as twenty. This is offset to some extent by the fact that an honours degree in Scotland involves four years of study rather than three as in, for instance, England.

Education begins at **the primarie scuil** (primary school), which pupils attend for seven years, typically until age twelve. Pupils then go to **the saicontarie scuil** (secondary school), where all pupils follow a common curriculum for the first two years. Then, for their third year, pupils choose the subjects that they will study for their **Standart Grade** (Standard Grade) examinations, which they sit at the end of the fourth year. This generally is at the minimum age for **leavin the scuil** (leaving school), sixteen years, and some leave at that point. From then on, school education follows a relatively new structure introduced only in academic year 1999 – 2000. The new **National Qualifications** (also called 'Higher Still') are available in a broader range of options than the old **Higher Grade** that they replaced, and are based on accumulating units rather than simply passing or failing. Normally, eighteen years is the maximum age until which pupils attend school.

In Scotland, 97% of children attend schools funded and operated by the **cooncil** in whose area they operate. However, for a long time, there have also been wholly **private scuils** (in Scotland a **public scuil** is a state school), such as **Fettes College** in Edinburgh, for families wealthy enough to afford the fees. There are also **Catholic scuils** for Roman Catholic pupils, funded by the state and operated under the supervision of the Roman Catholic church. Occasionally calls are made for **Islamic scuils** to operate on a similar basis, but as yet nothing has come of this.

Scotland's oldest university, that of **St Andras** (the town of St Andrews), was founded in the fifteenth century. By the end of the sixteenth century, the country had five universities, in **St Andras**, **Glesca**, **Edinburgh**, and two in **Aiberdein**. In 1990 there were eight, and today there are thirteen, with a new university being established in Inverness and various other centres linked by modern communications technology, to serve the Highlands and Islands. There are also numerous FE (further education) **colleges** in towns all over Scotland. These provide training and qualifications for school-leavers and adults in various work-related skills, and the chance to gain school certificates for those who, for whatever reason, did not gain them while at school.

One subject that has not been much taught in Scotland's schools in the last hundred years or so is **Scots**. Under British rule, schools followed a policy of trying to eradicate Scots, with pupils being taught not only that Scots was inappropriate for use in school, but also that it was unacceptable in any circumstances at all. The **tawse** (a leather strap) was used until the 1980s as a means of corporal punishment, and a 'lapse' into Scots by a pupil was one of the reasons why it might be used.

Things have improved from the 1990s onward, if only slightly. A small amount of Scots is included in the curriculum, usually in the context of English(!) lessons. However, there are no school certificates in Scots, as there are for Scottish Gaelic; and Scots is not used as a medium of tuition, as Scottish Gaelic is in some schools.

Scots is better established in the country's universities. However, the focus is very much on the Scots of bygone times (such as in the quotation above) rather than as a modern language. Usually, Scots is passively studied rather than actively learned as most languages would be at university, and there is little academic discourse in Scots. However, in 1994, the University of Glasgow accepted examination answers and a thesis which one student had written in Scots, and for which he received a first-class honours degree. Later, the same student successfully submitted a doctoral thesis in Scots to the University of Aberdeen. The mould having been broken, a number of other students have since done the same thing, there and elsewhere.

Also, the University of Aberdeen produces a history journal, **Cairn**, written in Scots, with some of the contributions by writers from other countries.

A BITTIE MAIR

Whaur did ye gang tae the scuil? Where did you go to school?

Anna is asking another Scots-speaking friend, Neil, about his school-days.

Anna	Whaur did ye gang tae the scuil, Neil?
Neil	A wis brocht up in Culter, jist ootside Aiberdein, an thon wis whaur A first gaed tae the scuil, tae the local primarie scuil.
Anna	An whit wis it like? Did ye get onie Scots there?
Neil	It wis a primarie scuil wi twa-three hunner bairns, in a toonie wi a pucklie thoosand fowk, pairt suburban an pairt countra. Naw, we didna get onie Scots – it jist wisna allood, an the lessons wis aw in English. Haein said that, tae stairt wi there wis some o the bairns cudna speik oniething but Scots, sae the teachers jist hid tae thole it. As the time gaed by, they tholed it less an less, though.
Anna	So did ye get the strap for speikin Scots?
Neil	Whan I wis at the scuil in the 1960s, they wisna daein that onie mair. By then, Aiberdeinshire wis a bittie mair forrit-leukin, ye see. A'v heard aboot that kin o thing gaun on in ither places in the sooth o Scotland, though, for a lang time efter.
Anna	An whaur did ye gang efter Culter?
Neil	A gaed tae the saicontarie scuil in Cults, aboot three mile alang the road tae Aiberdein.
Anna	Whit wis it like there?
Neil	A faur bigger scuil, takkin in bairns fae a faur bigger area. Nae sae monie bairns fae the countra, and nae sae monie o them speikin Scots.
Anna	Bit did ye get get onie Scots in yer lessons in this place?
Neil	Ay we did, a wee bittie poetrie. A mind in the fourth year we got tae read local poets lik Alexander Scott, an ither anes lik Hugh MacDiarmid. It wis hard readin wur ain tongue, seein as we'd nivver duin 't afore, an forby, there wis a lot o leiterarie wirds we didna ken.

Anna   Hoo did ye lairn tae read an write Scots richt, then, if ye
        didna lairn it at the scuil?
Neil   Lik monie wirthwhile things in life, A jist hid tae lairn it
        masel efterhin!

sooth	south	**leiterarie**	literarie
tae alloo	to allow	**wirthwhile**	worthwhile
tae lairn	to learn	**lik**	such as
tae thole	to tolerate	**masel**	myself
forrit-leukin	forward-looking	**richt**	properly
tae speik	to speak		

EXERCEISES

1. Read the following questions aloud and answer them *in Scots*,
    based on the dialogue at the beginning of the lesson.

a. Whit is it that Alexandra an Dauvit birns coke in?
b. Hoo monie hames dis Helen an John hae? Whit kin are they?
c. Whit dis the heatin birn at Helen an John's holiday hame?
d. Whaur's the petrol dearer – here in Scotland, or at hame?
e. Whit's Helen haein for hir brakfast, forby muesli an coffee?
f. Dis Helen tak hir coffee white or black?

2. Construct answers to the following questions, as in the examples.

    Hoo muckle grund dis the fermer hae?→He his fiftie acre o grund.
    Hoo lang wis ye oot for? → A wis oot for aboot twintie meinits.

a. Hoo faur is it fae here tae the hoose?
b. Hoo lang is the gairden?
c. Hoo monie miles is it tae Glesca?
d. Hoo lang are ye bidin in Aiberdein?

e. Hoo lang noo till the end o term?
f. Hoo lang dis it tak you dae a hunner yaird?
g. Hoo muckle petrol are ye buyin?
h. Whit dis this larrie wey?
i. Hoo muckle tatties are ye wantin?
j. Whit's the area o this room?
k. Whit did yer new hoose cost?

3. How do you express the following in Scots?

a. In spite of having no money, we got what we wanted.
b. Can I have two pounds of bananas, two pints of milk, and one of those sweet pastries?
c. There were still ten hard miles to go to Braemar, and it felt like even more.
d. The council tax on my home is one thousand, two hundred pounds per year.
e. How many years were you at secondary school, and how many at university?
f. What do you want in your sandwich today?

4. Describe *in Scots* a little about how the educational system works in your own or another country. Say something about your own education, at school and/or elsewhere.

17
HELEN WAUKENS QUICKER
Helen wakens more quickly

IN THIS UNIT YOU WILL LEARN:

- about making comparisons in Scots
- about expressing preferences
- about religion in Scotland

SPEIK

John and Helen are facing the prospect of getting up in the morning.

John	Whit wey are ye pushin me lik that?
Helen	Are ye waukent yet? Dae ye ken whit time it is?
John	Haud on... my watch says it's a quarter tae seiven, an oniewey A'm still sleepin.
Helen	Is that aw it is? A'm shuir it's later. The alairm-clock here says it's 6.59.
John	My watch is aye richt, sae ye canna airgue wi that.
Helen	A'm shuir it's at least ten meinits slow.
John	The alairm-clock's fast. Awa back tae sleep, Helen.
Helen	Naw, it's time tae get up. Ye ken fine awthing we hae tae dae the day.
John	Ay, A ken fine, bit A ken better A'm nae up till 't yet... shut that curtains, the sun's shinin richt in ma een!
Helen	That's the wey A'm openin them.
John	Ye're coorse. Can you nae onerstaun A'm tire't, efter wur late nicht?
Helen	Whit wey are you tire't? A'm nae mair tire't nor you are, an I hid the same late nicht. *(The alarm goes off)*
John	Och, turn that awfu thing aff!
Helen	Weel, it's fair time tae get up. We'v a thrang day the day, an we'v tae be oot by the forenuin. Up ye get, quick!
John	Seiven's ower airlie tae get up. A'm gaun back tae sleep for anither oor.
Helen	Come on, John, ye puir thing, wauken up. Maist o the hoose is up, an forby... there's ham an eggs for brakfast!
John	This pairt o the hoose isna! Bit noo that A think on it, A like the soond o whit's for brakfast better...

VOCABULAR

alairm	alarm	anither	another
ee, een	eye, eyes	puir	poor
tae airgue	to argue	quate	quiet
tae onerstaun	to understand	thrang	hectic, busy
tae wauken	to wake(n)	waukent	awake
airlie	early	nor	than

NOTES ON THE VOCABULAR

1 *Anither*

An important point to note about the use of **anither** is that it is seldom used as a noun, whereas 'another' is often used in that way in English. The equivalent of this in Scots is **anither ane**: for example, the English statement 'I shall give you another' would be expressed in Scots as **A'll gie ye anither ane**.

2 *Coorse*

Although this is the same word in origin as the English word 'coarse', to describe someone as **coorse** is not nearly so derogatory, and the word can even be used playfully.

3 *Ee*

Note the irregular plural form of this word, as given in the **VOCABULAR** above.

4 *Wauken*

In English, the verbal forms 'to awake', 'to awaken', 'to wake', 'to wake up', 'to waken' and 'to waken up' are all used with the same meaning, either as transitive or as intransitive verbs. However, in Scots, the only forms used are **tae wauken** and **tae wauken up** which, again, can each be used either transitively or intransitively. Thus, the past tenses 'awoke', 'awakened', 'woke', 'wakened', and the past participles 'awoken', 'awakened', 'woken' and 'wakened', are *all* expressed in Scots with the single past tense/participle form **waukent.**

Note also that the *adjectives* 'asleep' and 'awake' are not used in Scots, and instead the participles **sleepin** and **waukent** are used. For example, 'John is asleep' is expressed in Scots as **John's sleepin**. Another example is shown in the sentence below:

> **Dinna tell me oniething complicatit afore A'm richt waukent.**
> Don't tell me anything complicated before I'm properly awake.

LANGUAGE PATTRENS

1 *Stating why*

Remembering that **whit wey?** has the meaning 'why?', the most obvious way to express the answer 'that's why' is **that's whit wey**. However, it is also possible to say **that's the wey**, as in the dialogue.

2 *Expressing a preference*

In English it is usual to speak of liking something 'more' than something else. For example:

> I like wine more than I like beer.

In Scots, the equivalent of this construction is **tae like better**. In Scots, the equivalant of the above sentence would be

> **A like wine better nor A like beer.**

The same use of **better** is found with verbs similar to **like**, such as **luve:**

> **Hir faither luves hir weel; hir mither luves hir better.**

When the sentiment is reversed, such as with **tae hate**, then the complementary adverb is **waur** or **waurse** (worse).

He hatit the licht, an he hatit the dairk even waurse.
He hated the light, and he hated the dark even more.

'Liked most' and 'hated most' would correspondingly be expressed as **likit best** and **hatit waurst**, respectively. See below for a general discussion of the whole subject of the comparison of adverbs.

3 Comparison of adjectives

Comparison of adjectives is more or less the same in Scots as in English. Note first of all that the Scots comparative word, with the meaning of 'than', is **nor**. With most adjectives, the comparative is formed by adding the ending -**er**, and the superlative is formed with -**est**. There are only a few adjectives that are irregular in their comparison, and these are shown in the table below.

positive	comparative	superlative
guid	better	best
baud	waur(se)	waurst
faur	faurther	faurthest

In the case of **faur**, as well as the most usual forms as shown above, there exist the alternative *irregular* forms **faurder** and **faurdest**, as well as the alternative *regular* forms **faurer** and **faurest**.

With those adjectives that do *not* form their comparatives and superlatives by the addition of -**er** and -**est**, the words used corresponding to the English 'more' and 'most' are **mair** and **maist**. For example, the comparative of **awfu** is **mair awfu**, and the superlative is **maist awfu**.

In English, 'most' can be used not only to form a superlative, but also as an intensifier adverb. The Scots equivalent of 'most' in this sense is *not* **maist,** but rather any of the Scots intensifier adverbs given **LANGUAGE PATTRENS** in Unit 13. For example:

It was most disappointing to see how few had come.
It wis gey disappintin tae see hoo monie hidna come.

● In Scots, 'few' is not generally used as an adjective, and the equivalent idea is expressed instead as **no(nae) monie.** For that reason, it has no corresponding comparative or superlative form. In general, the idea of the comparative 'fewer' is expressed as **less** or **no(nae) sae monie,** and that of the superlative 'fewest' is expressed as **least** or **least monie.**

A'v no(nae) sae monie freends that A can lippen tae nooadays.
I've fewer friends on whom I can rely nowadays.

O us aw, you'v haen the least monie days nae weel this year.
Of us all, you have had the fewest days ill this year.

● When expressing the idea of something being 'much better', the English word 'much' *is* expressed in some situations by the Scots word **muckle.** However, as was described in Unit 15, **muckle** is used *only* in questions and in negative statements. The word used to express 'much', in *positive* statements of comparison, is **faur.**

For example, a question such as 'is it much better?' would be expressed in Scots as **is it muckle better?** and a *negative* statement such as 'it isn't much better' would be expressed as **it's no(nae) muckle better.** On the other hand, a *positive* statement such as 'it's much better' would be expressed as **it's faur better.**

4 *Comparison of adverbs*

Comparative and superlative *adverbs* are derived from comparative and superlative adjectives. As was explained above, a base adjective can form its own comparative and superlative either with the addition of the endings -er and -est (e.g **cannie, cannier** and **canniest**), or with the use of the separate words **mair** and **maist** (e.g **feart** ('afraid'), **mair feart** and **maist feart**). However, the rules for deriving adverbs from these are consistent across both types.

It may help to remember how, as was explained in Unit 13, in general adverbs in Scots take one or other of three forms, depending on the situation in which they are used. They can be:

i.   identical to the base adjective, e.g **cannie** → **cannie, feart** → **feart;**

ii. formed with the ending **lie**, e.g **cannie** → **cannilie, feart** → **feartlie;**

iii. formed with the affix **-like**, e.g **cannie** → **cannie-like, feart** → **feart-like.**

However, adverbs of the last form are *not* generally used in the comparative or superlative degree, and so the explanation here deals with the formation of the comparative and superlative of the *first two* forms only.

The rule for form (i) is that the comparative and superlative are each *also* identical to the corresponding degree of the base adjective. The table below shows these *adverbs* derived from the two example adjectives given above, **cannie** and **feart**.

positive	*comparative*	*superlative*
cannie	cannier	canniest
feart	mair feart	maist feart

The rule for form (ii) is that the comparative and superlative are formed by introducing the separate words **mair** and **maist**. The table below shows these adverbs derived from the two example adjectives given above, **cannie** and **feart**.

positive	*comparative*	*superlative*
cannilie	mair cannilie	maist cannilie
feartlie	mair feartlie	maist feartlie

Here are some example sentences showing various adverbs in their comparative and superlative degrees. The adverb in each sentence is shown underlined.

Type 1, Form 1

Helen aye waukens <u>quick</u>.
Helen always wakens quickly.

Helen aye waukens <u>quicker</u> nor John
Helen always wakens more quickly than John

O the haill faimilie, Helen aye waukens <u>quickest</u>.
Of the whole family, Helen always wakens most quickly.

Type 1, Form 2

She aye thocht <u>soorlie</u> o hir sister.
She always thought sourly of her sister.

She aye thocht <u>mair soorlie</u> o hir sister nor hir brither.
She always thought more sourly of her sister than her brother.

O hir haill faimilie, she thocht the <u>maist soorlie</u> o hir sister.
Of her whole family, she thought the most sourly of her sister.

Type 2, Form 1

Colin wis singin <u>awfu</u>.
Colin was singing awfully.

Colin wis singin <u>mair awfu</u> nor his faither.
Colin was singing more awfully than his father.

Colin wis singin the <u>maist awfu</u> o them aw.
Colin was singing the most awfully of them all.

Type 2, Form 2

The papers wis read <u>carefulie</u>.
The papers were read carefully.

The papers wis read <u>mair carefulie</u> nor the day afore's.

The papers were read more careully than the previous day's.

O aw the things tae read, the papers wis read the <u>maist carefulie</u>.
Of all the things to read, the papers were read the most carefully.

5 Inverted comparisons, and comparisons of equality

The points below apply both to adjectives and to adverbs.

• When the comparison is *inverted*, **less** *can* be used in Scots as in English, but is more commonly expressed with **no(nae) sae** or **no(nae) as**, or by negating the *verb* with which the adjective is used.

It's no(nae) sae windy the day.
It's less windy today.

The inverted superlative, **least**, is the same in Scots as in English.

Friday wis the least windy day this weik.
Friday was the least windy day this week.

• For comparisons of *equality*, the word **as** is used as in English, or else **jist as** can be used if more emphasis is required.

It's (jist) as het the day as yesterday.
It's (just) as hot today as yesterday.

ABOOT SCOTLAND

Most people in Scotland are indifferent about formal religion nowadays, but the religious denomination with the largest following is the established national church, the Church of Scotland. It is known in Scots as the **Kirk o Scotland,** or often just as **The Kirk.** Unlike the Church of England, **The Kirk** is presbyterian rather than anglican in nature, and the relationship between church and state is less close. The monarch has no special role in **The Kirk** and it, in turn, again unlike the Church of England, is not involved in the (British) House of Lords.

The next major religious denomination is the **Roman Catholic Kirk**, the Roman Catholic Church. It is most strongly represented in two kinds of area: (i) some areas of the Highlands and the islands of the west coast, where the Reformation did not reach; and (ii) the towns and cities of central Scotland, where many people are descended from Irish incomers (and other nationalities, such as Italians and Poles) of the nineteenth and twentieth centuries.

In some areas of the north and west, and especially in Gaelic-speaking areas, many people belong to Protestant denominations such as **The Free Kirk** (the Free Church of Scotland) or the **Free Presbyterian Kirk** (the Free Presbyterian Church of Scotland), often known collectively as **the Wee Frees**. Such denominations are groups that were formerly part of **The Kirk**, but which have diverged from it or from one another due to differences over church politics or theological matters. This tendency has continued even in recent times: for example, in 1989 the **Associated Presbyterian Churches** split from the **Free Presbyterian Kirk** over the right of one member to attend the funeral of a Roman Catholic friend. The very latest split occurred as recently as 2000, when the 'Free Church Continuing' broke from the Free Church. Factionalism aside, the **Wee Frees** are known best for their fundamentalist Protestantism, and with it their strict observance of Sunday as a day of worship, solemnity and rest.

Another denomination, small but influential, is the **Episcopal Kirk**, the Episcopal Church. Often thought of as being part of the Church of England, it is rather a separate church within the worldwide Anglican communion. Scotland has long had a **Jewish** population, albeit a small one, and Scotland is one of the few European countries where Jews have not been persecuted. At the time of writing there are several congregations active, with the largest concentration in Glasgow. In the twentieth century, there was a substantial arrival of incomers to Scotland (mainly to Glasgow) from India, Pakistan, and China, and as a result the arrival of faiths not previously found here, such as **Islam**,

Hinduism, Buddhism and **Sikhism.** Small numbers of indigenous Scots have converted to these religions.

Sectarianism – mutual hostility between Protestants and Roman Catholics – is an unfortunate fact in some parts of Scotland, notably the poorer areas of the towns and cities of the Central Belt. Luckily, this aspect of Scottish life is in decline, along with a decline in interest in religion generally. 'Mixed' marriages are much more common now than they were, for example, only fifty years ago. Even so, sectarianism still exists as an issue with occasional consequences such as discrimination in employment, violent crime, and even (very occasionally) the forced resignation of a well-known public figure. It may be some time yet, until this unwelcome aspect of Scottish life has gone for good.

As regards language, none of the religious denominations active in Scotland use Scots in any regular way in their worship. The only exception to this is a small number of ministers in **The Kirk,** who at their own discretion occasionally conduct services in Scots. A few weddings, baptisms and funerals are conducted in Scots. It is often said that the decline of Scots as an official language began with **The Kirk's** failure in the sixteenth century to have the Christian scriptures translated, and its decision to use English instead. A partial translation, **The New Testament in Scots,** has been available since 1983 but is seldom used in church.

A BITTIE MAIR

While in Glasgow, John, Helen and Jean have gone to visit the Museum of Religious Life and Art. After their visit, they are discussing what they have seen.

John   Whit did ye think o aw that? A cynic wad likelie say that it jist shaws that fowk's feart tae dee, bit is there mair till 't nor that?

Jean	In a wey, it aw hings on whit ye believe yersel. Ye can be cynical lik that if ye're wantin till, an naething'll cheinge it. In a wey, it's a kin o releigious belief in itsel.
Helen	Naw, there'd be naething open-mindit aboot thinkin that. Oniewey, tae me the maist interestin thing wis tae see hoo aw the great releigions his a core o belief in common wi ane anither, forby the things that sets them apairt.
John	Ay, mebbe, bit dis that mak onie o them richt? There's an awfu lot that sets them apairt. There's naething halie aboot the wey fowk fechts wi ane anither in the name o releigion. Tae gie the museum its due, they didna hide awa fae that in the exheibits.
Helen	A think ye hae tae mind the odds atween releigion itsel, an whit fowk dis in the name o releigion. There's nane o the releigions says that fowk his tae fecht wi ane anither.
John	Ay, bit it happens for aw that. Ye dinna hear aboot atheists stairtin waurs in the name o atheism.
Helen	You canna be thinkin richt! It wis poleiticised atheism that brocht waur tae Korea an Vietnam, an gey near tae the haill warld, back in the fifties an saxties.
John	Aw richt, A see whit ye mean. Still an on, ae thing that A *wis* surprised aboot wis the wey that there wis naething aboot the maist common releigion that fowk in Scotland follas the day. They hid jist aboot awthing ither, though, bit nae this.
Jean	I dinna ken whit ye mean. They'v awthing in there – Protestants, Catholics, Orthodox, Islam, Hindus, Buddhists, Jews, Sikhs, an awthing. You name it, they hae it. Whit releigion are ye thinkin on, Da?
John	Fitbaw.

releigion	religion	**tae shaw**	to show
waur	war	**apairt**	apart
tae dee	to die	**halie**	holy
tae hing	to hang, depend	**mindit**	minded
tae poleiticise	to politicise	**still an on**	however

EXERCEISES

1. Read the following questions aloud and answer them *in Scots*, based on the dialogue at the beginning of the lesson.

a. Wha's waukent first, John or Helen?
b. Whit dis John hae, tae tell the time fae?
c. Whit dis Helen dae tae get John richt waukent?
d. Whit wey dis Helen nae onerstaund whit wey John canna wauken up?
e. Whit's John wantin tae dae insteid?
f. Whit is it that maks John want tae get up, in the hinner end?

2. Say that the second person or thing named outdoes the first, as in the example.

    John's gey coorse. (Helen) → Ay, bit Helen is coorser.

a. Oors is a richt cauld hoose. (the Thomsons')
b. Dundee is faur fae Glesca. (Aiberdein)
c. Ma face wis richt reid whan A heard aboot it. (Helen's)
d. Gordon's a gey quate laddie. (Alasdair)
e. This is a richt lang street. (thon ane)
f. This is a baud day for gaun oot. (yesterday)

3. Say that the last person or thing named outdoes all the others, as in the example.

    The Thomsons wis gled tae come tae Scotland. (John)

→ Ay, bit John wis the gleddest o them aw.

a. Edinburgh is a better toon for shops nor Aiberdein. (Glesca)
b. Sauchiehaugh Street is thranger nor Buchanan Street. (Argyle Street)
c. Helium is a lichter gas nor oxygen. (hydrogen)
d. Jean is a smaer[22] lassie nor Maggie. (Evelyn)
e. Cyclin is a shuir wey tae see the toon. (walkin)
f. Alexandra is a richt guidwullie freend. (Dauvit)

4. How do you express the following in Scots?

a. I do like white wine, but I much prefer red.
b. The day started more quietly than the previous one.
c. Now she was looking even more coldly at him.
d. We all wanted to see who was going to play the most skilfully. ('skilful' = **skeelie**)
e. One needs to drive more carefully when it's icy.
f. Of the two, Helen slept less noisily.

5. Describe *in Scots* a little about the most common religious faiths in your or another country. Say what the majority religion is, whether it is **estaiblisht** (established) as a state religion, and what the main religious minorities are.

---

[22] Note the comparative and superlative of **sma**, which may be slightly difficult to recognise at first glance: **smaer** and **smaest**.

18
WHA LOCKIT THE DOOR?
Who locked the door?

IN THIS UNIT YOU WILL LEARN:

- the past tense of regular verbs
- some irregular verbs in Scots
- about some of the shopping and recreation in central Glasgow
- about the use of information technology in promoting Scots

SPEIK

Helen is telling Dauvit about her and John's trip the previous day.

Dauvit	Did ye enjoy yer day oot in Pairth yesterday?
Helen	Ay, it wis rare. We wis lucky – the wather bade fine aw day. We pairkit the caur, an syne we walkit roond the toon. The auld biggins an aw that wis richt bonnie.
Dauvit	An did ye see the river?
Helen	Ay, we'd a daunder alang the baunk o the Tay. It wis bonnie an aw tae see the girse sae green, cause at hame it's aw deid wi the frost at this time o year. The path wis dubbie an skitie, though.
Dauvit	Jist as lang as ye didna faw doon! A hope ye veisitit Saint John's Kirk while ye wis there.
Helen	We wis wantin tae see it, bit we didna get tae.
Dauvit	Whit wey? Whit happent?
Helen	Whan we tried tae get in, the door wis lockit.
Dauvit	Is that richt? Ye shuirlie didna pul hard eneuch!
Helen	Naw, we wisna allood intae the kirk. We didna even get tae leuk roond the kirkyaird, cause there wisna ane! We leukit roond the ootside, though.
Dauvit	Hoo did ye ken ye wisna allood intae the kirk?
Helen	A mannie tellt us – there wis some warks gaun on, ye see, sae naebodie wis gettin in.
Dauvit	Och whit a shame, efter ye gaed aw that wey. A hope it didna spile yer haill day.
Helen	Naw, it didna. We likit Pairth fine weel, bit whan we stairtit for hame A wis gey wabbit. The last thing we did afore we cam awa wis tae see Balhousie Castle. We won hame at the back o seiven.
Dauvit	Bit wis ye nae stervin as weel as wabbit? Did ye nae stop tae eat?

Helen	Ay, we stoppit at a pub, sae's nae tae be hungert aw the wey hame.
Dauvit	Sae ye fair enjoyd yer day oot.
Helen	Ay, we did!

VOCABULAR

girse	grass	**tae spile**	to spoil
kirkyaird	churchyard	**tae sterve**	to starve
bade	stayed	**deid**	dead
tae daunder	to stroll	**dubbie**	muddy
tae faw	to fall	**hungert**	hungry
tae pul	to pull	**skitie**	slippery
		wabbit	very tired

NOTES ON THE VOCABULAR

1 Pul

There are two quite distinct pronunciations of this word, depending on regional dialect. The north-eastern pronunciation rhymes with 'skull'; elsewhere, the l is silent and the word rhymes with **hoo**.

2 Dubbie

This is the adjective derived from **dubs**, one of several Scots words for 'mud'. Among the other commonly-used words for 'mud' are **glaur** and **clabber**.

3 Skitie

This is derived from the verb **tae skite,** meaning 'to slip'.

LANGUAGE PATTRENS

1 Sae as tae

Note in the above dialogue the use of **sae as tae**, in Helen's expression **sae's nae tae be hungert.** The expressions **sae as tae** and **sae as no(nae) tae** mean more or less the same as the English 'in order to' and 'in order not to'. However, whereas the latter expressions belong very much to more formal English, **sae as tae** and its opposite are very much a part of everyday Scots.

2 The past tense of 'tae be'

In this lesson, we look more closely at the past tense in Scots. We begin by looking again at the past tense of **tae be.** In English, the past tense of 'to be' has two forms, 'was' and 'were', depending on person and number, but in Scots the form used regardless of these things[23] is **wis.** The usage is thus:

A wis; ye wis (singular); **he/she/it wis; we wis; ye wis** (plural); **they wis.**

3 The past tense of regular verbs

We look now at the patterns for forming the past tense of regular verbs, which are more complex than in English. The basic rule *in English* is to add '-ed' to the root, or just '-d' if the root ends in 'e', to form the past tense. The 'e' may be *pronounced* (as in 'wanted' or 'conceded') or may be *silent* (as in 'hoped' or 'looked').

In Scots, though, the system is more complex. There are three basic endings that can be added: **-d, -t,** and **-it.** For some readers, there may be no alternative to remembering each verb individually, or becoming gradually familiar with the patterns that recur. The table below may help in the latter process. However, for readers who feel able to

---

[23] It *is* possible that the form **wir** will sometimes be encountered. This is particularly true when the (regional) second-person plural pronoun **yez/youse** is used, with which the normal usage is **yez/youse wir.**

remember grammatical rules and principles, it is possible to summarise the system as follows:

The choice of ending depends on whether the root of the verb ends in:

1. either: a *short* vowel; s *without* a silent e; or one of the following consonants: c, f, h, l, m, n, r, or x, with *or* without a silent e after it. Verbs in this category take the ending t, but where the root ends in a silent e, an apostrophe is placed before the ending and it is shown as 't. This is simply to show that the e is part of the root rather than the ending, and is not to be pronounced as if the word ended -et. This is Category 1.

2. either: a *long* vowel; se pronounced as z; ge; or one of the consonants v or z, with or without a silent e. Verbs in this category take the ending -d. This is Category 2.

3. either b, d, k, p or t, with or without a silent e, or ending in g. Verbs in this category take the ending -it[24]. Any silent e at the end of the root is elided. This is Category 3.

Examples of all these patterns are given in the table below, which is divided according to the three categories of verb. A particular verb to note is **tae pul** which, as explained earlier in this lesson has two quite distinct pronunciations according to region, one where the 'l' is pronounced and another where it is silent. These two pronunciations differ in their past tenses: the north-east form is **pult**, and in other areas it is **puld** (or **pu'd**).

---

[24] Note that for some speakers (probably due to the influence of English), verbs with roots ending k/ke or p/pe are placed in category 1 rather than 3, and verbs with roots ending b/be or g in category 2 rather than 3. That is to say, **crackit** becomes **crackt**; **likit** becomes **like't**; **grippit** becomes **gript**; **biggit** becomes **bigd**; etc.

Cat.	Ending	Example	Ending with silent 'e'	Example
	c	–	ce	race, race't
	f	sniff, snifft	fe	knife, knife't
	–	–	he	bathe, bathe't
	h	pech, pecht	–	–
	h	rush, rusht	–	–
1	l	fill, fillt	le	bile, bile't
	m	seem, seemt	me	tame, tame't
	n	ken, kent	ne	line, line't
	r	roar, roart	re	care, care't
	x	box, boxt	xe	aixe, aixe't
	s	pass, passt	–	–
	sh. vowel	cairry, cairriet	–	–
	–	–	se	pose, posed
	–	–	ge	cheinge, cheinged
	v	–	ve	live, lived
2	z	buzz, buzzd	ze	faze, fazed
	lg. vowel	cry, cried	–	–
	lg. vowel	gie, gied	–	–
	lg. vowel	stey, steyd	–	–
	b	lib, libbit	be	bribe, bribit
	d	mind, mindit	de	side, sidit
	g	big, biggit	–	–
3	k	walk, walkit	ke	like, likit
	p	lowp, lowpit	pe	pipe, pipit
	t	cut, cuttit	te	taste, tastit

4 The negative past tense

At one time, any verb could have a negative past tense formed from the affirmative past tense of the verb, with the addition of the negative particle -na. This form can still be found in older or very formal writing; however, in modern spoken Scots one is as unlikely to encounter forms such as **kentna** or **giedna** as one is to encounter the English equivalents 'knew not' or 'gave not'.

So, with the exceptions of **wisna, hidna** ('had not') and **cudna** ('could not'), the negative past tense in modern Scots is formed by placing **didna** before the root of the verb. Thus, 'didn't know' or 'did not know' is expressed as **didna ken**; 'didn't give' or 'did not give' is expressed as **didna gie**; and so on. In the case of **hidna**, the form **didna hae** also exists as an alternative.

5 Questions in the past tense

Questions in the past tense are formed with the same pattern as in English, with **did** + the subject + the root of the verb. Thus, 'did you know?' is expressed as **did ye ken?** and 'did you give?' is expressed as **did ye gie?** There is an older form of question involving the inversion of verb and subject – e.g **kent ye?** or **gied ye?** – and although it too can be found in older or very formal writing, it is seldom heard in modern spoken Scots, again with the exceptions of **wis ye?, cud ye?** and **hid ye?**

6 Negative questions in the past tense

There is, however, a point to note regarding negative questions in the past tense. Recalling from Unit 4 that a construction such as 'don't you?' is *never* expressed in Scots as 'dinna ye?' but rather as **dae ye no(nae)?**, it is also true to say that the same principle applies in the past tense. That is to say, a construction such as 'didn't you?' is again *not* expressed in Scots as 'didna ye?', but rather as **did ye no(nae)?**

7 Irregular verbs

Apart from the regular verbs that form their past tense according to the principles described above, there is a considerable number that form their past tense irregularly. Although the past tense of each verb is given in the vocabulary at the back of the book, the list below gives the past tense of some irregular verbs that have been met in the course so far:

Infinitive	Past Tense	Infinitive	Past Tense
tae be	wis	tae bide	bade
tae birn	birnt / brunt	tae brak	brak
tae bring	brocht / brung	tae buy	bocht
tae come	cam	tae dae	did
tae drink	drunk	tae drive	drave
tae eat	ett	tae gang	gaed
tae get	got	tae hae	hid
tae leave	left	tae meet	met
tae need	needit / nott	tae onerstaun	onerstuid
tae pit	pit	tae read	read
tae rin	run	tae see	saw *or* seed
tae shine	shone	tae sit	sat
tae speik	spak	tae spend	spent
tae staun	stuid	tae tak	tuik
tae think	thocht	tae wash	washt / wuish
tae write	wraet		

As will be apparent, **get, leave, meet, read, shine, sit** and **spend** are irregular verbs which are identical to English in both the present and past tenses. They are included here for the sake of completeness. On the other hand, the verbs **tae gie, tae haud, tae keep, tae ken, tae len, tae mak, tae shut** and **tae tell**, although *irregular* in English, have *regularly-*formed past tenses in Scots – **gied, haudit, keepit, kent, lent, makkit, shuttit,** and **tellt**. However, **made** is often used as the past tense of **tae mak**. In the case of **tae shut**, it is also possible to have **shut** as the past tense, as well as **shuttit**.

From now on, when a new verb with an irregularly-formed past tense is introduced, this will be given with it in the **VOCABULAR**. Also, if a verb has an irregularly-formed past tense, this is given along with the verb in the English-Scots vocabulary at the back of this book. Special mention must be made of the verb **tae gang**. This is a defective verb in that it has *no* past tense of its own[25]. The past tense used, **gaed**, is actually the past tense of **tae gae**, another verb with the same meaning.

GUID TAE KEN

An important technological and cultural phenomenon in recent times has been the development and growth of the **Internet** and, especially, **the Warldwide Wab** (Worldwide Web) which operates through the Internet. The Worldwide Web enables the ordinary person, without any great technical knowledge, to use the communicating power of the Internet. It is an important development for Scots-language activists, not only for that primary reason, but also because it is a communications medium freely accessible to anyone who can afford it. Its content is not directly or indirectly restricted by the British government, as are radio and television; nor is its content restricted by the English-speaking ruling class, as most of the press is.

The Internet has enabled Scots-language activists and groups to make Scots visible and audible to a public, especially an international public, to a degree that previously would not have been possible. The Internet is used, generally, in four ways:

- to operate electronic **mailin lists** and **list sairvers**, using which language activists exchange ideas and keep one another informed about current developments;

- as a form of communication, **e-mail** is very popular among Scots-language activists. Although Scots is weak in the formal register more often used in traditional written communication, with e-mail

---

[25] There is a parallel with this in English, in that 'went' is not in origin the past tense of 'to go' but rather that of another verb, 'to wend'.

it is normal to use a more casual style to which Scots is well-suited.

- to operate **wab-steids**[26] (web-sites), using which language activists can make material in and about Scots available to the Scottish and international public;

- general discussion – involving not only Scots-language activists and enthusiasts, but also others including people *opposed* to promoting Scots – takes place on **wittinscurns** (newsgroups) such as soc.culture.scottish. There is a newsgroup, scot.scots, intended solely for postings in Scots, although the nature of Internet newsgroups is such that postings in other languages do often appear there.

At the time of writing, there are at least two mailing lists where Scots, and matters concerning it, are discussed:

- LOWLANDS-L, where not only Scots is discussed, but also a number of closely-related other languages such as Appalachian, English, Frisian, Low Saxon and Shetlandic. Information about joining LOWLANDS-L can be obtained from its web-site, at the URL given below.

- SCOTS-LANG, which is for informal discussion and exchanges through the medium of Scots. Many of SCOTS-LANG's participants are learners living outside Scotland. Enquiries about joining it can, again be obtained from its web-site at the URL below.

There are a number of web-sites in or about Scots, or with some content in Scots, and the number is increasing all the time. Here (in no particular order) are some which are current at the time of writing:

LOWLANDS-L's web-site
    http://www.lowlands-l.net

---

[26] Recently-coined terms such as **wab-steid** and **wittinscurn** *are* in actual use among the small Scots-speaking Internet fraternity.

Andy Eagle's 'Scots Online'
http://www.scots-online.org/

Scottish Language Dictionaries
http://www.snda.org.uk

The Scottish Green Party
http://www.scottishgreens.org.uk/policies/scotprin.htm

The European Bureau for Lesser-Used Languages
http://www.eblul.org

SCOTS-LANG's Home Page
http://groups.yahoo.com/group/scots-language/

Dr Caroline Macafee's selected bibliography
http://www.abdn.ac.uk/~enl038/web.htm

Sandy Fleming's 'Scotstext'
http://www.scotstext.org

The Eurolang News Service
http://www.eurolang.net

Colin Wilson's 'Traivel Photie Gallery'
http://www.btinternet.com/~lcwilson/photies/photies.htm

The Scots Language Society
http://www.lallans.co.uk

A BITTIE MAIR

Whit wis ye daein? What were you doing?

Helen has spent the afternoon in Glasgow city centre, and John is asking her about how she spent the time.

John   Whit wis ye daein in the toon this efternuin? Whaur aw did ye gang till?

Helen	A cam oot o the Subwey at Buchanan Street an stairtit fae there. A gaed up tae hae a leuk roond the Concert Haw an fun oot there wis an exhibeition o pentins by the *Glasgow Boys* in the lobby, sae A spent aboot an oor there.
John	Ay, an whit then?
Helen	A cam back doon tae the Buchanan Galleries – ye ken, thon fantoosh shoppin centre fae the nineties. There wis a new buik-shop opent, sae A spent aboot hauf an oor in there. A didna buy oniething, though, A jist leukit throu a pucklie traivel an cuikerie buiks.
John	Ye didna see onie buiks aboot Aiberdein, seein as we're gaun there?
Helen	A didna think tae leuk for ane.
John	Och weel, it disna maitter. Whaur did ye gang efter thon?
Helen	A hid ma efternuin tea, in the café on the tap flaer. Efter that, A cam awa an cairriet on doon tae Argyle Street, an bocht that new silk gravat A tellt ye aboot.
John	Ye shuirlie didna spend aw that muckle, then?
Helen	Ay, haud on though. Afore A cam hame A cudna resist leukin intae Toor Records, up ayont the Heilandman's Umbrella. Can ye believe, they hid a sale on?
John	Ay, A can believe it. Cairry on.
Helen	An did they nae hae some rare[27] auld nineties vinyl LPs?
John	A see. Tell me mair.
Helen	An some o them wis sellin at fiftie per cent aff...
John	A'll be doon there masel at nine the morn's mornin!

Subwey	Underground	**traivel**	travel
haw	hall	**cuikerie**	cookery
fun	found	**ayont**	beyond

---

[27] **Rare** is being used here in its figurative Scots sense of 'great' or 'fine' rather than the more literal sense of 'scarce'. As far as records go, it is unlikely that rarities would be selling at a discount!

pentin	painting	**Heilandman**	Highlandman
fantoosh	fancy, flashy		

The *Glasgow Boys* (the English name is usually used) were a group of artists of the late nineteenth and early twentieth centuries, including Edward Hornel, Joseph Crawhall and James Paterson. The **Heilandman's Umbrella** is the nickname given to the short, wide bridge carrying the railway tracks of Glasgow Central station over the city's main shopping street, Argyle Street. The space underneath the bridge was once a traditional gathering-place for Highlanders who had come to Glasgow to look for work.

EXERCEISES

1. Read the following questions aloud and answer them *in Scots*, based on the dialogue at the beginning of the lesson.
a. Whit did Helen an hir faimilie dae alang the baunk o the Tay?
b. Wis the path clear an dry?
c. Whit wey cud they nae gang intae St. John's Kirk?
d. Whan wis it they gaed tae see Balhousie Castle?
e. Did they drive straucht fae Pairth tae Glesca whan they wis comin back?
f. Hoo did they feel aboot their day oot efterhin?
2. Say that the activity mentioned has already been carried out yesterday, as in the example.
   Are ye gaun tae veisit the Youngs? → A veisitit them yesterday.
a. Are ye gaun tae wash yer jaicket?
b. Are ye gaun tae shift yer cases?
c. Are ye gaun tae try yer new shuin?
d. Are ye takkin a len o the caur?
e. Are ye giein thon auld claes awa?
f. Are ye gaun tae buy breid?

3. Answer these, as in the example.
    A'm nae needin a piece wi me the day. → Ye needit ane yesterday.
a. A'm nae stairtin the letter the day.
b. A'm nae wantin the caur the day.
c. A'm nae listenin tae thon CD the day.
d. A'm nae gaun tae the college the day.
e. A'm nae bringin ma freends the day.
f. A'm nae thinkin aboot that the day.

4. Construct sentences, as follows.
    She gaed tae Dundee (Glesca). → Did she nae gang tae Glesca?
a. A bocht a sark. (jaicket)
b. She thocht it wis Dauvit. (John)
c. We sellt wur gairden. (hoose)
d. We cam fae Pairth. (Aiberdein)
e. They bade in Edinburgh. (Dunbar)
f. A kent his faither. (mither)

5. How do you express the following in Scots?
a. I did like the white wine, but I much preferred the red.
b. She held the glaiss in her left hand, and filled it with the right.
c. The rain spoiled our day-trip to Ayr.
d. He tried to jump over the garden wall, but slipped on the mud and landed on the grass.
e. He drank the water, thirstily.
f. He stood for a moment looking back, then got into the car and drove away.

6. Describe *in Scots* a little about the features of interest in your home town or city.

19
SOMETHING BYORDINAR
Something extraordinary

IN THIS UNIT YOU WILL LEARN:

- how to express 'somebody', 'anybody', etc, in Scots
- about travel and transport in Scotland
- more Scots vocabulary and usage

SPEIK

Helen continues her account of the previous day's visit to Perth.

Helen	Suin efter we cam awa fae the pub, an wis on wur wey hame, something byordinar happent.
Dauvit	Whit wis that, then?
Helen	A caur cam pell-mell up ahint us, soondin its horn an flashin its lichts lik something wis wrang. I wis a bittie feart tae stairt wi, bit John thocht it wis the Polis. Oniewey, the ither driver cairried on soondin his horn, sae there wis naething we cud dae bit stop an see whit wis adae. We slowd doon an pult in tae the side, the ither caur gaed past an stoppit, an syne the driver cam oot.
Dauvit	An ye kent him richt awa?
Helen	Naw, it wisna oniebodie we kent. We jist sat an waitit, an he cam richt up tae us, bood doon, an leukit in throu the winda. 'Hello', he said, 'did ye hae yer denner in the *Auld Hoose*, aboot three mile back up the road tae Pairth?' 'Ay', A answert him. 'That's rare,' said the mannie, 'ye're the richt fowk. Ye forgot yer haundbag, hen. A brocht it wi me – here ye are.'
Dauvit	It's nae lik you tae forget yer bag lik thon.
Helen	Naw, bit A wis that forfochen A wisna thinkin richt. Oniewey, he gied me back ma bag, an efter A'd thankit him, A speirt at him 'did ye come efter us, special-like?' 'Naw', he said, 'A wis drivin tae Glesca oniewey.' Wis that nae lucky, noo? John an me wis dumfoonert, baith o us.
Dauvit	An wis there oniething valuable in yer bag?
Helen	Awthing. It hid aw ma siller an credit cairds in it.
Dauvit	Ye wis fair lucky there, wis ye!
Helen	Ay. Itherwise, A'd hae been leukin for it aw-wey, an nae kent whaur it wis. Efter shakkin ma haund, he wis awa back tae his ain caur, an aff doon the road tae Glesca. He vanisht

oot o sicht even afore we wis back on the road, an we didna see him agane oniewey.

VOCABULAR

aw-wey	everywhere	**tae speir**	to inquire, ask
hen	(see below)	**adae**	ado
oniewey	anywhere	**dumfoonert**	astonished
sicht	sight	**forfochen**	exhausted
(tae) boo	to bend, bow	**pell-mell**	in great haste
(tae) shak	(to) shake	**a bittie**	a little (adv)

NOTES ON THE VOCABULAR

1 Hen

As well as its more familiar meaning, this word is also used in some circles as a term of endearment when addressing a woman. However, when used with a stranger (as in the dialogue above) it may have a suggestion of over-familiarity, so caution is recommended. The most common equivalent in the case of addressing a man, especially a younger man, is **son**.

2 Boo

Although this can have the same meaning as the English word 'to bow' (that is, referring to a gesture of deference), in Scots it often refers to the simple action of bending, for any reason at all.

3 Speir

Although this can be translated as 'to ask', it is important to note that this word is only used to refer to asking a *question* of someone. When asking someone to *do* something, the verb used in Scots is **tae ask**. It is important to note that **speir** is usually associated with the person being asked by the preposition **at**: that is to say, in Scots it is less common to say 'A speirt X...' for 'I asked X...'. The more common usage is **A speirt** *at* X..., and there is an example of this in the dialogue above.

4 Bittie

When 'little' is used as an *adjective*, the equivalent in Scots is **wee**. However, when it is used as an *adverb* in expressions such as 'a little afraid', where it means 'slightly', the usual equivalent in Scots is **bittie** or **wee bit**.

LANGUAGE PATTRENS

1 Some-, no-, every- and any-

There is a group of very common and familiar abstract nouns in English, denoting persons, places or things, formed by taking one or other of 'some-', 'any-', 'every-' and 'no-', and adding one or other of the endings '-where', '-body', '-one' and '-thing'. The equivalents of these in Scots are given in the following table:

	'where'	*'body'/'one'*	*'thing'*
'some'	somewey	somebodie	something
'no'	naewey	naebodie	naething
'every'	aw-wey	awbodie	awthing
'any'	oniewey	oniebodie	oniething

The nouns ending in -**wey** are those with which there is most variation between the different regional varieties of Scots. The forms ending in -**wey** are those *always* used in the north-east. Note that **oniewey** in Scots can mean either 'anywhere' (as above) or 'anyway'.

In other places, alternatives to -**wey** (as shown above) are -**whaur**, -**gait**, and -**place**.

Note also that although English offers a choice between forms in that, for example, 'nobody' and 'no-one' are identical in meaning, in Scots the only equivalent to these is **naebodie**.

In some situations, **some** and **onie** are used alone as nouns, just as 'some' and 'any' are used in English.

> **A'm wantin tae buy some – dae ye hae onie?**
> I want to buy some – do you have any?

The equivalent of 'none' in Scots is **nane**.

> **A'm sorry, A'v nane left.**
> I'm sorry, I've none left.

2 'So' expressed by 'that'

Although 'so' is usually expressed in Scots by **sae**, there is an example in the dialogue above of a form of construction where 'so' is normally expressed by **that**:

> **A wis <u>that</u> forfochen A wisna thinkin richt.**
> I was <u>so</u> exhausted I wasn't thinking properly.

This is the usual pattern in statements of that form.

3 Some points to note about 'as'

Although the preposition **as** exists in Scots as well as in English, its use is more restricted, and there are some constructions with which 'as' in English is expressed differently in Scots. The examples below illustrate the most important of these constructions.

● When 'as' in English is used to mean 'because', it is expressed in Scots as **seein as** (see also **LANGUAGE PATTRENS** in Unit 14), as in the following example;

> As he can't go, I'll go instead.
> **Seein as he canna gang, I'll gang insteid.**

● When 'as' in English is used to convey the idea of two people or things performing the same action, as is *not* used in Scots and the construction used is a different one:

The other car slowed down and stopped, as did we.

The ither caur slowd doon an stoppit, an sae did we (an aw).

In the sentence above, **an aw** can be added optionally for extra emphasis. Any synonymous expression, such as **as weel** or **forby**, can be used instead of **an aw**.

● As a variation on the construction above, and depending on the speaker's intended implication as regards cause and effect, then it may be more appropriate to use **lik:**

The other car slowed down and stopped, as we did.

The ither caur slowd doon an stoppit, lik we did.

● When 'as' is used to convey the idea of different actions happening at the same time, then **as** *can* be used in Scots, but **whan** is equally likely to be used instead:

She came out of the shop as I went in.

She cam oot o the shop as I gaed in.

She wis comin oot o the shop as I wis gaun in.

She wis comin oot o the shop whan I wis gaun in.

ABOOT SCOTLAND

Visitors flying to Scotland from overseas are most likely to arrive at **Glesca Airport,** Scotland's main **internaitional airport,** although international services also arrive at Edinburgh, Aberdeen, Inverness and Prestwick. **Overland traivel** from or via England is also possible by **caur, train** or **lang-distance coach;** Scotland's main **motorwey** link with England is the route between Glasgow and London, which crosses the border at Gretna. Two **railweys** cross the border, one close to the above-mentioned motorway, and the other running between Edinburgh and London and crossing the border at Berwick. Although there have been plans to have trains running between Scottish cities and mainland Europe, via the **Channel Tunnel**, as yet nothing has come of them.

At present there are few **ferries** to Scotland from elsewhere, but there are a number of services from Northern Ireland that sail to Stranraer, nearby Cairnryan, and Troon, all of which are in the south-west. Ferries also sail between Shetland's main town Lerwick, and Norway, Faeroe and Iceland. In 2002, a new service began between Rosyth, on the Firth of Forth, and the Belgian town of Zeebrugge. Lastly, there are ferries that sail from Norway, Sweden and Denmark to the English city of Newcastle-upon-Tyne, about an hour's drive south of the border with Scotland.

Within Scotland, the five cities are linked by **railweys**, and **motorweys** and/or **dual cairriageweys** (four-lane highways). Roads to provincial centres such as Perth or Ayr are also good, if at times only a **single cairriagewey**. However, in sparsely-populated areas there are some roads which, although properly made and surfaced, are a **single track** with room for traffic in only one direction at a time. These roads have **passin places** at intervals, wide enough for two vehicles, to allow overtaking and vehicles going in opposite directions to pass.

The main means of transport to, from, and between Scotland's islands are the **ferries**, which leave for the western isles from various ports on the west coast, and for Orkney and Shetland from Aberdeen and (for Orkney) from Caithness. **Internal flichts** (internal flights), mostly from Glasgow or Inverness, are another way to travel to the islands. The world's shortest scheduled air service, a trip of *less than two minutes*, connects the islands of Westray and Papa Westray in Orkney.

Few communities in Scotland are not reachable by some form of public transport, although the service may be infrequent. The **bus** service to some places, for example, may operate only on certain days. The bus service to some places is the **postbus**, a mail van with seats for paying passengers. All of Scotland's cities and towns have internal bus services, although Glasgow is the only one to have a **subwey** (underground railway or metro). No place in Scotland has **tram-caurs** (street-cars) at present, although they were in use until the 1960s. Although occasionally schemes are proposed to re-introduce a modern form of them, none has been taken up as yet.

A BITTIE MAIR

Whit wey'll we gang?   How shall we go?

Helen, John and Jean are making travel plans to go and spend a few days in Aberdeen.

John	Whit dae ye baith think's the best wey for us tae traivel tae Aiberdein?
Jean	Weel, we cud flee! Thon'd be the quickest wey.
John	We could, bit it's gey dear, an the wee bit time ye save isna wirth the siller ye pey. A'd raither dae something nae sae dear.
Helen	Weel, whit ither is there?
John	If we're nae fleein, we cud tak the train or the coach, or we cud hire a caur agane lik we did tae gang tae Pairth.
Jean	A dinna think we shid hire a caur. We'll nae need ane tae get aboot Aiberdein, an hirin a caur's aye dearer whan ye dinna tak it back tae whaur ye hire't it fae.
John	Ay, that's likelie richt. Are ye shuir we'll nae need the caur tae get aboot Aiberdein, though? It cud be gey handy. ·
Helen	Weel, we'll maistlie be bidin jist in the middle o toon, sae we can aether walk aw-wey we gang, or tak the bus. We'll nae be needin a caur.
John	Aw richt, that means it's aether the train or the coach. Wha'd hae thocht we'd hae sic a hard time makkin wur minds up? Lat's nae swither aboot this onie mair; the train

gangs quicker an the train station's easier tae win till fae here, so lat's jist tak the train.

could	could *(emph.)*	**middle o toon**	town centre
tae flee	to fly	**raither**	rather
tae swither	to vacillate	**sic**	such

EXERCEISES

1. Read the following questions aloud and answer them *in Scots*, based on the dialogue at the beginning of the lesson.

a. Whit happent on the wey back?

b. Did Helen an John ken the mannie?

c. Wis it the Polis?

d. It wis John that wis drivin. Whit did he dae?

e. Whit did the mannie speir?

f. Whit did Helen forget?

g. Whit wey wis she lucky?

2. Re-express the following statements in the past, as in the example.

A think he's at hame. → A thocht he wis at hame.

a. She thinks ye're Scottish.

b. A ken they gang tae thon pub.

c. We ken ye sit in this corner.

d. He says ye drive gey fast.

e. She kens they leave hame at echt.

f. A'm hopin he's at the station.

3. Build sentences, as in the example.

A likit the journey; the rain → A likit the journey, bit didna like the rain.

a. A waitit for you; Tam
b. A bocht the sugar; the mulk
c. A left the hotel; the toon
d. A brocht the caur; the siller

4. Re-express these negative sentences in the affirmative, as in the example.

    They didna come. → They cam.

a. We didna hae a guid holiday.
b. A didna ken ye wis here.
c. He didna gang wi them.
d. Ye didna gie me muckle time.
e. They didna stairt wark at nine.
f. The dog didna come richt awa.

5. How do you express the following in Scots?
a. As he bent down to ask the way through the car window, I was astonished to see that there was no-one with him.
b. As we don't have the money to fly to Aberdeen, we'll have to get it from somewhere.
c. What's ado? I'm still vacillating as to whether to take the train and see the sights along the way, or fly and arrive more quickly.
d. Everyone was always astonished at the sight of military jets flying at great speed down the glen, just over their heads.
e. We could not see a bus going to Partick, anywhere in the town centre.
f. We were exhausted and wanted to see if the approaching car would give us a ride, but the driver stopped for us anyway.

6. Describe *in Scots* a little about the means of transport that you use, and the purposes for which you use them – journeys to work, shopping, recreation, and so on.

20
A WULL SAY
I must say

IN THIS UNIT YOU WILL LEARN:

- how to express the future tense in Scots
- about expressing necessity or obligation
- about discussing sickness and health

SPEIK

Gordon has just returned from seeing Helen, John and Jean onto their train to Aberdeen.

Alexandra	Did the Thomsons catch their train aw richt?
Gordon	Ay, they catcht it. Afore they gaed they askit me tae mind them tae baith o ye.
Alexandra	Sae it aw gaed weel then?
Gordon	Naw, it didna! Jean wis awmaist late for the train.
Alexandra	Wis she? Whit wey wis that?
Gordon	She gaed awa tae ane o the station shops, sayin she wis wantin some fruit for the train. A think she wis wantin a paper an aw. Oniewey, the train wis due tae leave at ten, bit at twa meinits till she still wisna oot o the shop.
Alexandra	Ye maun hae been worried.
Gordon	A wull say, we *wis* a wee bittie worried. Bit at a meinit tae ten she cam hurryin oot. 'Come on awbodie, rin!' she tellt us. We aw run, an they won on tae their train richt on the chap o ten.
Alexandra	Thon wis a close thing, wis it nae?
Gordon	Ay, an syne the train sat an gaed naewey for quarter o an oor...

Later, after arriving at their accommodation in Aberdeen, the Thomsons are deciding how to spend the afternoon.

John	Are you wantin tae gang oot this efternuin?
Helen	Ay, A am. A'll tak a wee walk alang Union Street.
John	Whit are ye gaun tae dae there?
Helen	A'll likelie jist leuk roond the shops, an mebbe buy twa-three wee mindins fae Aiberdein.
John	An hiv ye eneuch siller, or wull ye be wantin mair?
Helen	A think A'll hae eneuch – A'm nae wantin tae buy muckle.
John	A'll lippen tae ye nae tae gang fuil, then!

Helen	I wunna. Wull ye be comin yersel?
John	A dinna think so, ma dear. A'm gey wabbit efter the trip, ma neb's rinnin an A'v a sair thrapple comin on.
Helen	That's awfu. A hope it's nae gaun tae spile the trip for ye. Oniewey, if you're nae comin then Jean'll hae tae come wi me – A dinna ken Aiberdein sae weel nooadays, an A'll get tint if A gang ma lane. A'll hae somebodie tae speik tae an aw.
John	It disna maitter if ye dinna ken yer wey aboot the toon onie mair, ye'll easy get tae ken it agane.
Helen	Nae in jist the ae efternuin, A wunna!

VOCABULAR

neb	nose	tae tyne	to lose
thrapple	gullet, throat	wull	will
tae catch	to catch	fuil	fool
tae lippen tae	to rely on	sair	sore, painful
maun	must	lane	*see below*

NOTES ON THE VOCABULAR

1 Catch

This is a verb with more than one form of the past tense, according to region. As well as the regular form **catcht** used in the dialogue above, there also exists the alternative, less commonly used, irregular form **caucht**.

2 Maun

The most commonly-used construction in Scots for expressing obligation is **tae hae tae**: as in, for example, **A'v tae wirk late the nicht**. However, the word **maun** can also be used, particularly where the speaker is *drawing a conclusion* rather than *placing obligation*: for example, **ye maun be ahint if ye'v tae wirk late.** The opposite of **maun**, meaning 'must not' (that is, when something is *forbidden*) is **maunna**. The other opposite of **maun**, signifying that there is *no need* to do something, is either **needna** or **dinna hae tae.** The English-language expression 'I must say', used to add emphasis to what one is saying, is *not* expressed in Scots as 'A maun say' but rather as **A wull say.** There is an example of this in the dialogue above.

3 Tyne

This is yet another verb with an irregularly-formed past tense, **tint.** An alternative word with the same meaning, 'to lose', is **tae loss.**

4 Wull

See **LANGUAGE PATTRENS** below for an extensive discussion of the use of this modal verb in expressing the future tense.

5 Fuil

 In the north-east this word is used not only as a *noun*, meaning 'fool', but also as an *adjective* meaning 'foolish' or 'daft'. Also, **tae gang fuil** is 'to go daft'.

6 Sair

In the conversation above, note the reference to **a sair thrapple,** meaning 'a sore throat'. Although there is a word-for-word match here, those compound words which, in English, are formed with a part of the body + '-ache' *also* have their equivalents in Scots formed in this way with **sair.** Some examples of this are **a sair heid** ('a headache'), **a sair tuith** ('a toothache'), etc.

7 Lane

The word **alane,** meaning 'alone', does exist in Scots, but the same idea is often expressed with a construction formed by a possessive adjective + **lane.** For example, **A gaed ma lane** corresponds to the statement 'I went alone'; and **auld eild disna come its lane** ('old age does not come alone') is a well-known Scots proverb.

LANGUAGE PATTRENS

The future tense

In this lesson we look at the formation of the future tense in Scots. Strictly speaking, verbs in Scots (as in English) have no future tense as such, and instead future events are expressed using the modal verb **wull**, the equivalent of the English 'will', together with the root of the verb. **Wull** is often contracted to 'll but it can be used in its full, uncontracted form, for example when emphasis is needed.

The opposite of **wull**, corresponding to the English 'will not' or 'won't', is **wunna**. As an alternative to **wunna**, it is also possible to say 'll no(nae): for example, ye'll no(nae) ken for 'you won't know'.

When forming a negative *question*, the usual pattern holds: that is, one does *not* form the Scots equivalent of a question such as 'won't you' or 'won't they', with 'wunna ye' or 'wunna they'. The pattern always used is **wull ye no(nae)**, or **wull they no(nae)**, etc.

Rather than giving direct orders, the usual polite way of asking someone to do something in Scots is (as in many languages) to state the request in the form of a question beginning with **wull ye...?** Slightly more forceful is to begin the question with **wull ye no(nae)...?** For example,

> **Wull ye open the door tae me?**   Will you open the door for me?
> **Wull ye no(nae) stey for yer denner?**   Won't you stay for dinner?

In English, the word 'shall' is also used to express future events. There is an equivalent to 'shall' in Scots, **sall**, but it is no longer part of the everyday language and is confined to older or very formal writing and to a few fixed expressions. To put it another way, **wull** rather than **sall** is the word almost always used nowadays, and the distinction in English between 'will' and 'shall' based on person has no equivalent in Scots.

Unlike 'shall', **sall** *does* have a contracted form, **s'**, and so for example a direct equivalent of 'I shall know' would be **A s' ken**. The *negative* of **sall** (corresponding to 'shall not' or 'shan't') is either **sanna** or **s' no(nae)** but, again, these words are no longer part of the everyday language.

GUID TAE KEN

A point to note, when discussing any kind of illness in Scots, is the use of **no(nae) weel** as a fixed adjectival expression meaning 'ill' or 'unwell'. It finds use in ways which would look very strange if they were rendered word-for-word into English, with **no(nae) weel** rendered as 'not well'. For example:

> **She's that no(nae) weel, she canna gang oot.**
> She's so unwell that she can't go out.

> **Hoo lang wis ye no(nae) weel wi ME?**
> How long were you ill with ME?

Over the centuries, Scotland's contribution to (orthodox) medical science has been considerable. General anaesthesia and antibiotics are only two of the advances that originated here. However, the language of medical practice in present-day Scotland is English, and visitors who find themselves in need of medical attention will be expected to communicate in English. Given that Scots is not widely used among the professional classes, it would be unusual even to find a doctor able and willing to discuss one's situation in Scots! For this and other reasons, the use of specifically Scots vocabulary related to illness and injury is in decline. The list below gives some Scots terms, some of which are still in common everyday use, and others of which may still be heard from older speakers.

boil, a: **plook** or **bile**
cold, the common: **the cauld**
confused/demented: **raivelt**
diarrhoea: **(the) skitter(s)**
fever: **(the) fivver**
hernia: **rembrist** or **rimbirst**
jaundice: **jandies**
sniffle, to: **tae snocher**
sprain, to: **tae stave**
whooping cough: **the kink-hoast**

blood(y): **bluid(ie)**
cough: **hoast**
depression: **the glooms**
fester, to: **tae beal**
heartburn: **hert-scaud**
influenza: **the haingles**
limp, to: **tae hirple**
scauld, to: **tae scaud**
vomit, to: **tae boak** or **spew**
wound: **skaith**

The Scots word used to express the idea of 'to contract' *in relation to an illness* is **tae tak**, for example:

He tuik malaria whan he wis oot in India.
He contracted malaria when he was out in India.

If you are unfortunate enough to have a **brukken bane** (a broken bone), it will probably need to be set in **a stookie** (plaster). Other situations may require a **jag** (an injection), or you may be need to be given **feesick** (medication) in the form of **drogs** (drugs), perhaps taken as **peels** (pills).

There are few health hazards in the Scotland's natural environment nowadays that are likely to present problems for the visitor. There is one small poisonous snake, the **edder** (adder), but it seldom bites people and even if it does the result, although painful, is very unlikely to be fatal especially if medical help is sought.

Special mention must be made of the **midge** or **midgie**, a blood-sucking insect similar to the mosquito but much smaller, perhaps about one tenth as long. Whereas mosquitoes fly individually and make a distinctive sound, midges are silent and fly in swarms of hundreds! They are much less common in towns than in the country and, unlike mosquitoes, do not usually come indoors; but, outdoors in country areas, they present a *serious* annoyance in the evenings to anyone not prepared for them. The bites are similar to mosquito bites, with swelling and itching lasting up to several days, but luckily they do not carry disease.

The greatest natural hazard in Scotland nowadays is a sudden and unexpected change in the **wather** (weather) which, every year, leads to many people becoming lost and stranded while walking in the mountains. Sadly, in spite of the efforts of skilled and dedicated volunteer mountain rescue teams, not everyone is found before it is too late.

A BITTIE MAIR

Lat's hae a wee leuk! Let's take a look!

John's sore throat has persisted, and he arranges to see a doctor at the Denburn Health Centre. The following day, he arrives for the appointment.

John	Guid mornin. A'm John Thomson, an A'v an appintment tae see Dr Middleton at hauf-eleiven.
Receptionist	Lat's hae a leuk... ay, that's richt, ye're doon on the list for 10.30. Sit ye doon the noo, an the doctor wull caw ye in when she's ready for ye.
John	Richt ye are. Whaur wull A sit? A hinna been here afore.
Receptionist	Dr Middleton's surgery's the saicont room doon that corridor. There's a waitin area wi a wee table an chairs jist forenent the door.
	(John takes his place and waits)
Doctor	John Thomson, please!
John	Guid mornin, doctor.
Doctor	Guid mornin. Ye're in Aiberdein yer holidays, A see. Whit can A dae for ye?
John	My thrapple's been awfu sair for aboot a day an a hauf.
Doctor	His it, noo? Ye're soondin a bit skraichie an aw. Lat's hae a wee leuk. Wull ye open yer mooth for me?

(The doctor examines John and asks about his symptoms)

Doctor	Ay, A'd say ye hid a guid-gaun infection there. A'll gie ye a coorse o antibiotics for 't. Is there onie drogs ye're allergic tae?
John	Nane, as faur as A ken.
Doctor	Richt, noo. Here's yer prescription, ye'll get this fae onie o the droggists hereaboot. The coorse laists fower days, an A'm wantin ye tae tak ae tablet ilka sax oors ower the haill o that time. That shid see ye aw richt agane.
John	That's rare, doctor, A'm richt thankfu.
Doctor	Nae bather at aw. A hope this wunna spile the lave o yer holidays.

appintment	appointment	**guid-gaun**	good-going
forenent	opposite	**hereaboot**	round here
thrapple	throat, gullet	**mooth**[28]	mouth
skraichie	hoarse	**lave**	rest, remainder
laist, tae	to last		

EXERCEISES

1. Read the following questions aloud and answer them *in Scots*, based on the dialogue at the beginning of the lesson.
a. Whit his Gordon jist been daein?
b. Whaur did Jean gang awa till, afore the train left?
c. Whit twa things wis she wantin?
d. Whit happent efter they aw gaed on board the train?

---

[28] The pronunciation of **mooth** heard on the CD, where the **th** is silent, is local to the speakers' home area.

e. Aince they get tae Aiberdein, whit dis John, Helen an Jean hae tae decide?

f. Wha's gaun oot intae the toon?

g. Whit wey is John nae gaun wi them?

2. Answer the following questions in the affirmative, as in the example.

    Wull it rain the morn? → It'll rain the morn.

a. Wull ye help me?
b. Maun A tak ma jaicket?
c. Wull she play the piano?
d. Maun we wait for him?
e. Wull A be needin ma umbrella?
f. Wull ye rin doon tae the shop?

3. Answer the following questions in the negative, as in the example.

    Wull it be bonnie wather the morn? →
                It wunna be bonnie wather the morn.

a. Wull they be here the nicht?
b. Wull ye buy thon buik?
c. Wull they speik French?
d. Maun we gang there agane?
e. Maun A bring ma raincoat?
f. Maun we tell ye awthing?

4. Reply to these statements, as in the example.

    She cam here yesterday... → ...an she'll come here agane the morn.

a. We ett in this place yesterday...
b. A spak tae the Polis yesterday...
c. She wraet a letter yesterday...
d. We aw wis wabbit yesterday...
e. He drunk naething at aw yesterday...
f. He waukent at eleiven yesterday...

5. How do you express the following in Scots?

a. I shall rely on you not to lose sight of what's going on.
b. Won't you stop sniffling? Your cold isn't that bad.
c. You mustn't tell everyone I'm going there alone.
d. That old man isn't just foolish, he's downright demented!
e. We must be catching up, I can see them ahead where I couldn't before.
f. She contracted whooping-cough as a child, and was so ill that she was off school for a month.

6. Describe *in Scots* a little about an experience that you have had, involving illness or injury.

21
WHIT A FOWK!
What a lot of people!

IN THIS UNIT YOU WILL LEARN:

- how to give directions in Scots
- Scots vocabulary for the urban and rural environment
- some idiomatic uses of **whit**

SPEIK

Helen, John and Jean are on their way to an evening concert in Aberdeen.

Helen	Excuise me!
Man	Ay, whit can A dae for ye?
Helen	Can ye tell us whaur His Majesty's Theatre is fae here?
Man	His Majesty's Theatre... haud on noo. Gang straucht doon Union Street here, or ye come tae the corner o Union Terrace Gairdens. Dinna gang across the brig, ower the railwey. Insteid, turn left alang Union Terrace there, whaur the road rins heich abuin the side o the gairdens doon in the howe. Haud roond tae the richt whaur the road divides, aboot three hunner yaird alang. Ye'll see the theatre fae there, richt in front o ye, an if ye dinna see it ye'll see a statue o Willie Wallace pintin yer wey in!
Jean	Ay, ay, we're wi ye! The Airt Gallery's near there as weel, is it nae?
Man	Ay, turn richt whan ye're facin the theatre, cairry on alang aboot twa hunner yaird, an the Gallery's on yer left. It'll be closed the noo, mind.
Helen	Weel, that's fair set us on wur wey.
John	Fairlie that.
Man	Can A help ye wi oniething mair?
Helen	A dinna think so, ye ken, bit thank ye kindlie oniewey!
Man	Nae bather at aw.

Later, Helen, John and Jean are taking their seats in the theatre.

Helen	Whit a fowk in here! This is oor sates, is it nae?
John	Ay, oors is raw F, nummers five, sax an seiven.
Helen	Ye'll be wantin a drink at the interval, wull ye nae?
John	Och, jist a meineral watter or something.
Helen	We can win throu tae the baur nae bather fae here, oniewey.

Jean	Faither, you ken somebodie in this orchestra, dae ye nae? Whit wis he cawd agane?
John	A'm acquant wi Geordie Watt, the hairper. A hinna met wi him for a gey lang time, though.
Helen	He wis thon mannie wi the reid baird, wis he nae? Is that nae him there, jist comin on? Whit different he leuks noo he's gray!
John	He leuks different, cause thon's nae him at aw! *There's* Geordie, sittin at his hairp awready. He's skyrie reid yet, A see.

VOCABULAR

airt	art	heich	high
baird	beard	skyrie	vivid
hairp	harp	straucht	straight
hairper	harpist	awready	already
howe	hollow	fair	certainly
raw	row	or	ere, until
sate	seat	abuin	above
(tae) excuise	(to) excuse	bather	bother

NOTES ON THE VOCABULAR

1 *Howe*

Like its English counterpart 'hollow', this word can serve either as an adjective or as a noun. As a noun, it is often used to refer to a low-lying area surrounded by higher ground. This can be of any size, from a small dip in a field, to a district of many square miles such as the **Howe o the Mearns**.

2 Heich

The -ch in **heich** is generally elided when it forms part of compound words such as **Heiland** ('Highland') or **heilicht** ('highlight').

3 Skyrie

Although this word corresponds to 'vivid', it tends to be used only in the literal sense, for describing colours, etc. It would *not* be usual to speak of, for instance, 'a skyrie imagination'.

4 Fair

This is the word that tends to be used where an English-speaker would use 'really' or 'certainly'. There is a further explanation of this in **LANGUAGE PATTRENS**, below.

5 Or

This is the Scots conterpart of the English word 'ere', but whereas 'ere' is obsolete in present-day English, **or** is still in common use in Scots. Its use is explained in full in **LANGUAGE PATTRENS**, below.

6 Bather

A common response in Scots when thanked by someone – in other words, an equivalent of the English expression 'you're welcome' – is **nae bather**. There are variations on the basic expression that may be heard: **nae bather at aw; thon's nae bather;** and so on. **Nae bather** is also often used as an adverbial expression meaning 'easily'. There is an example of this in the dialogue above.

LANGUAGE PATTRENS

1 How different!

When asking the extent to which a particular quality is true of a person or thing, **hoo** is used in Scots exactly as 'how' is used in English. For example, one could ask **hoo heich is Mont Blanc?** or **hoo cauld wis it yesterday?**

However, in English, 'how' is also used in a related *non*-interrogative sense, in exclamations such as 'how high Mont Blanc is!' or 'how cold it was yesterday!'. The equivalent of 'how' in Scots in this sense is *not* 'hoo', but rather **whit**. For example, in the dialogue above Helen says of Geordie Watt **whit different he leuks**; meaning, of course, 'how different he looks!'.

2 *What a lot of...*

Another use of **whit** not found in English with 'what' is its use with **a** and a *plural* noun, as an exclamation meaning 'what a lot of!' For example, in the dialogue above Helen exclaims **whit a fowk!**, meaning 'what a lot of people!'

3 *Fairlie vs. fair*

To return to **fair** from the vocabulary list above, a statement such as 'I really need...' would be expressed in Scots as **A'm fair needin...**, and 'he certainly knew about...' would be expressed as **he fair kent aboot....** Short statements such as 'you really do' or 'he certainly did', intended simply to express agreement with what someone else has just said, tend generally to be expressed in Scots with the single statement **fairlie that**.

Note that **fair** in Scots is a good deal more forceful than 'fairly' in English, and so to describe a thing as **fair guid** is a much greater compliment than describing it as 'fairly good'. If it were desired to say something in Scots with a meaning akin to 'fairly good', this would probably be expressed in Scots with a negative such as **no(nae) baud**.

4 *Or*

This word has a counterpart in English, 'ere', but whereas that word is obsolete in English nowadays, **or** is still a part of everyday Scots. It can mean either 'before' or 'until', but there is a difference in how the word is used, between these two meanings. When **or** is used to mean 'until', it can be used either as a *conjunction* or as a *preposition*, which in practice means that it can be used when referring either to a *stated action*, or to a *stated point in time*. This is illustrated in the following examples:

Haud on or A see whit A'm daein. *('or' used with an action)*
Hold on until I see what I'm doing.

Haud on or the morn. *('or' used with a point in time)*
Hold on until tomorrow.

On the other hand, when **or** is used to mean 'before', it is used only as a *conjunction*, that is, only when referring to a *stated action*. 'Before' as a *preposition* is expressed in Scots as **afore**. The following examples should again illustrate:

He wis an ingineer or he retired. *('or' used with an action)*
He was an engineer before he retired.

He wis an ingineer afore his retirement. *(a point in time)*
He was an engineer before his retirement.

However, note as an over-riding rule that **or** cannot carry emphasis. If emphasis is needed, then **afore** must be used, even to refer to an action. For example:

He wis an ingineer *afore* he retired, bit efter thon he wisna.

Lastly, note the use of **or** to mean 'before' in the expression **or lang**, meaning 'before long'.

ABOOT SCOTLAND

One of the things that attract visitors to Scotland is the country's spectacular and varied landscapes, particularly the mountains and valleys of the **Heilands**, the Highlands. Some of the Scots vocabulary for natural features is of Scottish Gaelic origin, a reflection of the fact that that language was once widely spoken in many areas where it is seldom heard nowadays.

The most common Scots word for 'mountain' is **ben**, and the highest mountain in Scotland is **Ben Nevis**, which is over 1,300m high. Words for 'hill' include not only the usual word **hull**, but also **fell** and **law**; behind the centre of Dundee stands a hill known simply as **The Law**. Between the hills and mountains, the usual word for a (narrow) valley is **glen**. A broad, flat river-valley is a **strath**, and a flat expanse of land beside a river-mouth is a **haugh**. A narrow wooded valley is a **den**, a ravine is a **heuch**, and a low-lying depression is a **howe** or a **laich**. A ridge between valleys is a **rigg** or a **drum**, and a small localised rise or knoll is a **knowe**.

The usual Scots word for a lake is **loch**[29], and Scotland's largest is **Loch Lomond**, about which there is a famous song. The same word, **loch**, is also used to denote a *narrow* inlet of the sea, although to avoid confusion this can be described as a **sea-loch**. On the other hand, a *wide* (enough to be measured in miles) inlet of the sea, such as a river estuary, is known as a **firth**. Inland, a small lake can be described as a **lochan** or a **puil**, and a narrow waterfall or the pool below it is known as a **linn**. While a **river** is the same in Scots as in English, a stream is a **burn** or **burnie**.

A forest is known in Scots either as a **forest** or as a **wuid**, and whereas the word **field** has several senses in Scots as in English, a *farmed* field is known specifically as a **pairk**. At one time, there was a practice of cultivating different crops in adjacent strips of land in the same field, and these strips were known (confusingly – see above) as **rigs**. When the land was owned collectively, and different farmers took turns to use different strips in different years, each strip was called a **run-rig**. For

---

[29] The name of Scotland's so-called 'only lake', the Lake of Menteith near Aberfoyle, is reputedly due to a map-maker's error. The loch is part of a depression called the **Laich o Menteith**, and the name was mistranscribed and then misinterpreted as applying only to the loch.

many generations, the usual separation between fields has been the **drystane dyke**, a stone wall about 1.5m high and about half a metre wide, made from stones removed from the field to ease cultivation, and held together by their own weight rather than by cement. A grassy meadow is a **lea**.

Apart from isolated individual homes, the smallest form of community found in Scotland is the **ferm toon**, consisting of a farmhouse and the farm workers' dwellings nearby. Until the 1960s or so, it was a custom for unmarried farm labourers to live communally in a building called a **bothy**. Increasing in size, the kind of small rural community that would be called a 'hamlet' in English, is sometimes known in Scots as a **clachan**. The word **veilage** is used in Scots for a village, and a town in Scots is a **toon**.

In Scotland the word **city** is reserved for certain places that are *legally defined* as being cities. Until recently, there were only four of these, which were Aberdeen, Dundee, Edinburgh and Glasgow. However, in 2000, Inverness was granted the status of a city, as part of the celebrations for the new millennium. In 2002, the year of Queen Elizabeth's Golden Jubilee, Stirling too was honoured with city status. These six aside, occasionally people claim the status of a city for other places such as Perth, Brechin, or Paisley, on various grounds such as having a cathedral within their bounds.

Within some towns and cities, the **herbour** (harbour) is an important centre of activity. Other parts of a town are reached via **streets** and **roads** (words common to Scots and English) although an older word for 'road', **gait**, survives (often misspelt) within names such as Aberdeen's **Hardgate**. Other words such as **wynd** (narrow, winding street), **pend** (passage) and **vennel** (alley) are common in names and are also still in everyday use. A road up a slope is often called a **brae**.

One of the most important buildings in a Scottish town is the headquarters of local government, the **Toon Hoose** (*not* the 'Toon Haw'). The focus, or former focus, of many towns is marked by a

Mercat Cross (Market Cross), a stone structure not always obviously in the form of a cross. Very often this is still in its original location, even if the focus of the town has since moved, and street markets are no longer held. Some other kinds of public building are **the kirk, the scuil, shops, baunks** and **offices**. **The jile** is the prison.

When giving directions to someone, it may be useful to go by points of the compass. In Scots these are: **North; Sooth; East;** and **West.** These are combined to give the names of intermediate points just as in English: for example, **Nor-East** or **Sooth-West.** Words such as 'northern' and 'southern' are expressed as **northren** (or **norland**) and **southren** (note especially the difference from English in the ending), and words such as 'westward' are expressed as **westlins** or **westwart. North** is often contracted to **Nor** in compound words such as **Nor-East** (above), and in names such as Edinburgh's former **Nor Loch,** now drained to form **Princes Street Gairdens.**

A BITTIE MAIR

Anither wee daunder – another short stroll

The day after the concert, Jean, Helen and John have taken the short train ride to Stonehaven to visit Dunottar Castle, a local beauty spot and historic site. On leaving the station, they start to make their way on foot to the castle.

Jean	Weel, A hope you twa ken the wey, cause I dinna.
John	It's a guid lang while since we wis here last, bit I think A can mind it. We gang doon that road there that taks ye intae the middle o Stanehive. Whan ye come tae the main road ye turn richt, an haud gaun or it's stairtin tae tak ye up an oot o the toon. A wee road gangs aff tae the left fae there, haudin the coast, an taks ye past the castle efter aboot twa

mile. It's a bittie stey tae stairt wi, bit it gies ye a bonnie view ower the toon.

Helen   Ay, that's mair or less hoo I mind the wey an aw.

Jean   It's likelie richt then, so lat's awa!

They set off and, about an hour's leisurely walking later, arrive at the castle.

Jean   Noo this is whit I caw bonnie.

Helen   Ay, it's rare, is it nae? Ye'd wunner hoo the grund cam tae be in sic a byordinar shape, though.

Jean   It's likelie an auld volcanic plug – ye ken, at ae time there wad hae been the tap o a volcano here, an whit ye see noo is whit's left efter it's been worn doon ower time. Edinburgh Castle's on anither ane jist lik this ane.

Helen   As weel as it bein bonnie, ye can see whit wey they wad want tae pit a castle there, wi the sea roond aboot it on aw sides, apairt fae that wee naitural causey jinin it tae the land.

John   Ay, it maun hae been a gey hard place tae attack.

Jean   It's jist as weel *we* wunna hae tae fecht wur wey in, we can pey at the gate!

haud gaun	keep going	**causey**	causeway
stey	steep	**jine**	join
naitural	natural	**fecht**	fight

EXERCEISES

1.   Read the following questions aloud and answer them *in Scots*, based on the dialogue at the beginning of the lesson.

a.   Whaur is the concert gaun tae be, that they're aw gaun till?

b.   Whaur dae they hae tae gang, insteid o gaun across the railwey brig?

c. Hoo dae ye get tae the Airt Gallery fae the place whaur they're speikin tae the mannie?

d. Whaur can ye get till nae bather, fae whaur they're sittin in the theatre?

e. Whit instrument dis John's auld freend play?

f. Whit wey dis Helen think he leuks different?

2. Turn the following questions into statements, as in the example.

Hoo heich is thon biggin? → Whit heich thon biggin is!

a. Hoo cauld wis the watter?
b. Hoo bonnie is the picter?
c. Hoo lang wis the concert?
d. Hoo hungert wis Jean?
e. Hoo dear wis the tickets?
f. Hoo late did he come?

3. Add emphasis to the following statements with **fair** ('really'), as in the example.

Helen's shuir she kens the wey
→ Helen's fair shuir she kens the wey.

a. John's sate is handy for the baur.
b. A'm wabbit the noo.
c. Geordie leuks different wi gray hair.
d. A'm hungert.
e. Geordie plays the hairp weel.
f. Jean kens hir wey in Aiberdein.

4. Say that there are many of the items mentioned in the place mentioned, as in the example.

There's flooers in the gairden. → Whit a flooers in the gairden!

a. There's claes in the press.
b. There's burds in thon tree.
c. There's buiks on the table.

d.   There's picters on the wa.
e.   There's fowk at the door.
f.   There's new hooses ower there.
5.   How do you express the following in Scots?
a.   You really know Scotland well, don't you?
b.   I always think how ugly much modern art is.
c.   Keep going until you reach the end of that steep passage.
d.   What a lot of water had gathered in the hollow, after the rain!
e.   Wait until next week before you decide.
f.   The concert a month ago was fairly good, but yesterday's was great.

6.   Describe *in Scots* a little about a concert or performance that you have been to. Say where it was, what was performed, who performed it, and how much or how little you enjoyed it.

22
A CANNA BIT FASH
I can't help worrying

IN THIS UNIT YOU WILL LEARN:

- about asking 'which?' in Scots
- about expressing 'should' and 'ought' in Scots
- about music in Scotland

LETTER

Helen is writing another letter, this time to Alexandra back in Glasgow.

Dear Alexandra,

Ye see, A didna forget tae write tae ye! We're haein a rare time in Aiberdein. The wather's been bonnie the haill time, an this efternuin John's wantin tae walk alang the shore fae the herbour tae Brig o Don. A'm sweirt tae dae it, A wull say: aiblins A'm a bit lazy, an John says A shid tak mair exerceise. A likelie shid an aw!

We gaed tae hear a rare concert on Monanday nicht, at His Majesty's Theatre, wi the SBC Orchestra playin a wale o muisic by McGuire an Johnstone. John bocht us tickets jist afore they sellt oot, an the ha wis fair packit. The hairper in the orchestra wis wur auld freend Geordie Watt, an efter the concert we gaed roond the back an askit tae see him. He wis surprised bit gled tae see us, an we aw gaed an hid wur supper thegither. He tellt us the concert hid been recordit, so we can aw hear it agane on the radio back in Glesca.

Weel, A'll hae tae stop noo, bit we're aw leukin forrit tae seein ye agane. Afore we leave Aiberdein, we'll gang for a wee leuk roond Aulton, whaur John an me met ane anither whan we wis at the universitie. We're ettlin tae catch the eleivin o clock train tae Glesca on Seturday, sae we shid be wi ye weel afore three. Mind us aw tae Dauvit an Gordon.

Wi best regairds,

Helen.

SPEIK

Unfortunately, Helen's letter causes consternation when it arrives.

Dauvit   Dinna fash, Alexandra, tell me whit's the maitter.

Alexandra   This is awfu. Helen an John is leukin tae be back here tae bide on Seturday efternuin. A canna bit fash!

Dauvit   Ay, thon's a bittie ackwart. They didna tell us jist whit day they wis leukin tae come back on.

Alexandra   Naw, I forgot tae speir hoo lang they wis ettlin tae bide in Aiberdein. Bit yer mither's gaun tae be here till Sunday, sae we hinna got a room tae thaim.

Dauvit   An we canna tell ma mither tae gang hame airlie.

Alexandra   Here's a thocht: we'll ask Gordon tae sleep on the cootch that nicht. A'm shuir he wunna mind, jist for ae nicht. It's Seturday, sae wi onie luck he michtna come hame at aw!

VOCABULAR

Aulton	Old Aberdeen	**tae leuk**	to expect
cootch	settee, couch	**shid**	should
ha	hall	**should**	should
muisic	music	**ackwart**	awkward
universitie	university	**packit**	packed
wale	selection	**sweirt**	reluctant
tae fash	to fret, bother		

NOTES ON THE VOCABULAR

1 Ha

The plural of this word, **has**, should not be confused with the English word 'has' which in Scots is expressed as **his**. The word **ha** is used *only* when discussing e.g a concert hall, *not* the hallway at the entrance to a house (the **lobby** or **trance**), nor a Town Hall (**Toon Hoose**).

2 *Universitie*

A contracted form of this word (and one that happens to be shared with some non-standard English varieties), **varsitie**, is sometimes used.

3 *Wale*

This word can also be used as a *verb*: that is, **tae wale** means 'to select'.

4 *Fash*

This verb can also be used reflexively, although the meaning is identical. For example, given that **yersel** means 'yourself', it would be equally possible to say **dinna fash yersel** as well as **dinna fash**. Both mean 'don't fret'. **A canna be fasht** means 'I can't be bothered'[30].

5 *Tae leuk tae*

Where the object of this is a *noun*, this construction also involves the verb see. For example, 'I'm expecting her at eight' would be expressed as **A'm leukin tae see hir at echt**.

Where the object is an action, then there is no need to introduce see, whether the action is ones own or someone else's. For example, 'I expect to go out today' would be expressed as **A'm leukin tae gang oot the day**, and 'I expect him to go out today' would be **A'm leukin tae him gaun oot the day**.

6 *Shid* and *should*

This is another word which has emphatic and unemphatic written forms. Further points about their use are given in **LANGUAGE PATTRENS** below.

---

[30] On the other hand, a statement such as 'I don't bother with them' involves a different sense of the word 'bother', and is expressed as **A dinna bather wi them** rather than with **fash**.

7 *Sweirt*

The noun derived from this, with the meaning of 'reluctance', is **sweirtie**. In speech, the **t** at the end of **sweirt** is sometimes dropped.

LANGUAGE PATTRENS

1 *I can't help*

The above dialogue gives an example of the Scots idiom used as an equivalent to the English 'I can't help...' (meaning that one cannot prevent oneself from doing something), which is **A canna bit...** Thus, when Alexandra says **A canna bit fash**, she means 'I can't help fretting'. Other examples are: **she canna bit feel that wey** ('she can't help feeling that way') and **they canna bit no(nae) dae it richt** ('they can't help not doing it properly').

2 *Should* and *ought to*

In modern Scots, the modal verb **shid** or **should** is used in statements or questions concerning necessity or obligation, as an equivalent to the English 'ought to'. There is an example of this in the letter above, where Helen writes **we shid be wi ye weel afore three**.

In less recent Scots the same verb was used as part of a conditional future construction, for example as in **should auld acquaintance be forgot...** This usage may still be encountered in written form, but is no longer part of the modern spoken language.

The negative form of **shid** is **shidna**, and of **should** is **shouldna**. Questions involving **shid** and **should** are formed with the usual inversion of subject and verb, so that for instance **ye shid** becomes **shid ye?** Negative questions again also follow their usual pattern, so that for example 'shouldn't you?' is not expressed in Scots as 'shidna ye?', but rather as **shid ye no(nae)?**

3 The interrogative, 'which?'

In the dialogue above note Dauvit's comment, **they didna tell us jist whit day they wis leukin tae come back on.** Particularly, note the use of **whit**, usually translated as 'what', where the equivalent statement in English would actually have had 'which'. This is the introduction to a point over which there is considerable variation between Scots and English grammar, and that is the matter of how the word 'which' is expressed in Scots.

The English word 'which', when used to begin a question, has different counterparts in Scots, according to the particular situation. The examples below illustrate each one.

3.1 'Which' followed by a noun

When followed by a noun, the Scots for 'which?' is **whit?**

Whit day?	Which day?
Whit wumman?	Which woman?

This remains true when 'which' is preceded by a preposition, such as in:

Anaith whit tree...?	Beneath which tree...?
In whit hoose...?	In which house...?

However, this is a construction confined to the *formal* idiom and even there it is not always used. In *colloquial* Scots, a question such as **in whit hoose wis ye bidin?** would almost certainly be expressed as **whit hoose wis ye bidin in?**

3.2 'Which' *not* followed by a noun

When 'which' is *not* followed by a noun, the equivalent in Scots is **whit ane?** or **whit anes?**, according to the number involved.

Whit ane o them wis it?	Which of them was it?
Whit anes gaed awa?	Which (ones) went away?

This is an explanation of only the *interrogative* use of 'which'. Its use in a *relative* sense (for example, in 'the letter which I received') will be explained in Unit 25.

ABOOT SCOTLAND

The musical instrument inextricably linked in many people's mind with Scotland is the **bagpipes,** although in some ways this is unfortunate, both in that there is much more to Scotland's own music than the pipes, and in that bagpipes of various forms are found in many *other* lands and cultures.

The **Heiland pipe** (Highland pipe), as it is more specifically known, is one of the world's loudest unamplified musical instruments which, under suitable conditions, can be heard up to *ten miles* away. Its volume serves partly to place it in a very old tradition, which is the use of musical instruments in battle to encourage ones own troops and demoralise the enemy. Even as recently as the First World War, some Scottish soldiers were advancing into battle with a piper playing behind them, a tradition which can be seen as a direct descendant of the **carnyx,** the war-horn of the ancient Picts.

Traditionally, the bagpipes were developed as a solo instrument, and the **pipe band** as a form of musical ensemble owes its existence to the adoption of the pipes by the Scottish regiments of the British army. From there, their use has spread to the armies of other countries. The most complex and technically-accomplished form of bagpipe music known as **pibroch** (from the Scottish Gaelic, *pìobaireachd*) or else by the Scottish Gaelic term *cèol mòr* (literally, 'great music'), is a highly-developed musical form. It is only played solo and, as well being a challenge for the performer, is usually regarded as an acquired taste for the listener.

Other, less well-known forms of bagpipe are played in Scotland, such as the **lawland pipe** or **cauld-wind pipe.** This is a similar instrument to the Highland pipe, but rather than being blown through a mouthpiece, the air for this pipe comes from a bellows, and hence the latter name above. The **uilleann pipe** or **Irish pipe** is yet another form of bagpipe – in construction the most elaborate, and with a greater musical range than the other two – and although it is not strictly part of the Scottish musical tradition, there has been an upsurge of interest in hearing it and playing it since the 1960s, not least among those Scots who are themselves of recent Irish extraction.

Next to the bagpipe, the second-ranking musical instrument in Scottish musical tradition is the **fiddle**, or violin. Of course, this is an instrument played in many countries, and in many musical genres, but the fact remains that much of Scotland's traditional music was composed on or for the violin. Shetland has its own distinctive style of fiddle-playing, and the extent of proficiency on the instrument among the male population of the islands is, in relative terms, extraordinarily high.

Third-ranking in Scottish traditional music is the **hairp**, or harp. This is not usually the orchestral harp, but rather a smaller form of the instrument also known as a **clarsach** or **Celtic hairp**. A newcomer to the 'scene', having arrived only in the nineteenth century, is the **accordion** which, again, is an instrument played in many styles and in many countries. The Scottish dance bands that play for occasions such as weddings, are mostly based around the accordion. The **moothie** (harmonica) is an instrument with a certain niche in Scottish traditional music, although public performances on it are relatively rare. There is also a very extensive Scottish tradition of unaccompanied song, in Scottish Gaelic as well as Scots.

Since the 1960s, much has changed with the increasing use of amplified and electronic instruments, particularly the synthesiser and the electric guitar. Partly this has involved the substitution of newer instruments for older ones, such the electric bass guitar for a double-bass fiddle, or a synthesiser for almost anything; it has also involved the development of new musical styles based on the fusion of traditional Scottish musical styles with styles originating elsewhere, such as rock, jazz, or even Latin or African music (so-called 'world music'). It is no unusual thing nowadays for a musical line-up to include bagpipes alongside electric guitars. In volume, the two are well suited to one another!

At one time, it may have seemed that interest in Scotland's musical traditions might decline among young people to the point of disappearance. However, with the emergence of these new musical forms, interest is stronger than ever, not least because enjoyment of the new often leads to interest in the older forms in which the newer ones are rooted, and interest can lead to participation. The future of the traditions seems safe for the time being, at least.

A BITTIE MAIR

Wrichts an Coopers' Place

John and Helen are revisiting a few familiar haunts in Old Aberdeen.

John	Weel, wha'd hae thocht we'd be staundin in Wrichts an Coopers' agane efter aw this time?
Helen	Ay, an it hisna cheinged a bittick.
John	It hisna that. A wush we cud say the same aboot us! Still, whan a street's sax hunner year auld, whit's anither thertie year here an there?
Helen	Lat's gang roond the corner an see whuther the funtain's on.
John	Ay, lat's... it is, an aw. Wull we drap in a coin or twa for luck, lik we did aw that years syne?
Helen	Ay, whit wey nae?
John	Dae ye think it taks euros? Here we gang oniewey... this is for the nixt thertie year tae be aw that the last's been.
Helen	An this is for some ither fowk tae hae thertie year lik we'v haen.

(A student couple come into view along the street, walking slowly toward the fountain)

John	Bang on cue, here they come.
Helen	Weel, time'll tell. Whit div ye say tae comin back in anither thertie year?
John	Och ay. We'll be back afore then, though, A'm shuir.

staund	stand	**wush**	wish
wricht	wright	**funtain**	fountain
cooper	barrelmaker	**merk**	mark
bittick	tiny bit		

EXERCEISES

1. Read the following questions aloud and answer them *in Scots*, based on the letter and dialogue at the beginning of the lesson.

a. Whit's John wantin tae dae in the efternuin?
b. Whit did Jean, Helen an John aw dae on Monanday nicht, efter the concert?
c. Hoo wull they get tae hear the concert agane?
d. Wha's bidin wi Dauvit an Alexandra the noo?
e. Whit wey is this a fash tae them?
f. Hoo wull they get roond this, an hoo wull the problem likelie solve itsel?

2. Turn the following questions into statements, as in the example.

The concert is in the Citizens' Theatre. →
Whit theatre is the concert in?

a. The Nile is the langest river in Africa.
b. The boat gaed anaith the Brig o Don.
c. Dauvit wis the last mannie tae gang awa.
d. A'm gaun tae the Thomsons' hoose.
e. She wis readin the buik A gied hir.
f. We turnt left intae Union Street.

3. Turn the following questions into statements, as in the example.

We shid be there afore echt. → Shid ye nae be there afore echt?

a. They shid gang there thegither.
b. We shid pit the clock forrit the day.
c. Helen shid tak mair exerceise.
d. Ye shid speir hoo lang they're ettlin tae bide.
e. John shid ken the wey.
f. The concert shid be on the radio suin.

4. How do you express the following in Scots?

a. I can't help thinking there ought to be more than this.
b. Which of them are you expecting today?
c. Don't bother about me, and don't bother with him.
d. On which day is next week's musical evening?
e. You say you can't help it, but I say you can.
f. Which ones were at university in Stirling, and which in Dundee?

5. Describe *in Scots* a little about your favourite style of music, and the instruments used in playing it.

23
WHA WAD YE DANCE WI?
With whom would you dance?

IN THIS UNIT YOU WILL LEARN:

- about the conditional tense in Scots
- about conjecture using **if** and **gin**
- about expressing the relatives 'who' and 'whom'
- a little about literature in Scotland

SPEIK

On the last night in Aberdeen, Jean is keen to go dancing.

Jean	Mither, whit wad ye think gin A gaed tae the dance at the Lemon Tree the nicht?
Helen	Whitna dance is it gaun tae be?
Jean	It's a ceilidh dance.
Helen	Weel, ma dear, A'd raither ye didna. A wadna want ye tae weir yersel oot. Dinna forget, if we're leavin airlie the morn's mornin, we'll hae tae caw cannie.
John	Och, ye'll hae tae let hir gang, Helen. Young lassies his tae gang tae dances.
Helen	Bit wha's gaun wi hir? Ye canna gang yer lane, Jean.
Jean	Wull you nae baith come wi me?
Helen	Och naw, ma dear – A canna. A'm feelin faur ower tire't. John, whit wey div you nae gang wi hir?
John	Weel, Jean, whit aboot that?
Jean	Ay... are ye shuir ye're wantin tae come, though?
John	Ay, A'm aw for it. Dinna leuk tae see me dancin, though! I dinna ken the Scottish dances.
Jean	A'll teach ye them. An the muisic'll gar ye want tae dance. Are you shuir ye're nae wantin tae come, Maw?
Helen	A dinna think so, ma dear.

Later, John and Jean are at the dance.

John	A'm fair pechin! Haud on or A get ma braeth back. You seem tae be daein this dances richt weel, though.
Jean	A should dae, A'v a rare pairtner!
John	Ay, bit ye're dancin wi me aw the time. Dinna be blate, noo – ye shid dance wi some o that young chiels.
Jean	A wad, gin they askit me tae!
John	Are ye for a drink? Whit wad ye like?
Jean	Jist a hauf-pint o cider'll dae.

MC	Leddies an gentlemen, tak the flaer for an Echtsome Reel!
Jean	An Echtsome Reel? A dinna think A mind that ane.
John	Weel, here's a young man that's wantin tae shaw ye.
Man	Wad ye like tae dance this ane wi me?
Jean	Ay, A wad. A'll see ye later, Faither!

VOCABULAR

braeth	breath	blate	timid, shy
chiel	guy, fellow	cannie	cautious
pairtner	partner	raither	raither
tae gar	to make *(see below)*	gin	if *(see below)*
tae pech	to puff, pant	whitna	what kind of

NOTES ON THE VOCABULAR

1 Gar

The equivalent verb in English is 'to make', but **tae gar** is used *only* in the sense of making a person or thing do something, for example (from the dialogue above) **the muisic'll gar ye want tae dance.** In any other sense, the equivalent of 'to make' in Scots is **tae mak.**

2 Cannie

Although the primary meaning of the word is 'cautious', in some areas it has the additional meaning of 'gentle' and 'good-natured'. Idiomatically, **tae caw cannie** is to 'exercise caution' or 'hold back'.

3 Raither

There are some points to note about the use of this word, as it and the English word 'rather' are not an exact match for one another. The use of **raither** is more limited than that of 'rather', and this is explained in **LANGUAGE PATTRENS**, below.

4 Gin

Both **gin** and **if** are used in Scots to mean 'if', but **gin** has a different significance from that of **if**. This is explained more fully in **LANGUAGE PATTRENS** below.

LANGUAGE PATTRENS

1 Compound expressions based on 'the morn'

As we have seen already, 'tomorrow' is expressed in Scots as **the morn**. There is a point to note when referring to *particular times of day* tomorrow, which is that in this context **the morn** is used in the genitive. Thus, in the dialogue above, Helen refers to tomorrow morning as **the morn's mornin**. Some other examples are **the morn's efternuin** ('tomorrow afternoon'), **the morn's nicht** ('tomorrow night'), and so on.

2 Use of 'raither'

In Scots, **raither** is used *only* when expressing a preference: for example, when in the dialogue above Helen tells Jean **A'd raither ye didna**. In English, 'rather' can be used synonymously with 'somewhat' as in, for instance, 'it's rather cold today'. In Scots, this is normally expressed using **gey** (or sometimes **geylies**, although this is slightly fanciful) as in, for instance, **it's gey cauld the day**.

The expression 'rather than' is expressed much more often in Scots as **insteid o** rather than as **raither nor**. Another word synonymous with **raither**, although it is seldom used nowadays, is **liefer**.

3 The conditional tense

Strictly speaking, in Scots there is (as in English) *no* conditional tense as such, and instead it is expressed with the modal verb **wad**, together with the root of the verb. **Wad** is often contracted to **'d**, just as 'would' is in English.

The opposite of **wad**, corresponding to the English 'would not' or 'wouldn't', is **wadna**. As an alternative to **wadna**, it is also possible to say **'d no(nae)**: for example, **ye'd no(nae) ken** for 'you wouldn't know'.

When forming a negative *question*, note that the same pattern holds as with **wull** and **shid**, etc: that is, one does *not* form an equivalent to a question such as 'wouldn't you?' or 'wouldn't they?' with 'wadna ye?' or 'wadna they?' The pattern always used is **wad ye no(nae)?** or **wad they no(nae)?**, etc.

4 Offering something to someone

While it *is* possible in Scots to offer someone something (such as food or drink) with a question beginning **wad ye like...?**, it is also common to begin the question with **are ye for...?**. For example, in the dialogue John asks Jean, **are ye for a drink?**

5 Expressing 'if'

There are *two* words in Scots corresponding to the English 'if', and they have different roles. When **if** is used in Scots, it is used in situations where the speaker is making a statement or question following from something which is known already to be true: for example, **if ye kent, whit wey did ye no(nae) tell me aboot it?** Here it is implicit that the person spoken to *did* know whatever it was that was happening.

On the other hand, **gin** is used for matters of conjecture where the truth of an assumption is not known: for example, as in **gin ye kent, wad ye tell me aboot it?** It follows from this **gin** is more often used with statements or questions involving **wad**, although this is not always so.

In modern spoken Scots, the use of **gin** has been the subject of rapid language change in recent decades. Specifically, **gin** is falling into disuse, and very often **if** is heard where once **gin** would have been used. However, **gin** is still often met in written Scots and in songs, even those dating from relatively recent times[31]. Not only that, but **gin** is still understood by all speakers, even if they themselves would not use the word but would say **if** instead. On those grounds, this course has taken a more conservative approach, and has kept the distinction between **gin** and **if**.

Speakers and students of Scottish Gaelic may find it helpful to remember that the distinction between **if** and **gin** is something the same as the distinction between *ma* and *nan* in that language.

The construction 'as if' or 'as though' is expressed in present-day Scots as **lik**. For example:

> **He wis drivin lik he wis gyte.**
> He was driving as if he were mad.

6 *Expressing 'who' and 'whom' as relatives*

There is a grammatical point worth noting in the statement **here's a young man that's wantin tae shaw ye**, in the dialogue above. In English, it is possible to say either 'a young man *that* wants...' or 'a young man *who* wants...', and both are equally correct.

However, there is nowadays no equivalent in Scots to the statement with 'who', and the statement with **that** is the *only* correct one, i.e a **young man that wants** or **a young man that's wantin**. It would be erroneous to say 'a young man wha wants' or 'a young man wha's wantin'. **Wha** is used correctly nowadays only in an *interrogative* sense, not in a *relative* one. However, although this holds in present-day Scots, it was not always so. The use of **wha** in a relative sense is often seen in Scots writing from earlier times, and is sometimes used nowadays by learners who do not realise that it is obsolete in modern spoken usage.

---

[31] Historically, the words used were **gin** and **gif**. The latter word can be found in written Scots from several hundred years ago, but nowadays it has lost its initial 'g'. There was a similar tendency with **gin**, which is why in some less recent Scots it can be seen in the form **in** or **an**.

Recalling from Unit 1 that **that** is often contracted in speech to **'at,** note that this contracted form is especially likely to be used in this particular context. **That** is also used in Scots where 'whom' would be used in a relative sense in English. For example, 'the woman whom I met' would be expressed in Scots as **the wifie that A met.** In such a context, **that** is often dropped to give a form such as **the wifie A met.** As an example of a slightly different construction, 'the partner with whom I was dancing' would be expressed in Scots as **the pairtner (that) A wis dancin wi.**

'Whom' has actually no single equivalent in modern Scots. Whereas **that** is its equivalent when used in a *relative* sense, the equivalent in an *interrogative* sense is simply **wha?** For example, 'whom did you meet?' would be expressed as **wha did ye meet?** and 'with whom were you dancing?' would be expressed as **wha wis ye dancin wi?**

ABOOT SCOTLAND

The writer that most people associate with Scotland, and with writing in Scots, is the poet and songwriter **Robert** (known familiarly as **Rabbie) Burns,** who lived from 1759 until 1796. More than any other, he comes closest to holding the position of national bard, comparable to that of England's William Shakespeare. Among the themes found over and over again in his poetry is that of the worth and dignity of the ordinary person, a theme that has given his writing an appeal that transcends the centuries and the differences between diverse cultures.

Burns's poetry is interesting from a linguistic point of view, in that he lived and worked several decades after Scots had ceased completely to have any status for formal and official purposes, although obviously it was still very much alive as an everyday tongue. This diglossia manifests itself in the poetry: the language varies from Scots forms to English ones and back again, according to whether Burns wishes to be humble and homely, or formal or philosophical. Also, Burns was one of the writers who promulgated **Allan Ramsay's** misguided practice of spelling Scots with 'apologetic' apostrophes where no letters were actually missing (so that, for example, **gie** would be spelt *gi'e*, or **tak** would be spelt *tak'*). This has contributed greatly to the widespread but false belief that Scots is a corrupt form of English. Fortunately Burns's editors, and modern writers of Scots, have generally given up this practice nowadays. Burns himself is now surrounded by a personality cult based as much on his reputation as a womaniser, as on the merits of his poetry. (See Unit 5 for a description of the annual Burns celebrations.)

Next to Burns, the best known writer of Scots is Christopher Murray Grieve, who wrote using the *nom-de-plume*, **Hugh MacDiarmid**. He produced his work in the twentieth century, having lived from 1892 until 1978, and was a very different kind of writer from Burns, not least in that he did *not* habitually speak the form of language in which he wrote. By MacDiarmid's time, the formal and literary register of Scots had fallen into disuse, and he sought to revive it by writing poetry in which he made use of obsolete words obtained from dictionaries, to produce a form of language which has been termed **Synthetic Scots**. This term is widely misunderstood nowadays; the original sense of 'synthetic' is of a *synthesis* (a bringing together), whereas many people now understand it to mean 'fake', and some even take this to mean that MacDiarmid's poetry is in a language that he himself invented! The idea that MacDiarmid's language is 'fake' is not helped by the fact that, although the vocabulary is undoubtedly Scots, the grammatical and idiomatic framework in which it is set often shows signs of undue influence by English.

MacDiarmid's poetry itself is generally very highly regarded as poetry, even if detractors make much of its 'artificial' quality, but as a means of reviving Scots it has largely proved a failure. His misjudgement (albeit one repeated widely in the Scots-language movement) was the very fact that he applied himself to *poetry*, a minority interest in modern times, rather than to founding a movement to restablish Scots as a medium of educated conversation and factual discourse.

The period of the second half of the fifteenth century, and first half of the sixteenth century, is often thought of as the Golden Age of creative writing in Scots. This, of course, was a time when Scots was the language of government in Scotland, and was taught as a primary medium of literacy, albeit only to the minority who had access to education. At this time, a succession of writers known as the **Makars** produced writing that, in its conception and skill in execution, was of a standard that would not be seen elsewhere in Europe until Shakespeare's time, over a hundred years later. Prominent names among the **Makars** included **William Dunbar, John Barbour, Gavin Douglas** and **Robert Henryson**. A curious aspect of the **Middle Scots** in which they wrote is, in spite of its notably Scots features, its overall greater similarity to today's English than that of the English written at the same period in history! It also sometimes seems closer to English than does later, 'uncompromising' Scots. Although a wealth of poetry in Middle Scots has come down to us, only one dramatic work has survived, *Ane Satyre of the Thrie Estaitis*. It is still occasionally performed.

Much contemporary literature in Scots is based on a specific regional language variety. The areas with the greatest output are Glasgow, where **Liz Lochhead** is among the better known writers; and Aberdeenshire, where notable writers are **Sheena Blackhall** and the late **Flora Garry** and **Alexander Scott**. In Irvine **Welsh's** novels (one of which, *Trainspotting*, became internationally famous when a film was made of it) some of the dialogue is written in the mixed Scots/English spoken in urban areas of central Scotland. Twentieth-century novels written entirely in Scots include **William Graham's** *Scorn, my Inheritance* and **Iain Forde's** *The Paix Machine*. Some modern novels, such as James Robertson's *The Fanatic*, use Scots dialogue to place the tale in a historic setting. The first twenty-first century novel in Scots was **Matthew Fitt's** tale of the future, *But n Ben A-Go-Go*.

A BITTIE MAIR

'Sunset Song'

John, Helen and Jean are on the southbound train taking them back to Glasgow. John reads while Jean and Helen start by looking at the scenery, but the conversation soon turns to other matters.

Jean   This is the Mearns we're gaun throu here, is it nae?

Helen   Ay, an thon wis Lowrnie we jist gaed past. In anither five meinits we'll be in Montrose, an that'll be us oot o the north-east.

Jean   Faither, the story in that buik ye're readin's set hereaboot, is it nae?

John   *Sunset Song?* Ay, the story's set in a place cawd Kinraddie, an it's weel-kent that in real life Kinraddie wis Arbuthnott, a richt wee placie a bittie faurther back north. The writer, Lewis Grassic Gibbon, wis brocht up in Arbuthnott.

Jean   So whit's the story aw aboot?

John   It's aboot life in a fermin veilage at the time o the First Warld Waur, an the cheinges the waur brings tae the place an the fowk that bides there. It's in English, mind.

Helen   A read it masel whan A wis at the varsitie. Ye shid read it, Jean, it'll gie ye an insicht intae a bygaen wey o life. Grassic Gibbon hid a deep feelin for the land here in the north, an it comes ower weel tae the fore in the buik.

Jean   An dis it tell us oniething aboot wur ain times?

Helen   It dis, in a wey. Tae him the Bronze Age, whan the stane circles wis biggit, wis the blythest times o humankind. Naething sinsyne, nae even Kinraddie an its simple fermin weys, comes near till 't. That wad haud even mair true for nooadays.

Jean   It soonds a bit dreich an dry.

John   Naw, it's nae lik that at aw. It's richt muivin – read it an ye'll see for yersel.

Lowrnie	Laurencekirk	**bygaen**	bygone
warld	world	**blythe**	contented
waur	war	**sinsyne**	since then
insicht	insight	**tae muive**	to move
dreich	dismal		

EXERCEISES

1. Read the following questions aloud and answer them *in Scots*, based on the dialogue at the beginning of the lesson.

a. Whit's happenin at the Lemon Tree the nicht?
b. Whit wey is Helen sweirt tae see Jean gaun there?
c. Whit wey dis Jean think John'll be dancin?
d. Is John fit an weel at the dancin?
e. Wha dis John think Jean shid be dancin wi?
f. Whit dance dis Jean gang awa tae dae, an wha wi?

2. How do you express the following in Scots?

a. If he thought about it more, he would understand.
b. If you'd drive me home, I'd be very glad.
c. If she was at home, then what was she doing?
d. If he likes whiskies, then which does he like most?
e. If they have time, they'll stop in Glasgow.
f. Did you buy anything, if you were at the shops?
g. Jean would go to the dance if John went with her.
h. I'll let you know if I have any good ideas.
i. Why did you say nothing if you knew what was going on?
j. I'd be very careful, if I were you.

3. How do you express the following in Scots?

a. There's the woman who lives beside us.
b. It was Dauvit Young who met the Thomsons.

c. Scots who have with Wallace bled...
d. That's someone whom I've known for years.
e. It was Geordie Watt whom the Thomsons met.
f. Helen was the one whom I saw last.
g. Whom shall we visit in Aberdeen?
h. Whom are you taking to the dance?
i. Whom did you see at the cinema?
j. To whom was he writing?
k. Beside whom did you sit?
l. For whom are you looking?

4. Describe *in Scots* a little about your favourite writer, and about what kind of work this writer produced and at what period. Say what your favourite work by this writer is, and the importance (if any) that it has for you personally.

24
A'V TINT IT
I've lost it

IN THIS UNIT YOU WILL LEARN:

- about the present and past perfect tenses
- the reflexive pronouns in Scots
- about the formation of past participles
- a little about the (historic) formal register of Scots

SPEIK

The guests are back in Glasgow and are unpacking their luggage, when John makes a worrying discovery.

John   Helen, hiv you unpackit yer case yet?

Helen   Ay, A'v duin 't. A'm jist gaun awa tae hae a shour noo an cheinge ma claes, an efter A'v duin thon...

John   Ay, bit whit hiv ye duin wi the things fae the case? Hiv you taen onie o them oot yet?

Helen   A'v pitten maist o them awa in the presses an drawers. Whit wey? Is there something ye're needin?

John   Ay. A'v leukit aw-wey, bit A canna fin ma camera. Hiv you seen it at aw?

Helen   Weel, A dinna think it wis amang onie o my things. You hid it yersel, hid ye nae?

John   A dinna ken. A think A'v tint it.

Helen   Did ye nae pit in in yer case wi the lave o yer things?

John   A'v taen awthing oot o ma case, an the camera's nae there.

Helen   Hiv ye left it in Aiberdein?

John   A dinna think so. We baith leukit roond the room afore we cam awa, an there wisna oniething left.

Helen   A'm shuir A saw ye cairryin it whan we got the train.

John   A doot A'v drappit it somewey, ye ken. Is that nae jist the glaikit kin o thing I wad dae? A'll nivver lairn. Whit a scunner!

Helen   Thon's gey teuch. Wad ye nae hiv heard the thing drappin, though, gin thon's whit happent?

Jean comes in.

John   Jean, ma lass, whit like are ye? Hiv ye settle't in aw richt?

Jean   Hello! Wis ye leukin for yer camera? A fun it in the taxi an A'v pitten it on ma bedside table. Ye left it ahint, an A'v pickit it up.

John Whit a gype A am! Weel duin Jean, ye'v saved me fae gettin masel in a sotter agane.

VOCABULAR

gype	idiot	**tae fin**	to find
scunner	great nuisance	**pitten**	put *(ppt)*
sel(f)	self	**taen**	taken
shour	shower	**glaikit**	stupid
sotter	mess	**teuch**	tough
(tae) doot	(to) doubt	**amang**	among

NOTES ON THE VOCABULAR

1 Sel(f)

When this forms part of a reflexive pronoun such as **masel**, it always occurs as the contracted form **sel**. When it is used in another context, such as **self-leirt** ('self-educated'), the uncontracted form **self** can be used. The word **selfish** is the same as in English.

2 Doot

This is used in a way rather different from how 'doubt' is used in English.

For example, if in English one were to say, 'I doubt that he's left', the implication would be that the person concerned hasn't left. On the other hand, if one were to say **A doot he's left**, then the implication is that one suspects that he *has* left, i.e. the opposite meaning of the 'same' expression in English. 'I doubt that he's left' is actually expressed in Scots as **A doot if he's left**.

3 *Fin*

As in English, this is an irregular verb, and its past tense – that is, the equivalent of the English 'found' – is **fun**. Note that 'to found' (to start or establish something), which is a different word although it appears identical, in Scots is **tae foond**.

LANGUAGE PATTRENS

1 *Reflexive pronouns*

The reflexive pronouns in Scots are as follows:

> **masel; yersel; hirsel/himsel/itssel; wursels; yersels; themsels**

In some areas, **hissel** is used as an alternative to **himsel**, and **theirsels** is used as an alternative to **themsels**. In **hissel** and **itssel**, the *two* letters 's' from the separate words result in a long and stressed 's' sound.

Emphatic forms of the reflexive pronouns, such as **mysel** or **oorsels**, are sometimes used and are formed by changing the possessive adjective at the start of the word into its emphatic form.

2 *The present perfect tense*

The dialogue above includes a number of examples of the present perfect tense, which in Scots is formed very similarly to how it is formed in English: however, differences do exist.

The present perfect tense is formed in English with 'has' or 'have', along with the past participle or the verb. 'I have seen', 'it has gone', and 'we have spoken', are all examples of this tense. While the English 'has' is simply replaced in Scots by **his**, it is possible to replace 'have' with either **hae** or **hiv**, and in practice it is more common with this construction to use **hiv**. In speech **hiv** and **his** are often contracted to **'v** and **'s**, as we have already seen. Some examples to illustrate are:

A'v seen Helen awready the day.
Jean's fun hir faither's camera in the taxi.

There are two negative forms of this tense, which can be used interchangeably. To form them, **his** becomes either **hisna** or **'s no(nae)**, and **hiv** becomes either **hinna** or **'v no(nae)**. For example:

A'v no(nae) seen Helen the day.
Dauvit hisna left his camera in Aiberdein.

Questions are formed by inverting the order of verb and subject as they would be in the corresponding statement. The verb is always uncontracted:

Hiv you seen Helen the day?
His Dauvit forgotten oniething?

Negative questions are formed by adding **no(nae)** at the appropriate place in the corresponding positive question:

Hiv you no(nae) seen Helen the day?
His Dauvit no(nae) forgotten oniething?

3 Past participles

Another area of difference is in the past participles themselves. While most are identical to the past tense of the verb concerned, there are also some (as there are in English) that are formed differently, generally by adding **-en** to the root of the verb or to a modified form of it. The list below gives the past participles of some of the verbs that have been met in the course so far, if they are different from the past tense of the verb. As will be seen, there are alternative forms for some, where either the past tense *or* a form ending in **-en** is acceptable as the past participle.

Infinitive	Past Participle	Infinitive	Past Participle
tae be	been	tae bide	bidden
tae brak	broken	tae dae	duin

Infinitive	Past Participle	Infinitive	Past Participle
tae drive	drivven	tae eat	etten
tae forget	forgotten	tae gae	gaen
tae gang	gaen[32]	tae get	gotten
tae gie	gien	tae hae	haen/hid
tae haud	haudit/hauden	tae need	needit/notten
tae pit	pitten	tae see	seen
tae shaw	shawn	tae sit	sat/sitten
tae slow	slown	tae speik	spoken
tae staun	stuid(en)	tae tak	taen
tae wash	washt/washen/ wuish		

If a verb has an irregularly-formed past participle, this is given along with the verb in the English-Scots vocabulary at the back of the book.

4 The past perfect tense

The past perfect tense is constructed similarly to the present perfect, but with **hid** as an auxiliary verb instead of **hae/his/hiv** in the present perfect. In speech, **hid** is often contracted to **'d**, just as 'had' is so contracted in English. Some examples of the past perfect tense are:

John hid tellt me afore.	John had told me previously.
A'd seen hir comin.	I'd seen her coming.
They hidna kent a thing.	They hadn't known a thing.
He'd no(nae) gaen awa.	He hadn't gone away.

5 The past participle as a noun object

Note that, in Scots, it is the *past* rather than the present participle which is used as a noun object in expressing needs, desires, etc.

---

[32] Unless there is a particular reason to use **gaen**, the usual way to express 'X has/had gone' is X **is/wis awa**.

Ma windas is needin <u>washt</u>.
My windows need <u>washing</u>.

The dog's wantin <u>fed</u>.
The dog wants <u>feeding</u>.

6 'Yuised tae'

In Scots, **yuised tae** is used in order to express a habitual past tense, just as 'used to' is used in English.

GUID TAE KEN

From the introduction to this book, it will be clear that Scots is a language whose use nowadays is confined almost completely to colloquial and informal contexts. Although at one time Scots was used as a language of formal discourse, those days are long gone, and as a result a range of Scots vocabulary for more formal or elaborate ideas has fallen into disuse. Even so, and although to a large extent these words are no longer known to everyday Scots speakers, they are still present in Scots – English dictionaries. It is interesting to come across these words, as a reminder of the past wholeness of Scots as a language. To illustrate, the table below gives a few examples of formal Scots vocabulary from the times before the country fell under British rule.

apathetic	upsitten	obvious	sensible
authority	owerance	perpendicular	parpin
compasses (drafting)	passers	president	preses
distinction	distance	project (n)	pratick
emergency	exigent	publicise	propale
favourable	fragalent	satire	cockalane
fluent	versant	self-importance	gloriositie

intercourse, sexual	conjugalitie	talent	naturalitie
medium (n)	mids	Treasury, the	the Fisk
Member of Parliament	Commissioner		

It should be emphasised that words such as these are not generally known nowadays, so their use in conversation with ordinary Scots speakers would probably lead to misunderstanding or confusion. Some of them have been partly revived through use among Scots-language activists; for example, the Scots Language Society has a **Preses** as its senior office-bearer.

Even overlooking the fact that its desirability is a matter for debate, the possible future restoration of vocabulary of this kind to everyday usage would require a commitment to Scots by the educational system, to an extent unlikely to be forthcoming while Scotland's governance continues in its current form.

A BITTIE MAIR

On their last evening in Glasgow and in Scotland, the visitors have gone with their hosts for a last stroll in Kelvingrove Park. At dusk they find their way to the highest point, and stand for a while admiring the view.

John   Whit bonnie this is, tae be staundin here in the gloamin, leukin oot ower the lichts o the toon.

Dauvit   Ay, ye can see a fair bit o the toon fae here, an a lang wey ayont it an aw, especiallie on a cauld clear nicht lik this ane.

Helen   Whit aw can ye see?

Gordon   Ye'll ken whit that toor is, richt in front o's – it's the Universitie. Doon there tae the left ye can see the Kelvingrove Airt Galleries, an a bittie mair tae the left is the

Armadillo biggin o the Clyde Auditorium. Ower them aw, awa ower there, ye can see oot tae Cathkin Braes, tae the sooth o Glesca. On the richt ye can see ower Maryhill, an oot tae the Campsie Fells tae the north.

Helen   Whit's thon big cran ower there, nae faur tae the left o the Armadillo?

Dauvit   Thon's the Finnieston Cran, on the baunk o the Clyde. It can lift a railwey ingine, wad ye believe? It disna get yuised aften nooadays, bit it's kept in ful wirkin order in case it's ivver needit in time o waur.

An aeroplane is seen taking off from Glasgow Airport, a few miles to the west.

Helen   Here's the muin comin oot fae ahint that clud.

John   Ay... leuk an aw, dae ye see that plane takkin aff, jist a wee bittie doon fae the muin an tae the left? Dae ye see the lichties flashin?

Helen   Whaur...? Ay, A see it noo. A wunner whaur it's gaun?

John   I dinna ken, bit there's it turnin east noo. That'll be us the morn – that's the wey we'll be fleein!

gloamin	twilight	**ingine**	engine
toor	tower	**muin**	moon
cran	crane	**clud**	cloud
ivver	ever		

EXERCEISES

1.   Read the following questions aloud and answer them *in Scots*, based on the dialogue at the beginning of the lesson.

a.   Whit's Helen gaun tae dae, noo that she's unpackit hir case?

b.   Whit his she duin wi hir things fae the case?

c. Whit wey is John sae shuir that his camera hisna been left ahint in Aiberdein?
d. Whit wey is Jean sae shuir that John hisna drappit it?
e. Whit *did* John dae wi his camera?
f. Whaur is John's camera noo?

2. Build answers to the following questions, as in the example.

Wull ye open the winda? → A'v opent it awready.

a. Is she lairnin hir Scots?
b. Are ye gaun tae hae yer denner?
c. Wull they tak the dog oot?
d. Is he gaun the eerans noo?
e. Wull ye pit the radio aff?
f. Are we daein the stairs this weik?

3. Build answers to the following questions, as in the example.

Did the concert stairt on time? → Naw, it hisna stairtit yet.

a. Did yer freends get ma letter?
b. Did Helen gang tae the doctor?
c. Did ye speik tae that laddies?
d. Did John stairt wirk the day?
e. Did yer faither fin the address?
f. Hae ye heard o Geordie Watt?
g. Did the secretar send thon letters?
h. Did Helen tyne hir haundbag?

4. Build sentences, as in the example.

Pit on, coat. → A'v jist pitten on ma coat.

a. Pit aff, licht.
b. Tak aff, jaicket.
c. Wash, haunds.
d. Tak, a day aff.

5. How do you express the following in Scots?
a. The others had already eaten breakfast even before I got downstairs.
b. The grass had been needing cutting for far too long.
c. Have we enjoyed ourselves today? We certainly have!
d. I suspect John's gone slightly daft, forgetting his camera like that.
e. We haven't had anything to eat, the whole morning.
f. They used to see one another most days, but now he's got a new job he hasn't had so much time for her.

25
HASTE YE BACK!

Come again soon!

IN THIS UNIT YOU WILL LEARN:

- more about expressing 'can', 'could', 'may' and 'might' in Scots
- about negating these modal verbs
- about expressing the relative 'which'
- about discussing the weather in Scots

SPEIK

At the end of their visit to Scotland, the time has come for John, Helen and Jean to go home. Dauvit and Alexandra have come to see them off at Glasgow Airport.

Alexandra Weel, ye'v a lang flicht aheid o ye, an a gey dreich day for 't. It's jist smirr the noo, bit A think it cud weel snaw, ye ken.

John Ay, ye nivver ken. Mind, it can be dingin doon alow the cluds, bit as suin as ye win abuin them it's bricht sunshine. Sae lang as the plane can tak aff, we're aw richt!

Dauvit It's aye a lang flicht. Hiv ye oniething tae keep ye oot o langour?

Jean Och, it wadna be hard tae thole. We like fleein, div we?

John Ay, fleein's the wey tae traivel. Whan ye're hine up in the lift, it's lik ye can see the haill warld. It's bonnie, an lown.

Dauvit Ye'll hae us wushin we wis comin wi ye, if ye speik lik thon!

Helen Weel, ye'll jist hae tae aw come an veisit us sometime. Whaur are you gaun yer holidays this year? Ye cud come ower for Midsimmer – whit wad ye say tae that?

Dauvit We micht weel jist dae that, ye ken, bit it aw hings on whan I can get a lang spell aff ma wark, an that's nae aye easy tae dae. Forby that, we'd be delitit!

John Weel, we'd better awa noo. A canna thank ye eneuch for awthing ye'v duin for 's.

Helen John's said it aw. Thank ye for awthing.

Alexandra Nae bather, come agane suin!

Dauvit Ay, nae bather at aw!

VOCABULAR

langour	boredom	tae snaw	to snow
smirr	drizzle	tae thole	to bear, stand
tae delite	to delight	dreich	dismal
tae ding	to pelt	lown	tranquil
tae flee	to fly	hine	*see below*
tae hing	to hang	alow	below

NOTES ON THE VOCABULAR

1 Delite

The equivalent in English is 'delight' and it would be easy to jump to the conclusion that the Scots word is 'delicht', as that is what the regular pattern for words ending in '-ight' would imply. However, the Scots word is actually **delite**.

2 Ding

When one speaks of **dingin doon rain** or **dingin doon snaw**, this is the equivalent of 'pelting down' in English.

3 Flee

As well as denoting the action of flying, this word is also used to refer to the insect, the fly. A point to note is that whereas a <u>fly</u> in Scots is a **flee**, a <u>flea</u> in Scots is a **flech**.

4 Hing

In English, there are two options for the past tense/participle of 'hang' – that is, 'hanged' or 'hung' – according to whether what is meant is a judicial hanging or otherwise. **Hung** is the same in Scots, but the equivalent of 'hanged' is **hingit** or **hingd**.

5 Thole

A common way in Scots of saying 'I can't stand X' is to say **A canna thole X**, and another is **A canna be daein wi X**. Note that **tae thole** carries the suggestion of bearing or enduring something *willingly*. The word used to express the idea of enduring something *unwillingly* is **tae dree**.

6 Hine

This is a word that is difficult to translate, and worth explaining in some detail. It is sometimes translated as 'far', and the two words do match *to some extent*, but not exactly. The real meaning of hine is 'as far as possible, or as matters, in the given situation'. Thus, if someone giving directions says **gang hine doon the street**, the listener is being told to go all the way to the end. In the dialogue above, **hine up in the lift** means 'high up in the sky'.

Lastly, note that **hine** is an *absolute* and to qualify it with an adverb of degree, such as in 'sae hine' or 'gey hine', would be an error.

LANGUAGE PATTRENS

1 'Can' and 'could', 'may' and 'might'

As was explained above, the past and conditional tense of **can** is **cud**. The negative forms of these are **canna** and **cudna**, and for questions the usual pattern is followed: that is, 'can't you?' is **can ye no(nae)?** and 'couldn't you' is **cud ye no(nae)?**

There is a slight complexity in expressing the English verb 'may' in Scots. The past/conditional form of 'may' is 'might', and although 'might' is expressed in Scots as **micht**, there is no direct equivalent of 'may' itself. To express 'may' it is necessary to use either **can** or **micht**, depending on which is more appropriate in the context. In Scots, the word **Mey** denotes *only* the month of May. The negative form of **micht** is **michtna**, meaning 'mightn't', and an alternative to **micht** that may be heard from some older speakers is **mith**. The meanings of **micht** and **mith** are exactly the same.

2 Negating modal verbs

There is an important distinction between Scots and English to note regarding the negation of the modal verbs **can/cud** and **micht**. In English, any negation following a modal verb such as 'could' is taken as being *of the modal verb itself*, and this remains so irrespective of any contraction involved. Thus, the meaning of the following two English sentences is exactly the same:

You couldn't go.

You could not go.

If it is desired to negate 'go' rather than 'could', then the statement has to be made in other terms, as in for example:

You could refrain from going.

You could avoid going.

You could just not go.

On the other hand, in Scots, there is a difference in the form of negation according to whether the negative particle -na is introduced, *or* no(nae) is introduced as a word in its own right. This has a corresponding distinction in meaning: thus, in Scots, the following statement corresponds to both of the *first* pair of statements given above:

Ye cudna gang.

whereas the statement below with **no(nae)** corresponds to all of the *second* group of three statements.

Ye cud no(nae) gang.

The crucial point to note here is how a change in the form of negation alters the entire meaning of the sentence.

As a final point about modal verbs, for an explanation of the construction heard in some areas known as a 'double modal', see Appendix C.

3 Relative use of 'which'

In English, 'which' can introduce a relative clause referring to a single noun, and used in that way it is interchangeable with 'that' (and 'who' or 'whom', if the noun is a person). For example:

> She gave birth to a healthy son, which they named Robert.
> She gave birth to a healthy son, that they named Robert.
> She gave birth to a healthy son, whom they named Robert.

are all different ways of making the same statement. On the other hand, in a similar statement in Scots, **that** is the only option available as an equivalent to any of these.

> **She gied birth tae a healthy son, that they cawd Rab.**

However, in English 'which' can introduce a relative clause referring to an earlier statement *in its entirety*, and in this sense it is *not* interchangeable with any other word. For example:

> She gave birth to a healthy son, which pleased everyone.

The equivalent in Scots of 'which' used in *this* way is **an that**[33]. Thus, the above statement would be expressed in Scots as

> **She gied birth tae a healthy son, an that pleased awbodie.**

Another notable *but unrelated* use of **an that** is as an equivalent to 'and so on' or 'etc', usually at the end of a sentence. For example:

> **Are ye gaun doon the toon for yer messages, an that?**
> Are you going downtown for your shopping, and so on?

---

[33] In less recent Scots, the word **whilk** may be encountered as an equivalent to 'which', but this word is no longer used in everyday conversation, with the constructions above being used instead. The use of **whilk** in conversation nowadays is a sign of someone who has learned Scots by studying older literary texts!

GUID TAE KEN

Snaw mannie, snaw mannie, ding doon snaw;
Ding doon hunners, an A'll catch them aw. (children's rhyme)

Although Scotland has many attractions for visitors from other countries, one thing that is never certain is the **wather** (weather), which changes very often and very quickly. For that reason, the weather is a frequent subject of everyday conversation, and there is a range of Scots vocabulary used in discussing it.

While ordinary **rain** is the same in Scots as in English, drizzle is **smirr**, and in **jeelin cauld** (freezing cold) weather, rain falls as **hailstanes** (hailstones). When it rains, there may be **thunner an lichtnin** (thunder and lightning), and a sudden **doonpour** (downpour) accompanied by these is a **thunner plump**. Lightning is also known in Scots as **fireflaucht**. The **win** is the wind, and a sudden squall of wind and rain together is a **bluffert**. A piercing, biting wind is described as **a snell win**, and a day of cold, wet, windy weather is described as **a raw day**.

In **wunter** (winter), but potentially at any time from September to June, there may be **snaw** (snow), although most often it will quickly melt to **slush** and then **snaw bree**, the even wetter stage before complete liquefaction. Real **frost** *is* mostly confined to winter, December to March.

The weather in **airlie spring** or **ware** is particularly changeable, and can alternate between wintry and finer weather several times in the same day! However, **late spring** is usually a different matter, and May is often one of the most reliable times of year for fine, settled weather.

The **hettest** (hottest) weather, not surprisingly, tends to occur in **simmer** (summer), especially in July and August, although this cannot be relied on completely. Some years, fine weather extends well into September and even into October, and when this happens it is known as an **Indian simmer**. When **autumn** or **hairst** (literally, 'harvest') comes, the transition into winter tends to be more even, with fewer of the sudden alternations that tend to occur in spring.

Uncomfortably humid weather can occur in Scotland at any time of year, and then the weather is said to be **close** or **mochy**. Another thing that can occur is **mist** or **fog**, and the fog from the sea found particularly on the east coast is known as **haar**.

EXERCEISES

1. Read the following questions aloud and answer them *in Scots*, based on the dialogue at the beginning of the lesson.

   a. Whit dis Alexandra think the wather is gaun tae dae?
   b. Whit dis John think is likelie insteid?
   c. Is it a short flicht hame for them aw?
   d. Whit dis Helen think that Dauvit an Alexandra shid dae this year for their holidays?
   e. Whit's the maist likelie thing tae keep them fae daein it?

2. How do you express the following in Scots?

   a. You could not eat anything more.
   b. You could refrain from eating anything more.
   c. You might not see the truth in front of you.
   d. You might avoid seeing the truth in front of you.
   e. I can't stand that guy!
   f. As I was looking at the river, a fish jumped clean out of the water.

3. How do you express the following in Scots?

   a. He sold the dog which annoyed his wife so much.
   b. He sold the dog, which greatly pleased his wife.
   c. She went on a long holiday which cost her two thousand pounds.

d. She went on a long holiday, which was why no-one had seen her for three months.

e. It's so humid today, that I hope we get a downpour to clear the air.

f. The wind and rain have died down, and it's a fine, dry, clear day for the harvest.

4. Describe *in Scots* a little about a place that you would like to travel to. Explain the attraction that it holds for you, and what the climate there is like.

KEY TAE THE EXERCEISES

Unit 1

1 *(a)* A'm nae baud at aw. *(b)* Whit like yersel? *(c)* It's a bonnie day the day. *(d)* A'm sorry, whit did ye say? *(e)* A'll awa noo, see ye efter. 2 *(a)* It's a bonnie day. *(b)* She's on the wey hame. *(c)* She's gettin the messages. *(d)* Jist rare, aw o them. *(e)* She's nae baud at aw. 3 *(a)* Thon's a hoose. *(b)* This is a licht. *(c)* Thon's a brig. *(d)* This is a flee. *(e)* Thon's a lum. *(f)* This is a glaiss. 4 *(a)* Whit like the day? *(b)* Is the bairns on their wey hame? *(c)* Ma hoose his stane was, glaiss windas, an a lum. *(d)* That's ane o ma bairns. *(e)* A'm gettin some aipples.

Unit 2

1 *(a)* It's guid tae see ye. *(b)* Whit are ye daein in Pairth? *(c)* A'm here for a buik exhibeition. *(d)* Whit are ye daein the nicht? *(e)* A'm awa tae Edinburgh the morn. *(f)* Hae a rare time! 2 *(a)* They're in a restaurant. *(b)* She's there for the exhibeition, 'Saftware for Sma Businesses'. *(c)* He's awa tae New York the morn. *(d)* Naw, jist for a nicht. *(e)* He's awa for business. 3 *(a)* Thon? Thon's stanes. *(b)* This? This is spuins. *(c)* Thon? Thon's aipples. *(d)* This? This is leafs. *(e)* Thon? Thon's glaiss jaurs. *(f)* This? This is flooers. 4 *(a)* Whit are ye daein here? *(b)* That fowk's here for the nicht, oniewey. *(c)* A'm awa tae Peterheid first thing the morn. *(d)* A'm nae at hame here. *(e)* Whit's the quickest wey tae Dundee? *(f)* That's

nae the quickest wey at aw. 5 *(a)* He's nae that! *(b)* A'm nae that! *(c)* They're nae that! *(d)* He is that! *(e)* Ye're nae that! *(f)* She's nae that!

Unit 3

1 *(a)* Whaur are ye wirkin? *(b)* Whit kin o job dae ye hae? *(c)* Whit dae ye dae at yer wark? *(d)* Dae ye like whit ye're daein? 2 *(a)* He wis a dominie. *(b)* It's in a supermaircat. *(c)* He's in chairge o the day-tae-day accoonts an the peyroll. *(d)* Naw, it's the new ane that's nae sae stressfu. *(e)* He's wirkin in the office. *(f)* It's jist as ye come intae the toon. 3 *(a)* Whas is that buiks? *(b)* Whit kin o job dae ye dae? *(c)* Whaur dis that fowk wirk? *(d)* Whas is that bairns? *(e)* Haein a ferm is gey hard wark. *(f)* A'm awa tae the supermaircat tae get ma messages.

Unit 4

1 *(a)* He's meetin them at Glesca Airport. *(b)* Jean an Gordon is maths students. *(c)* John Thomson's ahint Dr Young. *(d)* His wife an son, Alexandra an Gordon, is there wi him. *(e)* They hid a guid journey. *(f)* Naw, they're there for their holidays. 2 *(a)* Naw, you're the best teacher. *(b)* Naw, I'm the youngest in the faimilie. *(c)* Naw, oor faither is the postie. *(d)* Naw, hir glaisses is in the case. *(e)* Naw, I'll close the winda. *(f)* Naw, we keep a dog. 3 *(a)* Thon twa lassies is new in the toon, are they nae? *(b)* Yer mither's a teacher, is she nae? *(c)* A'm late this

mornin, am A nae? *(d)* We're at the doctor's hoose, are we nae? *(e)* They're the fermer's bairns, are they nae? *(f)* Thon anes is Jean's, are they nae? 4 *(a)* Ma sisters is bidin in Glesca. *(b)* Ma brither is mairriet tae a fermer's dochter. *(c)* Whit like wis yer journey fae Aiberdein? *(d)* Is that hir faither, gettin oot o the caur? *(e)* Is yer wifes nae wirkin the morn? *(f)* Whas man is that? *(g)* Dis oor postie nae come the day? 5 (example answers) *(a)* Hello, whit like? Ma name's X. *(b)* A'm fae Scotland: whaur are ye fae yersel? *(c)* This is Y: we bide in Glesca. *(d)* A wirk as a saftware ingineer: whit dae ye dae yersel? *(e)* It wis rare meetin ye.

Unit 5

1 *(a)* He's awa tae the shop. *(b)* He's wantin a paper. *(c)* She's nae wantin tae forget hir camera. *(d)* She reads it fae a fax fae the hotel. *(e)* It's ahint the larrie. *(f)* She sees it in the side pootch o a bag. 2 *(a)* Whit's the bairn wantin? She's wantin an aipple. *(b)* Whit's the fermer wantin? He's wantin a larrie. *(c)* Whit's thon mannie wantin? He's wantin his buik back. *(d)* Whit's the doctor wantin? She's wantin a new hoose. *(e)* Whit's the fermer's son wantin? He's wantin some guid claes. *(f)* Whit's this bodie wantin? He's wantin tae see oor toon. 3 *(a)* Whit's ma caur needin? It's needin fillt wi petrol. *(b)* Whit dis that faimilie need? They need a bigger hoose. *(c)* Whit's that lassie needin? She's needin a new jaicket. *(d)* Whit's the winda needin? It's needin new glaiss. *(e)* Whit's the lad needin? He's needin his glaisses fae his pootch. 4 *(a)* A'v veisitors comin the

morn. *(b)* Ma freends an neibours aften wants tae drap in. *(c)* Wha's that letter in yer pootch fae? *(d)* Lat me gie ye a haund wi yer cases. *(e)* Whit are ye wantin fae me? *(f)* Is he nae carin whit happens tae his faimilie?

Unit 6

1 *(a)* Fae the sma case, she's needin hir white shuin. *(b)* It's anaith John's sarks. *(c)* He chaps the door. *(d)* He comes in the efternuin. *(e)* They wis doon-the-stair. *(f)* It's on the wa ower the bed. 2 (example answers) *(a)* The sarks is in the press. *(b)* The shuin's there aside the bed. *(c)* The sma case is wi the big ane. *(d)* Wha's at the winda? *(e)* A see the hoose ower the wa. *(f)* Dauvit's in the room aside us. 3 (example answers) *(a)* Whaur's Helen? *(b)* Whaur's ma green dress? *(c)* Whaur's Helen an John's room? *(d)* Whaur's John? *(e)* Whaur's the bairns? *(f)* Whaur's Helen's case? 4 *(a)* Dae up yer pints! *(b)* There wis hir, doon-the-stair. *(c)* Come awa in an tak yer jaicket aff. *(d)* Somebodie's chappin the door. *(e)* Helen an me's needin wur cases fae the press. *(f)* Did ye mind tae bring yer gray breiks?

Unit 7

1 *(a)* He bides in Dowanhill. *(b)* John taks Dauvit's coat. *(c)* He pits it on the bed. *(d)* Helen his a glaiss o dry sherry. *(e)* It's awricht, bit a bittie dear. *(f)* Naw, they're bidin at Dauvit's. 2 *(a)* Ay, bit mine disna. *(b)* Ay, bit mine dis. *(c)* Ay, bit mine is. *(d)* Ay, bit mine's nae. *(e)* Ay, bit mines is nae. *(f)* Ay, bit mines is. 3 *(a)* Ay, an yours isna. *(b)*

Ay, an yours is. *(c)* Ay, an yours is. *(d)* Ay, an yours isna. *(e)* Ay, an yours isna. *(f)* Ay, an yours isna. 4 *(a)* That's the fowk that A'm buyin their hoose. *(b)* Buchanan awmaist scores wi a heider, bit the baw stots fae the baur an lands aff the pairk. *(c)* Mind an caw us afore ye awa. *(d)* A mindit tae bring my cases, bit nae your anes. *(e)* Is Helen's shuin there wi John's? *(f)* Whas is this?

Unit 8

1 *(a)* He his John, Helen an Dauvit's drinks. *(b)* Naw, they're baith the same. *(c)* Naw, he pits them on their bill. *(d)* She his them in hir haundbag. *(e)* Jist aboot a fortnicht. 2 *(a)* We hinna onie holidays tae tak. *(b)* The press hisna onie claes in it. *(c)* Ye hinna onie explainin tae dae. *(d)* The bed hisna onie shuin anaith it. *(e)* Thon drawer hisna onie matches in it. 3 *(a)* His that drawer oniething in it? *(b)* His this muckle case claes in it? *(c)* His their hoose a gairden? *(d)* His yer glaiss onie whuskie in it? *(e)* His hir bag onie claes in it? *(f)* Hiv A time tae bide a whilie? 4 *(a)* The meal costs fortie-five pound thertie-wan awthegither. *(b)* They'v twa hooses – ane in Edinburgh an ane in Portree. *(c)* Dae ye nae hae twintie pound on ye? *(d)* Gie ane tae me an twintie-wan tae the ither fowk/anes. *(e)* A bodie nivver kens whit tae say at times lik this. *(f)* Whas is this? 5 *(a)* There's ae man at the door. *(b)* There's ae jaicket in ma case. *(c)* We'v ae bedroom in the hoose. *(d)* A'v pit ae licht in the winda. *(e)* They'v ae dochter in Sydney. *(f)* The toon his ae hotel.

Unit 9

1 *(a)* The nummer fortie-fower gangs tae Dauvit's. *(b)* Naw, they dinna nooadays. *(c)* They're there their holidays, jist like John an Helen. *(d)* Dauvit's gaun tae come in his caur an gie them a hurl. *(e)* He bides aboot twa mile awa. *(f)* Naw she's nae, she's in hir ain room. 2 twintie-echt; echtie-twa; echtie-three; thertie-seiven; seiventie-fower; fortie-sax; saxtie-five; twa hunner an echtie-nine; ae thoosand, nine hunner an seiventie-twa; twa thoosand, fower hunner an echtie-fower; sax thoosand, twa hunner an ninetie; echt thoosand, three hunner an fiftie-echt. 3 *(a)* A'm gaun tae ma bed noo. *(b)* We're gaun awa tae hae wur tea. *(c)* Whit time are ye wantin yer brakfast? *(d)* Whaur are they gaun their holidays? 4 *(a)* A wis gled tae see ma freends whan A wis needin a hurl. *(b)* She's richt weel acquant wi ilkane o them. *(c)* Come in aboot tae the licht, A'm wantin tae see yer new jaicket better. *(d)* We wis gled tae see them gaun awa sae suin. *(e)* Ye can hae the lave o the meal later. *(f)* Awa oot o here!

Unit 10

1 *(a)* He's readin the paper. *(b)* Ay (bit nae for a lang time). *(c)* They wis last there five year syne. *(d)* Naw, nae muckle – it's jist aboot ready. *(e)* He's gaun tae be sittin wi Jean. *(f)* Their denner's ready, bit he's nae! 2 *(a)* It's you that she sees. *(b)* It's that picters that A'm buyin. *(c)* It's us that he's haein for wur tea. *(d)* It's you that they're takkin hame. *(e)* It's me that

ye're pittin aff ma denner. *(f)* It's Dauvit's mither that A saw the nicht. 3 *(a)* Helen dis ken aboot Scottish historie. *(b)* Gordon dis tak braw picters. *(c)* We div bide in wur ain hoose. *(d)* They div hae twa dochters. *(e)* Ye div ken whit A mean. *(f)* A div gie them a hurl hame. *(g)* He dis jist dae whit he his tae dae. *(h)* It dis gang faur. 4 *(a)* Whit wey did that caur nae stop at the traffeck lichts? *(b)* A dinna ken whuther tae dae this or nae. *(c)* A div ken that it wadna be easy. *(d)* This toon minds me on whaur A gaed ma holidays three year syne. *(e)* Gordon's gaun awa tae meet the guests. *(f)* Wha's that comin throu the gairden? Whit wey is he nae comin alang the road?

Unit 11

1 *(a)* Jean an Gordon is playin a game o cairds, Dauvit an Alexandra is makkin the denner, an Helen is writin the letter. *(b)* It's rainin hivvie. *(c)* They're gaun for a walk alang the River Kelvin, up tae the Botanic Gairdens. *(d)* They're gaun tae Aiberdein. *(e)* Jist for a day. *(f)* They're stairtin fae Kelvingrove Pairk. 2 *(a)* Dauvit writes tae his faither ilka month, bit the noo he's nae writin. *(b)* A listen tae the radio ilka nicht, bit the noo A'm nae listenin. *(c)* John an Helen reads buiks aw the time, bit the noo they're nae readin. *(d)* The bairns plays in the gairden in the mornin, bit the noo they're nae playin. *(e)* We cuik the denner at sax, bit the noo we're nae cuikin. *(f)* They wirk fae Monanday tae Friday, bit the noo they're nae wirkin. 3 (example answers *(a)* Wha's talkin tae hir faither? Wha's she talkin tae?

(b) Wha's comin the morn? Whan's she comin? Whas dochter's comin? *(c)* Whaur's yer man gaun? Wha's gaun tae Aiberdein? Whas man is it that's gaun? *(d)* Whaur's the bairns? Wha's in the gairden? Whas bairns is that in the gairden? *(e)* Whit are ye daein in the scullerie? Whaur are ye staundin? Wha's in the scullerie? *(f)* Whan are ye wirkin? Whit are ye daein the morn? Wha's wirkin the morn? 4 *(a)* Hir an me's nae gettin mairriet efter aw. *(b)* They wis wantin a divorce a year syne, bit atweenhaund they'v gotten back thegither. *(c)* Seein as we'v twa-three days mair in Pairth, mebbe we can hae a day thegither wi'oot the bairns. *(d)* A wis ettlin tae invite him tae the waddin, bit A jist mindit efterhin. *(e)* It last raind sax days syne. bit it wis that hivvie then that the river's in spate yet the day. *(f)* Mind me tae aw yer freends in Dublin, an say that A'm ettlin tae be there nixt simmer.

Unit 12

1 *(a)* Gordon's gaun awa tae gang oot tae the shops. *(b)* Naw, Jean's gaun wi him. *(c)* John an Alexandra's makkin the denner thegither. *(d)* He's needin tae buy some ile tae his motorbike. *(e)* He's gaun tae the petrol station tae get it. *(f)* They'll be late for their denner. 2 *(a)* That flooers disna need watter ilka day. *(b)* Alexandra an John disna cairry the denner fae the scullerie. *(c)* The twa young fowk disna like broccoli. *(d)* This tatties disna tak a lang time tae bile. *(e)* Jean disna dicht hir face tae gang oot. *(f)* The denner ye're makkin disna smell guid. 3 *(a)* Dis the bairns play in the gairden? *(b)* Dae ye mind

hoo tae stairt a motorbike? *(c)* Dis Gordon ken whaur tae get ile? *(d)* Dis she think she kens it aw? *(e)* Dis the ingans gang weel wi deuk? *(f)* Dis yer man come fae Glesca? 4 *(a)* Dae ye nae keep yer caur oot in the garage? *(b)* Dae A nae leuk awricht for gaun oot? *(c)* Dis Jean nae pit hir coat on tae gang oot? *(d)* Dis the sales nae stairt the morn? *(e)* Dis the wifies nae cairry the bairns? *(f)* Dae we nae dicht the table efter wur denner? 5 *(a)* Mind an buy ingans an aw, nae jist garlic an size. *(b)* Mind an nae owerbile the tatties. *(c)* Dinna pit onie mair ile in the mushrooms, they're nae needin it. *(d)* Whan ye flit, are ye ettlin tae sell the cairpets alang wi the hoose? *(e)* Ma flat his twa bedrooms, a front room, a scullerie, a bathroom, a wee gairden an its ain front door. *(f)* The timmer o this haill hoose is rotten, fae the dunnie tae the laft.

Unit 13

1 *(a)* Friday nicht. *(b)* The scullerie. *(c)* Alexandra. *(d)* Aince a weik. *(e)* Videos. *(f)* Naw, it's an auld ane. *(g)* For ordinar, he gangs on the motorbike. 2 *(a)* It wis rainin hivvie. *(b)* She leukit in hir mirror, cannie-like, afore drivin awa. *(c)* The hoose wis pairt birnt in the fire. *(d)* He thocht lang afore decidin whit tae dae. *(e)* The licht wis shinin bricht oot fae the winda. *(f)* The radio wis playin lood up-the-stair. 3 *(a)* A didna gang the messages at aw on Seturday. *(b)* It's nae guid tae eat sae quick. *(c)* Whit wey wis this duin sae baud? *(d)* It raind hivvie an aften fae Februar tae Aprile. *(e)* A div like tae gang tae the picters whilies,

bit for ordinar A like the theatre better if it's duin skeelie-like.

Unit 14

1 *(a)* She's wantin breid. *(b)* Naw, it's nae – there's a yella line there. *(c)* She disna that. Gordon his tae len hir ten pound. *(d)* It belangs tae Dauvit. *(e)* The latest time is echt in the mornin. *(f)* He his tae shift the caur. 2 *(a)* Can A get a len o twintie pound fae ye, seein as A'v tae gang the messages? *(b)* A can be owe ye it until pey day. *(c)* Can ye buy twa pund o aipples tae me? *(d)* It maks nae odds whit it costs, A'm wantin it. *(e)* A'm sayin, A'm wantin a loaf o haillmeal breid. Can ye pit it on ma slate? *(f)* Dinna tell them A'll see them efter. A dinna ken hoo muckle time A hae.

Unit 15

1 *(a)* Naw, an he's needin tae gang tae the baunk. *(b)* They're gaun tae Aiberdein, an forby John's owe Jean for some films. *(c)* They're bidin wi Dauvit an his faimilie, an it's nae costin oniething. *(d)* It's a busy time an the queues is ower lang. *(e)* They decide tae gang efter their denner. There's plenty time then, an its nae sae busy. *(f)* He his tae write oot some cheques. 2 *(a)* Dae ye hae monie freends overseas? *(b)* Dis she hae monie roses in hir gairden? *(c)* Dae we hae muckle time afore we gang? *(d)* Is there monie mair fish in the sea? *(e)* Dae A hae muckle tae dae the nicht? 3 *(a)* She's nae needin muckle time. *(b)* She disna write monie letters. *(c)* We're nae spendin muckle siller. *(d)* There's nae monie fowk ootside. 4 *(a)*

She's nae writin monie letters. *(b)* We're nae spendin muckle siller. *(c)* He's nae writin oot monie cheques. *(d)* There's nae monie fowk ootside. 5 *(a)* Ye read ower muckle o the papers. *(b)* We're spendin ower muckle siller. *(c)* He writes ower monie cheques. *(d)* There's ower monie fowk here. 6 *(a)* A'll nae be there on the chap o nine, bit A'll be there at the back o 't. *(b)* A'll see ye the morn's forenuin. *(c)* Whit's the time? It's jist efter hauf-fower. *(d)* It's efter midnicht an A'v nae muckle time left, sae A'v tae say 'guidnicht' noo. *(e)* There wis a curn young fowk ootside the baunk. *(f)* Lat me hae the parteicularities o yer accoont, an A can mak the peyment on yer behauf.

Unit 16

1 *(a)* The scullerie biler. *(b)* Twa – a flat in the city an a holiday cottage in the country. *(c)* Wuid. *(d)* It's dearer whaur Helen an John bides. *(e)* Forby the muesli an coffee, she's haein a piece an jeelie. *(f)* She taks it black. 2 (example answers) *(a)* It's twintie fit fae here tae the hoose. *(b)* The gairden's fiftie yaird lang. *(c)* It's a hunner mile tae Glesca. *(d)* A'm bidin ten days in Aiberdein. *(e)* It's twa weiks noo till the end o term. *(f)* It taks me thirteen saiconts tae dae a hunner yaird. *(g)* A'm buyin sax gallon o petrol. *(h)* This larrie weys ten ton. *(i)* A'm wantin seiven pund o tatties. *(j)* This room is three hunner an twintie square feet. *(k)* Ma new hoose cost a hunner an thertie thoosand pound. 3 *(a)* For aw that we hid nae siller, we got whit we was wantin. *(b)* Can A hae twa pund o bananas, twa pints o mulk, an ane o

thon fancy pieces? *(c)* There wis ten hard miles yet tae gang tae Braemar, an it felt lik mair. *(d)* The cooncil tax on ma hoose is a thoosand, twa hunner pound a year. *(e)* Hoo monie years wis ye at the saicontarie scuil, an hoo monie at the varsity? *(f)* Whit are ye wantin in yer piece the day?

Unit 17

1 *(a)* Helen's waukent first. *(b)* He his a watch. *(c)* She gies him a push. *(d)* She disna onerstaund, cause she hid the same late nicht that he hid. *(e)* He's wantin tae sleep quate for anither oor. *(f)* The smell o brakfast waftin up-the-stair. 2 *(a)* Ay, bit the Thomsons' is caulder. *(b)* Ay, bit Aiberdein is faurther. *(c)* Ay, bit Helen's wis reider. *(d)* Ay, bit Alasdair's quater. *(e)* Ay, bit thon ane's langer. *(f)* Ay, bit yesterday wis waurse. 3 *(a)* Ay, bit Glesca's the best o them aw. *(b)* Ay, bit Argyle Street's the thrangest o them aw. *(c)* Ay, bit hydrogen's the lichtest o them aw. *(d)* Ay, bit Evelyn's the smaest o them aw. *(e)* Ay, bit walkin's the shuirest o them aw. *(f)* Ay, bit Dauvit's the maist guidwullie o them aw. 4 *(a)* A div like white wine, bit A like reid faur better. *(b)* The day stairtit quater nor the ane afore. *(c)* Noo she wis leukin at him even mair cauldlie. *(d)* We wis aw wantin tae see wha wis gaun tae play the maist skeelie. *(e)* A bodie needs tae drive cannier whan it's icy.

Unit 18

1 *(a)* They gaed for a daunder. *(b)* Naw, it wis dubbie an skitie. *(c)* There wis warks gaun on, an the door wis

lockit. *(d)* It wis the last thing they did afore they cam awa. *(e)* Naw, they stopt tae eat on they wey. *(f)* They fair enjoyd it! 2 *(a)* A washt it yesterday. *(b)* A shiftit them yesterday. *(c)* A tried them yesterday. *(d)* A tuik a len o 't yesterday. *(e)* A gied them awa yesterday. *(f)* A bocht some yesterday. 3 *(a)* Ye stairtit it yesterday. *(b)* Ye wir *(or wis)* wantin it yesterday. *(c)* Ye listent tae it yesterday. *(d)* Ye gaed there yesterday. *(e)* Ye brocht them yesterday. *(f)* Ye thocht aboot it yesterday. 4 *(a)* Did ye nae buy a jaicket? *(b)* Did she nae think it wis John? *(c)* Did ye nae sell yer hoose? *(d)* Did ye nae come fae Aiberdein? *(e)* Did they nae bide in Dunbar? *(f)* Did ye nae ken his mither? 5 *(a)* A did like the white wine, bit A likit the reid faur better. *(b)* She haudit the glaiss in hir left haund, an fillt it wi the richt ane. *(c)* The rain spile't wur day-trip tae Ayr. *(d)* He tried tae lowp ower the gairden wa, bit skitit in the dubs an landit on the girse. *(e)* He drunk the watter, drouthie-like. *(f)* He stuid for a meintie leukin back, syne he got intae the caur an drave awa.

Unit 19

1 *(a)* Something byordinar happent. *(b)* Naw, they didna ken him. *(c)* Naw, it wisna the Polis. *(d)* He slowd doon, pult in tae the side o the road, an stoppit. *(e)* He speirt whaur Helen an John hid their denner. *(f)* She forgot hir haundbag. *(g)* The haundbag hid aw hir valuables in it. 2 *(a)* She thocht ye wis Scottish. *(b)* A kent they gaed tae thon pub. *(c)* We kent ye sat in this corner. *(d)* He said ye drave gey fast.

(e) She kent they left hame at echt. *(f)* A wis hopin he wis at the station. 3 *(a)* A waitit for you, bit didna wait for Tam. *(b)* A bocht the sugar, bit didna buy the mulk. *(c)* A left the hotel, bit didna leave the toon. *(d)* A brocht the caur, bit didna bring the siller. 4 *(a)* We hid a guid holiday. *(b)* A kent ye wis there. *(c)* He gaed wi them. *(d)* He gied me plenty o time. *(e)* They stairtit wark at nine. *(f)* The dog cam richt awa. 5 *(a)* Whan he bood doon tae speir the wey throu the caur winda, A wis dumfoonert tae see there wis naebodie wi him. *(b)* Seein as we dinna hae the siller tae flee tae Aiberdein, we'll hae tae get it fae somewey. *(c)* Whit's adae? A'm aye switherin as tae whuther tae tak the train an see the sichts, or flee an arrive quicker. *(d)* Awbodie wis aye dumfoonert at the sicht o military jets fleein pell-mell doon the glen, jist ower their heids. *(e)* We cudna see a bus gaun tae Pairtick, oniewey in the middle o toon. *(f)* We wis forfochen an wis wantin tae see whuther the approachin caur wad gie us a hurl, bit the driver stoppit till us oniewey.

Unit 20

1 *(a)* He's jist been seein John, Helen an Jean ontae their train tae Aiberdein. *(b)* She gaed awa tae ane o the station shops. *(c)* She wis wantin some fruit an a paper. *(d)* It sat an gaed naewey for quarter o an oor. *(e)* They decide hoo they're gaun tae spend that efternuin. *(f)* Helen an Jean's gaun intae the toon. *(g)* John's nae feelin weel: his neb's rinnin an he his a sair thrapple. 2 *(a)* A'll help ye. *(b)* Ye maun tak yer jaicket. *(c)* She'll play the piano. *(d)* We

maun wait for him. *(e)* Ye'll be needin yer umbrella. *(f)* A'll rin doon tae the shop. 3 *(a)* They wunna be here the nicht. *(b)* A wunna buy thon buik. *(c)* They wunna speik French. *(d)* We needna gang there agane. *(e)* Ye needna bring yer raincoat. *(f)* Ye needna tell us awthing. 4 *(a)* ...an we'll eat here the morn. *(b)* ...an we'll speik tae them agane the morn. *(c)* ...an she'll write it agane the morn. *(d)* ...an we'll aw be wabbit agane the morn. *(e)* ...an he'll drink naething agane the morn. *(f)* ...an he'll wauken then agane the morn. 5 *(a)* A'll lippen tae ye nae tae loss sicht o whit's gaun on. *(b)* Wull ye nae stop snocherin? Yer cauld's nae that baud. *(c)* Ye maunna tell awbodie that A'm gaun there ma lane. *(d)* That auld mannie isna jist fuil, he's doonricht raivelt!. *(e)* We maun be catchin up, A can see them aheid whaur A cudna afore. *(f)* She tuik the kink-hoast as a bairn, an wis that nae weel that she wis aff the scuil for a month.

Unit 21

1 *(a)* It's in His Majesty's Theatre. *(b)* They hae tae turn left, alang Union Terrace. *(c)* Ye hae tae gang doon Union Street, an turn left alang Union Terrace afore the railwey brig. Syne, ye haud roond tae the richt whaur the road divides faurther alang, an whan ye come tae be forenent the theatre ye turn richt agane. The Airt Gallery's on the left, efter aboot anither twa hunner yaird. *(d)* Ye can win throu tae the theatre baur. *(e)* He plays the hairp. *(f)* She's leukin at the wrang mannie. 2 *(a)* Whit cauld the watter wis! *(b)* Whit bonnie the picter is! *(c)* Whit lang the

concert wis! *(d)* Whit hungert Jean wis! *(e)* Whit dear the tickets wis! *(f)* Whit late he cam! 3 *(a)* John's sate is fair handy for the baur! *(b)* A'm fair wabbit the noo. *(c)* Geordie fair leuks different wi gray hair. *(d)* A'm fair hungert. *(e)* Geordie fair plays the hairp weel. *(f)* Jean fair kens hir wey in Aiberdein. 4 *(a)* Whit a claes in the press! *(b)* Whit a burds in thon tree! *(c)* Whit a buiks on the table! *(d)* Whit a picters on the wa! *(e)* Whit a fowk at the door! *(f)* Whit a new hooses ower there! 5 *(a)* Ye fair ken Scotland weel, div ye! *(b)* A aye think whit ugly a lot o modren airt is. *(c)* Haud gaun or ye win the end o that stey pend. *(d)* Whit a watter hid gaithert in the howe, efter the rain! *(e)* Wait or nixt weik or ye decide. *(f)* The concert a month syne wis nae baud, bit yesterday's wis rare.

Unit 22

1 *(a)* He's wantin tae walk alang the shore tae Brig o Don. *(b)* They gaed roond the back an askit tae see Geordie Watt. *(c)* It wis recordit an it wull be on the radio. *(d)* Dauvit's mither is bidin wi them. *(e)* Whan Helen, Jean an John come, they wunna hae a room tae them. *(f)* They'll ask Gordon tae sleep on the cootch – an oniewey, he micht nae even come hame, seein as it's Seturday nicht! 2 *(a)* Whit river is the langest in Africa? *(b)* Whit brig did the boat gang anaith? *(c)* Whit mannie wis the last ane tae gang awa? *(d)* Whit hoose are ye gaun till? *(e)* Whit buik wis she readin? *(f)* Whit street did ye turn intill? 3 *(a)* Shid ye nae gang there thegither? *(b)* Shid we nae pit the clock forrit the day? *(c)* Shid Helen nae tak

mair exerceise? *(d)* Shid A nae speir
hoo lang they're ettlin tae bide? *(e)* Shid
John nae ken the wey? *(f)* Shid the
concert nae be on the radio suin? 4 *(a)*
A canna bit think there shid be mair
nor this. *(b)* Whit ane o them are ye
leukin tae see the day? *(c)* Dinna fash
aboot me, an dinna bather wi him. *(d)*
Whit day is nixt weik's muisical evenin
on? *(e)* You say ye canna bit dae that,
an I say ye can. *(f)* Whit anes wis at the
universitie in Stirling, an whit anes in
Dundee?

Unit 23

1 *(a)* There's a ceilidh dance on. *(b)*
She's feart she'll weir hirsel oot, an
them haein tae be up aerlie the morn's
mornin. *(c)* She kens that the muisic
wull gar him want tae dance. *(d)* Naw,
he's pechin an oot o braeth. *(e)* He
thinks she shid be dancin wi some o the
young chiels. *(f)* She gangs awa tae
dance an echtsome reel wi ane o the
young chiels efter aw. 2 *(a)* Gin he
thocht aboot it mair, he wad
onerstaund. *(b)* Gin ye'd drive me
hame, A'd be richt gled. *(c)* If she wis at
hame, then whit wis she daein? *(d)* If he
likes whuskies, then whit ane dis he like
best? *(e)* Gin they'v time, they'll stop in
Glesca. *(f)* Did ye buy oniething, if ye
wis at the shops? *(g)* Jean wad gang tae
the dance gin John gaed wi hir. *(i)* Whit
wey did ye say naething, if ye kent whit
wis gaun on? *(j)* A'd be gey cannie, gin
I wis you. 3 *(a)* That's the wifie that
bides aside us. *(b)* It wis Dauvit Young
that met the Thomsons. *(c)* Scots that
his wi Wallace bled... *(d)* That's
somebodie that A'v kent for years. *(e)*
It wis Geordie Watt that the Thomsons

met. *(f)* Helen wis the ane that A saw
last. *(g)* Wha wull we veisit in
Aiberdein? *(h)* Wha are ye takkin tae
the dance? *(i)* Wha did ye see at the
picters? *(j)* Wha wis she writin till? *(k)*
Wha did ye sit aside? *(l)* Wha are ye
leukin for?

Unit 24

1 *(a)* She's gaun awa tae hae a shoor an
cheinge hir claes. *(b)* She's pitten them
awa in the presses an drawers. *(c)* Baith
him an Helen leukit roond the room
afore they cam awa. *(d)* She kens he'd
hae heard it drappin. *(e)* He left it ahint
in the taxi tae Dauvit Young's. *(f)* It's
on Jean's bedside table. 2 *(a)* A'v lairnt
hir it awready. *(b)* A'v haen it awready.
(c) They'v taen it oot awready. *(d)* A'v
gaen them awready. *(e)* A'v pitten it aff
awready. *(f)* We'v duin them awready.
3 *(a)* Naw, they hinna gotten it yet. *(b)*
Naw, she hisna gaen yet. *(c)* Naw, A
hinna spoken tae them yet. *(d)* Naw, he
hisna stairtit yet. *(e)* Naw, he hisna fun
it yet. *(f)* Naw, A hinna heard o him
yet. *(g)* Naw, she hisna sent them yet.
(h) Naw, she hisna tint it... yet! 4 *(a)*
A'v jist pitten aff the licht. *(b)* A'v jist
taen aff ma jaicket. *(c)* A'v juist washen
ma haunds. *(d)* A'v jist taen a day aff.
5 *(a)* The ither anes/fowk hid awready
etten their brakfast even afore I got
doon-the-stair. *(b)* The girse hid been
needin cut for faur ower lang. *(c)* Hiv
we enjoyd wursels the day? Fairlie that!
(d) A doot John's gaen a bittie fuil,
forgettin his camera lik thon. *(e)* We
hinna haen oniething tae eat, the haill
mornin. *(f)* they yuised tae see ane
anither maist days, bit noo he's gotten

a new job he hisna haen sae muckle
time for hir.

Unit 25

1 *(a)* She thinks it's gaun tae snaw. *(b)*
He thinks it's mair likelie tae be bricht
sunshine, aince they win abuin the
cluds. *(c)* Naw, it's a lang ane. *(d)* She
thinks they shid come ower an spend
Midsimmer wi hir an John. *(f)* It's aften
hard for Dauvit tae get a lang spell awa
fae his wark. 2 *(a)* Ye cudna eat
oniething mair. *(b)* Ye cud nae eat
oniething mair. *(c)* Ye michtna see the
truth in front o ye. *(d)* Ye micht nae see
the truth in front o ye. *(e)* A canna be
daein wi that chiel! *(f)* Whan A wis
leukin at the river, a fish lowpit hine
oot o the watter. 3 *(a)* He sellt the dog
that annoyd his wife sae baud. *(b)* He
sellt the dog, an that fair pleased his
wife. *(c)* She gaed on a lang holiday
that cost hir twa thoosand pound. *(d)*
She gaed on a lang holiday, an that wis
the wey naebodie hid seen hir for three
month. *(e)* It's that close the day, that
A'm hopin we get a doonpour tae clear
the air. *(f)* The win an rain his deed
doon, an it's a bonnie, dry, clear day
for the hairst.

ENGLISH – SCOTS VOCABULAR

a *a*
abandon, to *tae abandon; tae pit aside*
abdomen *kyte*
able *able*
about *aboot*
above *abuin*
abundance *rowth*
academic *academic*
academy *academy*
accept, to *tae accept*
access to *a wey intill; ingait intill*
accomplish, to *tae bring aboot, tae accomplish*
according to *accordin tae*
accordion *accordion*
account *accoont*
account (at a shop) *slate*
accountant *accoontant*
acre *acre*
act (v and n) *act*
active *steerin; active*
activity *daeins; ongauns; acteivity*
actually *truth be tellt; actuallie*
adder (snake) *edder*
address (v and n) *address*
adjacent *nearhaund; in aboot; side-by-side*
ado *adae*
adopt, to *tae adopt*
advance, to *tae gang forrit*
aeroplane *aeroplane*
affair *affair*
affluent *weel-aff*
afford, to *tae afford*
afraid *feart*
after *efter*

afternoon *efternuin*
afterward(s) *efterhin*
again *agane*
age (v and n) *age*
agenda *agenda*
ago *syne*
ahead *aheid*
aim (v and n, e.g in shooting) *aim*
aim (v and n, intent) *ettle*
air *wind, air*
airport *airport*
alarm *alairm*
albeit *for aw that*
alcohol(ic) *alcohol(ic)*
ale *ale*
alive *alive*
all *aw*
allow, to *tae alloo*
almond *almond*
almost *awmaist*
along *alang*
already *awready*
alright *aw richt*
also *an aw, forby*
alternate, to *tae gang back an fore*
alternative (n and adj) *alternative*
although *though*
altogether *awthegither*
always *aye*
among *amang*
amount *amoont*
amplify, to *tae amplifie*
an *an*
ancient *ancient*
and *an* (unemph), *and* (emph)
anglican *anglican*
animal *animal*

ankle *cuit*
annex (v and n) *annex*
annoy, to *tae taiver*
annual *yearlie*
another (adj) *anither*
another (n) *anither ane*
answer (v and n) *answer*
any *onie*
anybody *oniebodie*
anyone *oniebodie*
anything *oniething*
anyway *oniewey*
anywhere *oniewey; oniewhaur*
apart *apairt*
apartment *flat*
apartment block *tenement*
apostrophe *apostrophe*
appeal (v and n) *appeal*
appear, to *tae kythe*
appearance *kythin*
appearance (look) *cast*
apple *aipple*
apply, to *tae apply*
appoint, to *tae appint*
appointment *appintment*
appropriate (adj) *richt, fittin*
approve, to *tae appruive*
aquaculture *fish-fermin*
area (region) *airt*
area (size) *area*
argue, to *tae airgue*
argument *airgument*
arise, to *tae arise* (pt *araise*)
arm *airm*
armpit *oxter*
army *airmie*
around *aroond*
arrange, to *tae arrange*
arrangement *arrangement*
arrive, to *tae arrive*

arrogant *big-heidit*
arrow *arra*
art *airt*
article *airticle*
artificial *airtifeicial*
as *lik, as* (see **LANGUAGE PATTRENS**, Unit 19)
as if *lik*
ask, to (inquire) *tae speir at*
ask, to (request) *tae ask*
askew *squint*
asleep *sleepin*
asparagus *sparagras*
aspect *aspect*
associate, to *tae associate*
association *associe*
astonish, to *tae dumfooner*
at *at*
attend, to *tae attend*
attic *laft*
attract, to *tae draw, tae attract*
attraction *attraction*
attractive *attractive*
auction *rowp*
authority (countable entity) *authoritie*
authority (uncountable) *owerance*
autonomy *autonomie; hame rule*
autumn *autumn, hairst*
available *tae haund*
average *middlin, average*
avoid, to *tae jouk; tae bide awa fae*
awake, to *tae wauken*
awake (adj) *waukent*
awaken, to *tae wauken*
away *awa*
awful *awfu*
axe (v and n) *aixe*
back *back*
bacon *ham, bacon*

bad *baud* (comp *waur*, sup
   waurst)
bag *bag*; (small, e.g paper) *poke*
bagpipe *bagpipe*
balance (v and n) *balance*
ball *baw*
band *band*
bank (v and n) *baunk*
banknote *baunknote*
bar (v and n) *baur*
bar (of soap, chocolate, etc) *cake*
bard *bard*
bare *bare*
barefoot *baurfit*
bark (of a tree) *bark*
bark (v and n) *bowf*
barley *barley*
barrel *bowie*
barrelmaker *cooper*
base (v and n) *foond*
basement *dunnie*
basis *basis*
bass *bass*
bath *bath*
bathroom *bathroom*
battle *battle*
be, to *tae be* (pt *wis* or *wir*; ppt
   been)
bean *bean*
beard *baird*
because *cause*, *acause*
become, to *tae become* (pt and ppt
   becam)
bed *bed*
bedroom *bedroom*, *chaumer*
beer *beer*
before *afore*; *or*
begin, to *tae begin* (pt and ppt
   begun or *begoud*)
behind *ahint*

belief *belief*
believe, to *tae believe*
bell *bell*
belt *belt*
below *alow*
bend, to (v intr) *tae boo*
bend (v intr and n) *bend*
beneath *anaith*
berry *berry*
beside *aside*
between *atween*
beyond *ayont*
big *big*
bilberry *blaeberry*
bill *bill*
bind, to *tae bind* (pt and ppt *bund*)
bird *burd*
birch *birk*
birth *birth*
biscuit *biscuit*
bit *bit*
bit (small) *bittie*
bit (tiny) *bittick*
bitch (canine) *bick*
bitch (unpleasant woman) *besom*
bite (n) *bite*
bite, to *tae bite* (pt *bit* or *but*, ppt
   bitten or *but*)
black *black*
blackberry *brammle*
blacking, shoe- *blaik*
blemish (v and n) *blaud*
blend (v and n) *blend*
blind *blin*
block (v and n) *block*
blockade *blockade*
blond *blond*
blood(y) *bluid(ie)*
blow (v and n) *blaw*
blow (impact) *dunt*

blow (glancing) *skelp*
blue *blue*
blue-grey *blae*
blueberry *blaeberry*
bog (marsh) *bog, moss*
boil (on skin) *plook, bile*
boil, to *tae bile*
boiler *biler*
bone *bane*
bonfire *tannel, bondie*
book *buik*
boot *buit*
border *border; mairch*
bore, to *tae bore*
boredom *boredom, langour*
boring *borin, langsome*
born *born*
both *baith*
bottle (v and n) *bottle*
bottom (base) *bottom*
bottom (rump) *dowp*
bounce (v and n) *stot*
bound (v and n) *boond*
boundary *boondary*
bow (v and n) *boo*
bow (ship's) *bow*
bowl (vessel) *bowl*
bowls (the game) *bools, boolin*
box (v and n) *box*
boy *lad(die), loon(ie)*
braces *galluses*
branch *brainch*
brawny *strappin*
bread *breid*
break (v and n) *brak* (pt *bruk*,
        ppt *brukken*)
breast *breist*
breath *braeth*
breath, to *tae braethe*
brew (v and n) *brew*

bribe (v and n) *bribe*
bride *bride*
bridegroom *bridegroom*
bridge (v and n) *brig*
bridge (game) *bridge*
brief *cutty*
bright *bricht*
bring, to *tae bring* (pt & ppt
        brocht)
broad *braid*
broadcast (v and n) *braidcast*
broccoli *broccoli*
broke (having no money) *skint*
broth *broth*
brother *brither*
brow *broo*
brown *broon*
build, to *tae big; tae build*
building (n) *biggin; buildin*
bull *bul*
bullock *stirk*
burial *buirial*
burn (v and n) *birn*
bury, to *tae buirie*
business *business*
bus *bus*
busy *thrang, busy*
butter *butter*
button *button*
buy, to *tae buy* (pt and ppt *bocht*)
buzz (v and n) *buzz*
by *by*
bygone *bygaen*
cabbage *cabbage*
cake *cake*
call (v and n) *cry, caw*
calendar *calendar*
can *can* (pt *cud*)
can, tin *tin(nie)*
candle *caunle*

candy *candy*
cap *cap*
cap (flat) *bunnet*
car *caur*
card *caird*
care (v and n) *care*
careful *carefu, cannie*
carpenter *jiner*
carpet *cairpet*
carriage *cairriage*
carriageway *cairriagewey*
carrot *carrot*
carry, to *tae cairry*
case *case*
cast, to *tae cast*
cast down, to *tae ding doon* (pt
    and ppt *dung doon*)
castle *castle*
castrate, to *tae lib*
cat *cat*
category *category*
cathedral *cathedral*
Catholic *Catholic*
cattle *nowt*
causeway *causey*
cautious *cannie*
cease, to *tae stop*
celebrate, to *tae celebrate*
cement (v and n) *cement*
central *central*
centre *mid-pint; mid-pairt; centre*
century *century*
ceremony *ceremony*
certain *shuir, certain*
certificate *certificate*
certify, to *tae certify*
chairperson *convener*
challenge (v and n) *challenge*
chance (v and n) *chaunce*
change (v and n) *cheinge*

channel *channel*
charge (v and n) *chairge*
chat (n) *blether*
chat, chatter (v) *tae blether*
chatter (n) *blethers*
cheap *chape*
cheer (v and n) *cheer*
cheerful *cheery*
cheese *cheese*
cheese ('cottage') *crowdie*
cheque *cheque*
chew, to *tae chaw*
child *bairn, wean*
chimney *lum*
chip *chip*
chip-shop *chipper*
chives *size*
choice *chice*
choose, to *tae chuse*
Christian *Christian*
Christmas *Christmas, Yuil, Yuiltide*
church *kirk*
churchyard *kirkyaird*
cigarette *cigarette*
cigarette end/butt *dowt*
cinema (show) *the picters*
cinema (place) *picter-hoose; cinema*
circulate, to *tae gang roond; tae
    circulate*
city *ceitie*
city-dweller *toonser*
civil *ceivil*
class *cless*
claim (v and n) *claim*
clean (v, n and adj) *clean*
clear, to *tae clear*
clear (transparent) *clear*
clear (obvious) *patent*
climb (v and n) *clim* (pt and ppt
    clum)

clock *knock, clock*
close, to *tae close*
close (adj) *close*
cloth (fabric, material) *claith*
cloth (for wiping) *cloot*
clothes *claes*
cloud *clud*
club *club*
coach *coach*
coal *coal*
coarse *coorse*
coast (v and n) *coast*
coat *coat*
coffee *coffee*
cohabit, to *tae bide thegither*
cohabitant *bidie-in*
coin *coin*
coke *coke*
cold *cauld*
cold, the common *the cauld*
cole *kail*
collect, to *tae collect; tae gaither*
collection *collection; gaitherin*
collectively *thegither*
college *college*
colour *colour*
colt *cowt*
comb (v and n) *kaim*
combination *mell; combination*
combine, to *tae bring thegither*
come, to *tae come* (pt and ppt *cam)*
comedy *comedy*
comic (n and adj) *comic*
commercial *commercial*
commission (v and n) *commision*
common *common*
commotion *stush(ie)*
communicate, to *tae communicate*
communication *communication*
community *communitie*

comparable to *gey lik*
compare, to *tae compare*
comparison *comparison*
compass *compass*
compete, to *tae compete*
complete *haill; feinisht; complete*
completely *clean; haillie*
complex (n) *complex*
complicate, to *tae complicate*
complicated *complicatit*
compose, to *tae compose*
concentrate, to *tae gaither thegither*
concentration *ingaitherin*
concept *consait*
conception *consaiption*
conclude, to *tae jalouse*
condition *condeition*
condom *teip* (NE only); *condom*
conduct, to (music) *tae conduct*
conduct, to (worship, etc) *tae haud*
confine, to *tae stent*
confines (n) *boonds*
confused *raivelt*
confusion *raivelment*
congregation *congregation*
connect, to *tae tie; tae link*
connection *tie; link*
connoisseur *connoisseur*
consequence *consequence; ootcome*
conservatory *sitooterie* (colloq)
construction *biggin, makkin*
contented *blythe*
context *context*
contempt *contempt*
contrary *contrar*
contribute, to *tae contreibute*
continual *undevalin*
continue, to *tae cairry on; tae
continue*
controversial *controversial*

convert (v and n) *convert*
cook (v and n) *cuik*
cookery *cuikerie*
cord *towe*
corner *corner*
corporal (adj) *bodilie; corporal*
corporal (n) *corporal*
corporation *corporation*
corrupt (of a text) *mankit*
cottage *cottage*
cottage (two-roomed) *but-an-ben*
cough (v and n) *cough*
cough (heavily, v and n) *hoast*
cough, whooping *the kink-hoast*
council *cooncil*
councillor *cooncillor*
country *countra*
couple *couple*
course *coorse*
court (v and n) *coort*
courtyard *coortyaird*
covenant *covenant*
cover (v and n) *cover*
cow *coo* (pl *coos* or *kye*)
cowshed *byre*
crab *partan*
crane (mechanical) *cran*
crap *keech*
crazy *gyte*
create, to *tae create*
credit (v and n) *credit*
cricket *cricket*
criminal *creiminal*
crisp *crisp*
crop *crap*
cross (v and n) *cross*
crossword *crosswird*
crowd (v and n) *crood*
crown (v and n) *croon*
cry (call) (v and n) *cry*

cry, to (weep) *tae greet* (pt *grat*,
    ppt *grat* and *grutten)*
cube *cube*
cubic *cubic*
cuckoo *gowk*
cultivate, to *tae growe; tae ferm*
cult *cult*
culture *culture*
cup *cup*
cupboard *press*
curious (strange) *unco*
curling *curlin*
currant *currant*
currency *currency*
currency (money) *siller, currency*
current (n and adj) *current*
curriculum *curriculum*
curtain *curtain*
custom *custom*
customer *customer*
cut (v and n) *cut* (pt and ppt
    cuttit)
daily *daily*
dance (v and n) *dance*
dark *dairk*
date (v and n) *date*
daughter *dochter*
day *day*
dead *deid*
deaf *deef*
deal (v and n) *dael*
death *daith*
debit (v and n) *debit*
decade *decade; ten year*
decay (v and n) *decay*
decide, to *tae decide*
decision *deceision*
decline (n) *dwinin-awa*
decline, to *tae dwine awa; tae
    decline*

deficiency *want*
deficient *wantin*
degree *degree; meisure*
delicious *deleicious*
delight (v and n) *delite*
demand (v and n) *demand*
demoralise, to *tae disherten*
denomination *denomination*
depend, to *tae hing; tae depend*
deposit (v and n) *depone, deposit*
depression (geographical) *howe,*
  laich
depression (clinical) *the glooms,*
  depression
descend, to *tae come/gang doon*
describe, to *tae describe*
detach, to *tae detatch*
details *parteicularities*
detract, to *tae tak awa*
detractor *doon-cryer*
develop, to *tae develop*
development *development*
Devil, the *the Deil*
dew *dew*
dialect *dialect*[34]
dialogue *speik(in); cantation*
diaper *see 'nappy'*
diarrhoea *(the) skitter*
dictionary *dictionar*
die, to *tae dee*
diet (v and n) *diet*
difference *odds, differ*
different *no(nae) the same, different*
difficult *hard, difficult*
diglossia *diglossia*

---

[34] Some Scots-language activists use the neologism **by-leid**, because the word 'dialect' is widely understood as having derogatory connotations.

dignity *dignity*
dinner *denner*
direct (v and adj) *direct*
direction *direction; airt*
directions *directions, airtins*
disappear, to *tae vanish*
discourse *discoorse*
discreet *discreet*
discretion *discretion*
discuss, to *tae cantate on, tae*
  discuss
discussion *cantation, discussion*
disease *disease*
dissolve, to *tae dissolve*
disregard, to *tae disregaird*
distance *distance*
distil, to *tae distil*
distillery *distillery*
distinct(ive) *kenspeckle*
district *district*
disuse *disuse*
ditch (n) *sheuch*
diverge, to *tae pairt; tae sinder*
diverse *diverse*
divorce (v and n) *divorce*
do, to *tae dae* (pt *did*, ppt *duin*)
do (emphatic auxiliary) *div*
doctor *doctor*
dodge, to *tae jouk*
dog *dog*
dole, the *the Buroo*
door *door*
double *dooble*
doubt (v and n) *doot* (see Unit 24)
down *doon*
downright *doonricht*
downstairs *doon-the-stair*
downtown *doon-the-toon*
dozen *dizzen*
drag (n, 'bore') *bide*

drama *drama*
drench, to *tae drook*
dress (v and n) *dress*
drink (v and n) *drink* (pt and ppt
 drunk)
drive, to *tae drive* (pt *drave*, ppt
 driven)
drizzle *smirr*
drop (v and n) *drap*
drug *drog*
dry (v and n) *dry*
dual *twa-fauld; dual*
duck (n) *deuk*
due *due*
due to (because of) *cause o*
dull *dull*
dung *sharn*
during *durin*
dustbinman *scaffie*
dwell, to *tae bide, tae stey*
dwelling *hoose, bidin-place*
each *ilka*
each one *ilkane*
ear *lug*
early *airlie*
earwig *forkietail*
ease, to *tae ease*
east *east*
eastern *eastren*
eastward *eastwart, eastlins*
Easter *Pace*
eat, to *tae aet* (pt *ett*, ppt *etten)*
education *lear, learin, education*
effect (n) *effect*
effect, to *tae bring aboot*
effort (attempt) *fend, maucht*
effort (struggle) *chaave*
egg *egg*
either (adj) *onie; baith*
either (adv) *aether*

elaborate *elaborate*
elbow *elbuck*
elder, eldest *elder, eldest*
elderly *auld*
elderly, the *the auld fowk*
elect, to *tae elect*
electric(ity) *electric(itie)*
electronic *electronic*
else *else; ither*
elsewhere *ithergaits*
emerge, to *tae come oot*
emergence *oot-comin, comin oot*
employment, temporary contract of
 fee
empty (v and n) *tuim*
enact, to *tae enact*
encourage, to *tae encourage*
end (v and n) *end*
endure, to (willingly) *tae thole*
endure, to (unwillingly) *tae dree*
enemy *enemy, fae*
engine *ingine*
engineer *ingineer*
enjoy, to *tae enjoy*
enormous *fell muckle*
enough *eneuch*
entire see 'whole'
environment(al) *environment(al)*
Episcopal *Episcopal*
equal(ity) *equalitie*
equivalent *equivalent*
eradicate, to *tae dae awa wi*
error *mistak*
especially *especially*
establish, to *tae foond; tae establish*
estate *estate*
estate, council *cooncil scheme*
estuary *firth*
ethnic *ethnic*
even (adj and adv) *even*

evening *evenin, forenicht*
event *event; ongaun*
eventually *in the hinner end*
ever *ivver*
every *ivverie*
everybody *awbodie*
everyday (ordinary) *plain; hamelt;*
    ordinar
everyday (daily) *ivverieday, ilkaday*
everyone *awbodie*
everything *awthing*
everywhere *aw-wey; aw-whaur*
ewe *yowe*
examination *examination*
examine, to *tae examine*
example *example*
exception *exception*
excuse (v and n) *excuise*
execute, to *tae execute; tae pit tae*
    deith
exhausted (tired) *wabbit*
exhausted (completely!) *forfochen*
exhibition *exhibeition*
exist, to *tae exist*
expanse *sklyter*
expensive *dear*
export (v and n) *export*
express, to *tae express*
expression *expression*
extend, to (v intrans.) *tae cairry on*
extend, to (v trans.) *tae extend, tae*
    draw oot
extent *stent*
eye *ee* (pl *een*)
eyebrow *eebroo*
face (v and n) *face*
facility *facility*
fact *fact*
faff about, to *tae scutter aboot*
fail, to *tae fail*

failure *failure*
fake (v and n) *fake*
fall, to *tae faw* (pt *fell*, ppt *fawn*)
false *fauss*
familiar (knowing) *acquant*
familiar (intimate) *familiar*
family *faimlie*
famous *famous*
far *faur*
farm (v and n) *ferm*
farmer *fermer*
farmhoose *fermhoose*
fast *fast*
fat *fat*
fatal *deidlie, fatal*
father *faither*
feature *feature*
fee *fee*
fellow ('guy') *chiel*
female *female*
ferment, to *tae ferment*
ferry (v and n) *ferry*
fester, to *tae beal*
fever *fivver*
few (adj) *no(nae) monie, few*
    (comp *less*, sup *least*)
few, very *no(nae) monie at aw*
few, a *a puckle; a curn*
fibre *fibre*
field *field*
field (cultivated) *pairk*
fight (v and n) *fecht*
fill (v and n) *fill*
film (v and n) *film*
filthy *muckit*
find, to *tae fin* (pt and ppt *fun*)
finger (v and n) *finger*
finger, little *crannie*
finish (v and n) *feinish*
fire (v and n) *fire*

firework *firewark, squeeb*
first *first*
fish (v and n) *fish*
fisherman *fisherman*
fist *neive*
fix, to *tae fix*
flash (v and n) *flash*
flashy *fantoosh*
flat *flat*
flea *flech*
flicht *flight*
floor *flaer*
flour *floor*
flower (v and n) *flooer*
fluent *versant*
fluff(y) *oos(ie)*
fluid *fluid*
fly (v and n) *flee*
fly (of trousers) *spaiver*
focus (v and n) *focus*
fog *fog*
folk *fowk*
follow, to *tae folla*
food *fuid; mait; scran*
foodstuff *fuidstuff*
foot *fit*
football *fitbaw*
for *for*
force *force*
fore *fore*
forecast *forecast*
forest *forest, wuid*
forgive, to *tae forgie* (ppt *forgien*)
fork (agricultural) *graip*
fork (for eating) *fork*
form (kind) *kin*
form (paper) *form*
form (shape) *shape, form*
formal *formal*
former (adj) *o aforetimes, former*

formerly *afore(times)*
fortnight *fortnicht*
fortunate *fortunate*
forward *forrit*
found, to *tae foond*
foundation (event) *foondin*
foundation(s) (of a building) *foond*
fountain *funtain*
franchise *franchise*
free *free*
fresh *caller*
Friday *Friday*
friend *freend*
frog *puddock*
from *fae*
front *front*
frost *frost*
fruit *fruit*
fry, to *tae fry*
fund (n) *fund*
fund, to *tae pey for, tae fund*
fundamental(ist) *fundamental(ist)*
funeral *funeral*
fun(ny) *fun(ny)*
furniture *furniture*
furtive *sleekit*
fusion *mell, fusion*
gain (v and n) *gain*
gallon *gallon*
game *game*
garage *garage*
garden (v and n) *gairden*
garlic *garlic*
gate *gate* (older form *yett*)
general (n) *general*
general (adj) *oweraw; general*
generally *on the haill*
genre *kin, genre*
geography *geography*
get, to *tae get* (pt *got*; ppt *gotten*)

ghost(ly) *ghaist(lie)*
gift *gift, giftie*
gill (measure) *gill*
girl *lass(ie), quin(i)e*
give, to *tae gie* (ppt *gien*)
glad *gled*
glass *glaiss*
gloomy *dowie*
go, to *tae gang* (pt *gaed*; ppt *gaen*;
    NB pres pt *gaun*)
go (n) *shottie*
God *God*
gold *gowd*
golden *gowden*
golf *gowf*
good *guid*
goods *wares*
good-looking *bonnie*
goodbye *guidbye*
gooseberry *groser*
gorse *whins*
govern, to *tae govern*
government *government*
gown *goon*
grade (v and n) *grade*
graduate (v and n) *graduate*
grain *grain*
grammar *gremmar*
grand *grand*
grant (v and n) *grant*
grape *grape*
grass *girse*
grease (v and n) *creesh*
great (literally) *great, muckle*
great (figuratively) *rare, braw*
greatly *a lot*
green *green*
grey *gray*
ground *grund*
group *curn*

grow, to *tae growe* (pt *grew*; ppt
    grown)
guarantee (v and n) *guarantee*
guilt(y) *guilt(y)*
guitar *guitar*
gull (bird) *gow*
gullet *thrapple*
guy *chiel*
gyrate, to *tae birl*
habit *habit*
haddock *haddock, haddie*
haggis *haggis*
hail, to *tae hail*
hail *hail*
hailstone *hailstane*
hair *hair*
half *hauf*
hall *haw*
Hall, Town *Toon Hoose*
Halloween *Halloween*
hallway *lobby*
ham *ham*
hamlet *clachan*
hand *haund*
handbag *haundbag*
handful *haundfu*
handkerchief *naipkin*
hang, to *tae hing* (pt and ppt
    hung, hingit and *hingd*)
happen, to *tae happen*
harbour *herbour*
hard *hard*
hardly *hardlin(s); scantlins*
harmonica *moothie*
harp *hairp*
harpist *hairper*
harvest (v and n) *hairst*
Harvest Home festival *Meal-an-Ale*
harvester, combined *fergie* (colloq)
hat *hat*

hate (v and n) *hate*
haunch (of a person) *hunker*
have, to *tae hae* (pt *hid*, ppt *haen*)
have (emphatic auxiliary) *hiv*
hazard *hazard*
head *heid*
header *heider*
health(y) *health(y)*
hear, to *tae hear* (pt and ppt
    heard)
heart *hert*
heartburn *hert-scaud*
hearth *ingle*
heat (v and n) *heat*
heavy *hivvie*
hectic *thrang*
heir *heir*
hello *hello*
help (v and n) *help*
hen *hen*
hence *fae this, fae that, fae here*
her *hir*
here *here*
hernia *rimbirst*
heyday *potestatur*
high *heich*
Highland(s) *Heiland(s)*
Highlander *Heilander*
highly *fell*
hill *hull*
history *historie*
hit (v and n) *hit* (pt and ppt *hut*)
hold (v and n) *haud* (pt and ppt)
    haudit
holiday *holiday*
hollow (adj) *hollow*
hollow (n) *howe, laich*
holy *halie*
home(ly) *hame(lie)*
honey *hinnie*

honour (v and n) *honour*
hope, to *tae howp*
horn *horn*
horse *horse* (pl *horse*)
horsefly *cleg*
hot *het*
hot (spicy) *nippy, het*
hotel *hotel*
hour *oor*
hours, the early *the sma oors*
house *hoose*
house, minister's *manse*
housing *hoosin*
how *hoo; whit like*
however *still an on; for aw that;
    hooivver*
humble *hummle*
humid (of weather) *close, mochy*
hundred *hunner*
hundredweight *hunnerwecht*
hunger *hunger*
hungry *hungert*
hurry (v and n) *hurry*
husband *man, guidman*
hush (n) *wheesht*
hush! (interj) *(haud yer) wheesht!*
I *A* (unemphatic), *I* (emphatic)
identical (to) *jist the same (as)*
identify, to *tae identify*
if (conjectural) *gin*
if (deductive) *if*
ill *no(nae) weel, ill*
illness *illness*
imagine, to *tae imagine*
imitate, to *tae eimitate*
imitation *eimitation*
immediate *here-an-noo, immediate*
immediately *richt awa*
impel, to *tae caw*
imperial *imperial*

impetuous *ramstam*
implement, to *tae implement*
important *important*
impose, to *tae impose*
impossible *impossible*
improve, to *tae better*
improvement *betterment*
impulse (to do something) *tig*
in *in*
inappropriate *no(nae) richt, no(nae)*
    fittin
inch *inch*
incidental(ly) *in the bygaun*
including *coontin in thon*
incomer *incomer, inabootcomer*
increase, to *tae growe; tae increase*
increase (n) *growth; increase*
indeed *indeed*
indifferent (apathetic) *no(nae) carin*
indigenous *indigenous*
individual (adj) *individual*
individual (n) *bodie*
individually *alane*
indoors *inside; ben the hoose*
industry *industry*
inform, to *tae inform, tae enwitten*
inform, to (on a wrong-doer) *tae*
    clype
information *information, wittins*
informer *clype*
influence *influence*
influenza *the haingles, flu*
infrequently *no(nae) aften*
ingredient *ingredient*
initial (v and n) *initial*
initial (adj) *first*
initially *tae stairt wi*
inject, to *tae inject*
injection (medical) *jag*
injury *injury*

inland *inland*
inlet *inlat*
inner *inner*
input *inpit*
insect *insect*
insight *insicht*
instead *insteid*
instrument *instrument*
intend, to *tae ettle*
intent (n) *ettle*
interest (v and n) *interest*
interest (on debt) *onwal, interest*
interesting *interestin*
interim, in the *atweenhaund*
intermediate *in atween*
internal (adj) *internal*
internals *intimmers*
international *internaitional*
interval *brak; spell; interval*
into *intae, intill*
invent, to *tae mak up; tae invent*
invert, to *tae whummle*
invisible *inveisible*
invite, to *tae inveite*
invitation *inveitation*
involve, to *tae involve*
iron *iron*
ironic, irony *ironic, irony*
irrespective of *regairdless o*
Islam(ic) *Islam(ic)*
island *island*
isle *isle*
isolate, to *tae isolate*
issue (v and n) *issue*
it *it* (unemph.), *hit* (emph.)
itch, to *tae itch*
item *item*
jacket *jaicket*
jam *jeelie*
jar *jaur*

jaundice *the jandies*
jazz *jazz*
jelly *jeelie*
jerk (v and n) *yark*
Jew(ish) *Jew(ish)*
job *job*
join (v and n) *jine*
journey *journey*
judge (v and n) *judge*
jug *joug*
jump (v and n) *lowp*
jury *jury*
just *jist*; just now *the noo*
kind (sort) *kin* (unemph); *kind*
  (emph)
kind(ly) *guidwullie*
king *king*
kingdom *kinrick; kingdom*
kiss (v and n) *kiss*
kitchen *kitchen, kitchie, scullerie*
kitten *kittlin*
knife (v and n) *knife*
knock (v and n) *chap*
knoll *knowe*
know, to *tae ken* (pt and ppt *kent*)
lace *lace*
laces, shoe- *pints*
lady *leddy*
lager *lager*
lake *loch*
lamp *lamp*
land (v and n) *land*
landowner *laird*
landscape *landscape*
language (countable entity) *leid*
language (uncountable) *language*
lantern *lantren*
lapse (v and n) *lapse*
larch *larick*
lard *saim*

large *big; muckle; braid*
largely *on the haill*
lark (bird) *laverock*
last (adj) *last*
last, to *tae laist*
late *late*
later (adv) *efter*
latter *saicont, latter*
laugh (v and n) *lauch* (pt and ppt
  laucht or *leuch*)
law *law*; -in-law *guid-*
lead (Pb) *leid*
lead, to *tae lead*
lead (dog's) *leash*
leader *leader*
leaf *leaf* (pl *leafs*)
leaflet *leaflet*
leap (v and n) *lowp*
learn, to *tae lairn*
learning (knowledge) *lear*
least *least*
least, at *oniewey*
leave (v and n) *leave* (pt and ppt
  left)
left (n) *left*
leg *leg*
legal *legal*
lend, to *tae len*
let, to (allow) *lat* (pt *lat*; ppt *latten*)
less *no(nae) sae, less*
lesson *lesson*
letter *letter*
licence *leicence*
life *life*
lift (on the road) *hurl*
lift (in a building) *lift*
lift, to *tae lift*
light *licht*
lightning *lichtnin*

like (prep) *lik* (unemph); *like* (emph)
like, to *tae like*
limit (v and n) *stent, leimit*
limp, to *tae hirple*
line (v and n) *line*
linguist(ic) *linguist(ic)*
link (v and n) *link*
liquify, to *tae melt*
list *list*
listen, to *tae listen*
literate *leiterate*
little (adj) *wee*
little (n, enough) *bittie*
little (n, not enough) *nae muckle*
live, to (be alive) *tae live*
live, to (dwell) *tae bide* (pt *bade*; ppt *bidden*); *tae stey*
loaf *loaf* (pl *loafs*)
loan *len*
lobster *labster*
local *local*
location *settin, location*
lock (v and n) *lock*
lodge (v and n) *lodge*
loft *laft*
long *lang*
longer, no *no(nae) onie mair*
look (v and n) *leuk*
look (quick or furtive) *keek*
loose *lowse*
lord *lord*
lorry *larrie*
lose, to *tae loss, tae tyne* (pt and ppt *tint*)
lot *lot*
loud *lood*
lounge *loonge*
lucky *lucky*
luggage *luggage*

lump (in something) *lump*
lump (separate object) *daud*
lunge (v and n) *breenge*
lurk, to *tae lirk*
mail *mail*
main *forehaund; main*
mainly *mainlie*
mainstay *mainstey*
major *major*
majority *feck; majoritie*
make (v and n) *mak* (pt and ppt *makkit* and *made*)
make, to (cause to do) *tae gar*
male *male*
malt *maut*
man *mannie; man* (pl *men*)
mandatory *mandatory*
manifest, to *tae kythe*
manifest (adj) *patent*
manifesto *manifesto*
mantlepiece *(lum) brace*
manure *sharn*
many *monie*
mark (v and n) *merk*
market (v and n) *maircat*
marriage *mairriage*
marriage, temporary trial *haundfastin*
marry, to *tae mairry* (pt and ppt *mairriet*)
mat *mat*
math(ematic)s *math(ematic)s*
matter (v and n) *maitter*
maybe *mebbe*
meadow *lea*
meal *meal*
mean, to *tae mean*
mean (miserly) *grippie*
meanness *grip*
meanwhile *meanwhile*

means *means*
measure (v and n) *meisure*
medical *medical*
medication *feesick, medicine*
medicine (subject) *medicine*
medium (adj) *middlin*
medium (n) *medium*
meat *meat*
meet, to *tae meet* (pt and ppt *met*)
melt, to *tae melt*
member *member*
mention (v and n) *mention*
merit(s) *wirth*
mess (officers') *mess*
mess (untidy) *sotter*
message *message*
metre *metre*
metric *metric*
metro *subwey*
midday *midday*
midge *midge, midgie*
midnight *midnicht*
might *micht*
mile *mile*
milk (v and n) *mulk*
mind (v and n) *mind*
mine (e.g for coal) *mine*
minimum *least; minimum*
minority *minoritie*
minute (n) *meinit*
misguided *agley*
mis-spelt *ill-spelt*
miss (v and n) *miss*
mist *mist*
mist, sea *haar*
mistake (v and n) *mistak*
mix (v and n) *mix*
many *monie*
modern *modren*
mole (animal) *mowdie*

moment *meintie*
moment, at the *the noo*
monarch *monarch*
Monday *Monanday; Monday*
money *siller*
month *month*
moon *muin*
more *mair*
moreover *forby that*
morning *mornin*
morming, late *forenuin*
moss *moss, fog*
most *maist*
moth *moch*
mother *mither*
motor *motor*
motorway *motorwey*
mould (fungus) *foost*
mouldy *foostie*
mound (natural) *knowe*
mound (of stones) *cairn*
mountain *mountain*
mouse *moose*
moustache *mowser*
mouth *mooth*
mouthpiece *moothpiece*
move (v and n) *muive*
move home, to *tae flit*
much *a lot o; not much no(nae) muckle*
much the same *awmaist the same*
mud *dubs; glaur; glabber*
muddy *dubbie; glaurie*
muesli *muesli*
museum *museum*
mushroom *mushroom*
music *muisic*
musical *muisical*
must (v) *maun*
my *ma* (unemph), *my* (emph)

naked *naukit*
name (v and n) *name*
nappy *hippin*
nation(al) *naition(al)*
native *native*
nature *naiture*
natural *naitural*
near *near*
nearby *nearhaund*
nearly *near*; *gey near*; *awmaist*
necessary *necessar*
need (v and n) *need*
needle *needle*
neighbour *neibour*
neither *naether*
nest (v and n) *nest*
nest (bees', wasps') *byke*
net (v and n) *net*
network *netwark*
never *nivver*
new *new*
New Year's Day *Ne'erday*
New Year's Eve *Hogmanay*
newcomer *newcomer*
newspaper *newspaper, paper*
next *nixt*
niche *neuk, niche*
night *nicht*
no (adj) *nae*
no (adv) *naw*
no longer *no(nae) (onie) mair*
no-one *naebodie*
nobody *naebodie*
noise *noise*
none *nane*
nook *neuk*
noon *nuin*
norm *norm*
normal *normal*
north *nor(th)*

northern *northren*
northward *northwart, northlins*
nose *neb*
notable *weel-kent; notable*
note (v and n) *note*
nothing *naething*
novel *novel*
now *noo*; just now *the noo*
nowadays *nooadays*
nowhere *naewey; naewhaur*
number *nummer*
numerous *moniefauld*
nutritious *haillsome*
oak *aik*
oats *aits*
oatmeal *aitmeal*
observe, to *tae obsairve*
observance *obsairvance*
obtain, to *tae get*
obvious *patent, clear, obvious*
occasion *occasion*
occasional *antrin*
occasionally *noo an agane*
occur, to *tae happen*
of *o*
off *aff*
off-hand *aff-haund*
offer (v and n) *tae offer*
office *office*
official (n and adj) *offeicial*
offset (v and n) *affset*
often (frequently) *aften*; (many times) *aftimes*
oil *ile*
old *auld*
old-fashioned *auld-farrant*
on *on*
once *aince*
one (impersonal pron.) *a bodie, ye*
one (n) *ane*

one (adj) *ae*; (in compounds) *wan*
one (numeral) *wan*
onion *ingan*
onion, spring *sybie*
only (adv) *jist, onlie*
only (adj) *onlie, ae*
onto *ontae*
open (v and adj) *open*
operate, to *tae operate*
opportunist *chancer*
opportunity *chance*
opposite (adj) *contrar; opposite*
opposite (prep) *forenent; opposite*
or *or*
orange *orange*
orchestra(l) *orchestra(l)*
ordinary *ordinar*
origin *origin; ruit*
original *oreiginal*
originate, to *tae oreiginate*
orthodox *orthodox*
other (adj) *ither*
other (n) *ither ane*
otherwise *itherwise*
ouch! *aiya!*
ought to: see 'should'
ounce *unce*
our *wur* (unemph); *oor* (emph)
out *oot*
outdoors *oot o the hoose, ootside*
outer *ooter*
output *ootpit*
outsell, to *tae ootsell*
outside *ootside*
over *ower*
overall (adj) *oweraw*
overland *owerland*
overseas *owerseas*
overtake, to *tae owertak*
owl *hoolet*

own (adj) *ain*
packet *packet*
pain *pain*
painful *sair*
paint (v and n) *pent*
panel *panel*
pant, to *tae pech*
paper *paper*
parade (v and n) *parade*
parent *pawrent*
parliament *parliament*
part *pairt*
partial *pairtial*
participate, to *tae tak pairt*
particular (specific) *parteicular*
particular (fussy) *finickie*
particularly *especiallie*
pairt *pairt*
park (v and n) *pairk*
partner *pairtner*
party *pairtie*
pass (v and n) *pass*
passage *passage*
passage (entry) *close*
passenger *passenger*
passive *passive*
pattern *pattren*
pay (v and n) *pey*
payment *peyment*
peak (summit) *peak*
peak (of prowess) *potestator*
peat *peat, moss*
peat bog *moss*
pedantic *pernicketie*
peep (v and n) *keek*
pelt, to *tae pelt*
pelt down, to *tae ding doon* (pt and
        ppt *dung doon*)
pen *pen*
pencil *pencil*

penniless *skint*
penny *penny*
people *fowk*
per cent *per cent*
perform, to *tae perform*
performance *performance*
perhaps *aiblins*
period *peiriod; spell*
permanent *permanent; ivverlastin*
persecute, to *tae persecute*
person *bodie*
personal *personal*
personality *personality*
perturb, to *tae faze*
petition *peteition*
petrol *petrol*
pharmacist *droggist*
pharmacy *droggist's*
philosophy *philosophy*
phlegm *clocher*
phone *phone*
photo *photie*
photograph *photograph*
pipe (v and n) *pipe*
piper *piper*
pick (v and n) *pick*
picture *picter*
pie *pie*
piece *piece*
pierce, to *tae pierce*
pigeon *doo*
pill *peel*
pint *pint*
pitch (for football, etc) *pairk*
pitch (tar) *pick*
place (v and n) *place*
plain (adj) *plain*
plain (n) *plain*
plain, flood- *haugh*
plate *plate*

plaster *stookie*
play (v and n) *play*
please *please*
please, to *tae please*
plenty *plenty*
plum *ploom*
pocket *pootch*
poet *poet*, (long ago) *makar*
poetic *poetic*
poetry *poetrie*
point (v and n) *pint*
Police, the *the Polis*
police officer *polis*
policeman *polisman*
policewoman *poliswumman*
policy *policie*
political *poleitical*
politics *politics*
pony *pownie*
pony, Shetland *sheltie*
pool *puil*
poor *puir*
popular *popular; weel-likit*
populate, to *tae populate*
population *population*
porridge *parritch*
port *port*
pose (v and n) *pose*
position *poseition*
possibility *possibility*
possible *possible*
post (v and n) *post*
postal *postal*
potato *tattie*
potential (n and adj) *potential*
pound (£) *pound*
pound (weight) *pund*
pour, to *tae poor*
poverty *puirtith*
power *pooer*

practice (v and n) *practice*
prank *pratick*
prefer, to *tae like better*
preference *better likin*
prepare, to *tae mak ready, tae prepare*
presbyterian *presbyterian*
presence *praisence*
present, at (adv) *the noo*
present, to *tae praisent*
present (n and adj) *praisent*
president *preses*
pretend, to *tae mak on*
prevent, to *tae prevent*
previous *afore*: the previous day *the day afore*
previously *afore(times)*
primary *primarie*
print (v and n) *prent*
prior to *afore*
prison *jile*
private *private*
probabl(y) *likelie*
problem *problem, kinch*
process (v and n) *process*
produce (v and n) *produce*; (v) *tae bring oot*
product *product*
professional *professional*
proficiency *skeel*
proficient *skeelie*
programme (v and n) *programme*
prominent *ootstaundin; kenspeckle*
promise (v and n) *promise*
promulgate, to *tae spreid*
pronounce, to *tae pronoonce*
proper(ly) *richt*
proportion *proportion*
propose, to *tae propose; propone*
prospect (v and n) *prospect*

Protestant *Protestant*
provide, to *tae provide*
province *province; airt*
provincial *provincial*
pub(lic house) *pub(lic hoose)*
public (n and adj) *public*
public school *private scuil*
publicise, to *tae propale*
pudding (savoury) *pudden*
puff (v and n) *pech*
pull (v and n) *pul*
punish, to *tae punish*
punishment *punishment*
pup(py) *whulp(ie)*
pupil *pupil*
pure *pure*
purpose *ettle; yuise; purpose*
push (v and n) *push*
put, to *tae pit* (pt *pit*; ppt *pitten*)
qualification *qualification*
qualify, to *tae qualify*
quality *quality*
quantity *amoont*
quarter *quarter*
question (v and n) *question*
quick *quick*
quiet *quate*
race (v and n) *race*
radio *radio*
railway *railwey*
railway, underground *subwey*
rain (v and n) *rain*
rainbow *rainbow, wattergaw*
raise *raise; heize*
range (v and n) *reenge*
rank (v and n) *rank*
rare *rare*
raspberry *rasp, raspberry*
rat *rat(tan)*
rather *raither*

rather than *insteid o*
ratio *ratio*
ravine *heuch*
raw *raw*
razor *razor*
reach (arrive at) *win tae*
reach (out), to *tae rax*
read (v and n) *read*
ready *ready*
reality *reality*
reality, in (actually) *truth be tellt*
really (actually) *truth be tellt*
really? *is that richt?*
reason (v and n) *reison*
recall, to (memory) *tae mind*
receive, to *receive; get*
recent *o shortsyne*
recently *shortsyne; latelie*
recognise, to *tae recognise*
record (v and n) *record*
red *reid*
Reformation, the *the Reformation*
reel (for thread) *pirn*
reel (dance) *reel*
refer, to *tae refer*
referendum *referendum*
reflect, to *tae reflect*
reflection *reflection*
reform, to *tae reform*
refuse, to *tae refuse*
refuse collector *scaffie*
regard (v and n) *regaird*
regiment *regiment*
region *airt; region*
regional *regional*
register *register*
Registry Office *Registry Office*
regular *reglar*
reintroduce, to *tae bring back*
relate, to *tae relate*

related closely to *sib tae*
relationship *relationship*
religion *releigion*
religious *releigious*
rely on, to *tae lippen tae*
remain, to *tae bide; tae stey*
remainder *lave*
remember, to *tae mind (o)*
remind (of), to *tae mind (on)*
remove, to *tae tak oot*
removal (of home) *flittin*
render, to *tae render*
rendezvous *tryst*
replace, to *tae replace*
represent, to *tae repraisent*
reputation *guid name* or *ill name* (etc)
require, to *tae need; tae require*
requirement *need; requirement*
rescue (v and n) *rescue*
resemblance *likeness*
resemble, to *tae leuk lik*
resound, to *tae dirl*
respond, to *tae answer; tae repone*
response *answer; repone*
responsible (in charge) *responsible*
responsible (culpable) *tae wyte*
rest (v and n) *rest*
rest (remainder) *lave*
restaurant *restaurant*
restaurant, take-away *cairry-oot*
restore, to *tae restore*
result, to *tae result*
result (n) *result; ootcome*
retain, to (see 'keep')
retch, to *tae cowk*
return (v and n) *return; retour*
revive, to *tae revive*
revolve *turn roond, revolve*
ridge *rigg*

324

right *richt*
rinse, to *tae sweel, tae syne*
river *river*
road *road*
roar (v and n) *roar*
roast (v, n and adj) *roast*
rock *rock*
role *role*
roll (v and n) *row*
roll (bread) *bap*
roof *ruif* (pl *ruifs*)
room *room*
root (v and n) *ruit*
rough *roch*
round *roond*
roundabout *roondaboot*
round here *hereaboot*
round there *thereaboot*
route *wey*
row (line) *raw*
row (angry confrontation) *row*
rugby *rugby*
rule (v and n) *rule*
run, to *tae rin* (pt and ppt *run*)
rush (v and n) *rush*
sack *seck*
sad *sad*
safe *safe*
sail (v and n) *sail*
salad *salad*
sale *sale*
salt *saut*
same *same*
sample (v and n) *sample*
sample, to (food/drink) *tae pree*
sand *saund*
sandstone *saundstane*
sandwich *piece* (e.g 'houmous
    sandwich' *piece an houmous)*
satchel *scuil-bag*

satisfy, to *tae satisfy*
Saturday *Seturday*
sausage *sausage*
say, to *tae say* (pt and ppt *said*)
scald (v and n) *scaud*
scam *swick*
scamp *nickum*
scarcely *scantlins; hardlie(s)*
scarf *gravat*
scatter, to *tae skail*
scene *scene*
schedule (v and n) *schedule*
scheme *scheme*
school *scuil*
schoolmaster *dominie*
scone *scone*
scone, potato *tattie scone*
scramble (v and n) *scrammle*
scramble (at wedding) *scoor oot*
scribble (v and n) *screive*
scripture *scripture*
sea *sea*
seafood *seafuid*
season (v and n) *saeson*
seat (v and n) *sate*
second (v, n and adj) *saicont*
secondary *saicontarie*
secretary *secretar*
section *section*
sector *sector*
see, to *tae see* (pt *saw*; ppt *seen*)
seek, to *tae seek* (pt and ppt *socht*);
    tae ettle
seldom *no(nae) aften; rarelie*
select, to *tae wale*
self (see Unit 24)
selfish *selfish, sellie*
sell, to *tae sell*
seem, to *tae seem*
sense (v and n) *sense*

separate (adj) *apairt*
separate, to *tae pairt*
separation *pairtin*
serious *saerious*
serve, to *tae sairve*
service *sairvice*
set (v and n) *set*
settle, to *tae settle*
several *a puckle (o)*
shake (v and n) *shak*
shame (v and n) *shame*
shave (v and n) *shave*
shebang, the whole *the haill jing-
  bang*
sheep *sheep* (pl *sheep*)
sheriff *shirra*
sherry *sherry*
shilling *shullin*
ship (v and n) *ship*
shirt *sark*
shiver (v and n) *chitter*
shoe *shae* (pl *shuin*)
shoe-laces *pints*
shop *shop*
shop, to *tae gang (the) messages*
shopping (n) *messages; eerans*
short *short*
shortbread *shortbreid*
shot (of spirits, liquor) *nip*
should *shid* (unemph.); *should*
  (emph.)
shoulder *shouder*
show (v and n) *shaw*
shower (v and n) *shooer*
shut (v and adj) *shut*
shy *blate*
side (v and n) *side*
sideways *sidieweys*
sight *sicht*
sign (v and n) *sign*

significant *significant*
silence *wheesht*
silent *seilent, soondless*
silver *siller*
similar to *gey lik*
simple *simple*
simply *jist*
since *sin*
since (because) *seein as*
sing, to *tae sing* (pt and ppt *sung*)
single *single*; *no(nae) mairriet*
sir *sir*
sister *sister*
sit, to *tae sit* (pt and ppt *sat*)
situation *situation*
skill *skeel*
skilled, skilful *skeelie*
skin *skin*
skirt *skirt*
sky *lift, sky*
slate *slate*
sleep (v and n) *sleep*
sleepless *waukrife*
slight (adj) *wee*
slightly *a bittie*
slip (v and n) *skite*
slippery *skitie*
sloe *slae*
slope *slope*
slope (in the ground) *brae*
slow *slow*
slum *slum*
slush *slush*
slush (very wet) *snaw bree*
small *sma*
smell (v and n) *smell*
smoke (n) *smoke, reik*
smoke, to *tae smoke*
smokey *smokie, reikie*
smooth *smooth*

snake *snake*
sniff (v and n) *sniff*
sniff, to (noisily) *tae snocher*
snow (v and n) *snaw*
so *sae, so*
soak, to (by immersion) *tae steep*
soak, to (by other means) *tae drook*
soap *saip*
social *social*
soft *saft*
soldier *sodjer*
solemn(ity) *solemn(itie)*
solid *solid*
solidify, to *tae jeel*
solo *solo*
some *some*
somebody *somebodie*
someone *somebodie*
something *something*
sometimes *whiles, whilies*
somewhere *somewey; somewhaur*
son *son*
song *sang*
sore *sair*
sorry *sorry*
sound (v and n) *soond*
soup *soup*
sour *soor*
south *sooth*
southern *suthren*
southward *soothwart, soothlins*
souvenir *wee mindin*
sovereign *sovereign*
sparrow *speug*
sparse *sparse*
spatter, to *tae spirk*
speak, to *tae speik* (pt *spak*; ppt *spoken*)
special *speicial*
specific *specific*

spectacles *spectacles, glaisses*
spectacular *spectacular*
speech (countable entity) *speil*
speech (uncountable) *speik*
spell, to *tae spell*
spell (n) *spell*
spend, to *spend* (pt and ppt *spent*)
spice (v and n) *spice*
spill, to *tae skail*
spirit *speirit*
spite, in/of *tentless o*
spoil, to *tae spile*
spoon (v and n) *spuin*
spoonful *spuinfu*
sport *sport*
spout (v and n) *spoot*
sprain, to *tae stave*
sprawl, to *tae sprauchle*
spread, to *tae spreid*
spring (v and n) *spring*
spring (season) *spring, ware*
spring (stream) *burnie*
sprout (v and n) *sproot*
squall (wind & rain) *bluffert*
squirt (v and n) *skoosh*
squirt (derogatory term) *nyaff*
stairs, staircase *stair*
stand (v and n) *staund*
stand, to (endure) *tae thole*
standard (v and n) *standart*
start (v and n) *stairt*
startle, to *tae fleg*
starve, to *tae sterve*
state (v and n) *state*
station *station*
statue *statue*
status *staundin; status*
statute *statute*
stay, to *tae stey; tae bide*
stay (n) *stey*

steam (v and n) *steam*
steel *steel*
steep (adj) *stey*
still (n) *still*
still (adv) *still; yet*
still (adj) *still; lown*
stilts *stumperts*
stomach *stamack*
stone *stane*
stop, to (moving) *tae stop*
stop, to (desist) *tae stop, tae deval*
storey *flair*
story *story*
stove *stove*
straight *straucht*
straight away (now) *richt awa*
strand (n) *strand*
strand, to *tae strand*
strange *strange*
stranger *stranger*
strap (v and n) *strap*
stream (n) *burn*
stream, to *tae skail*
street *street*
strength *strenth*
stress *stress*
strict *strict*
strip (v and n) *strip*
stripy *strippit*
stroke, to (e.g a pet) *tae clap*
stroke (of the hour) *chap*
stroll (v and n) *daunder*
strong *strang*
structure *structure*
struggle *chaave*
student *student*
study (v and n) *study*
stumble (v and n) *hyter*
style (v and n) *style*
subject *subject*

submit, to *tae gie in; tae gie ower*
subscription *subscription; subscreivin*
substantial *muckle*
substitute (v and n) *substitute*
suburb(an) *suburb(an)*
subway *subwey*
success *success*
succession *line*
such *sic*
such a *sicna, sic a*
such as *o the like o; lik*
suck (v and n) *sook*
sudden *sudden*
sugar *sugar*
suggest, to *tae suggest*
suggestion *suggestion*
suit (v and n) *suit*
suitable *richt, fittin, suitable*
summer *simmer*
sun *sun*
sunshine *sunshine*
Sunday *Sunday*
superb *richt rare*
supermarket *supermaircat*
supernatural *supernaitural*
supervise, to *tae owersee*
supervisor *owerseer*
support, to *tae uphaud; tae support*
support (n) *support; backin*
sure *shuir*
surface (v and n) *surface*
surgeon *surgeon*
surgery *surgery*
surly *crabbit*
surname *surname*
surround, to *tae surroond*
survive, to *tae live on; tae survive*
suspicious *suspeicious*
suspicious(-natured) *ill-thochtit*

swarm *swairm*
swede *neep, tumshie*
sweet (adj) *sweet*
sweet (n) *sweetie*
swell, to *tae swall* (ppt *swollen*)
swim (v and n) *sweem*
swollen (e.g a river) *in spate*
synthesise, to *tae syntheseise*
synthesiser *syntheseiser*
synthetic *synthetic*
system *seistem*
table *table*
take (v and n) *tak* (pt *tuik*; ppt
taen)
take-away (n) *cairry-oot*
talk, to *tae talk*
talk (n, countable entity) *speil*
talk (n, uncountable) *talk; speik;
claik*
tame (v and adj) *tame*
task *task*
taste (v and n) *taste*
tax (v and n) *tax*
taxi *taxi*
tea *tea*
teach, to *tae teach*
teacher *teacher*
team *team*
technical *technical*
technology *technologie*
telephone *telephone*
television *televeision*
tell, to *tae tell*
television *televeision*
temporary *temporar*
tend, to *tae tend*
tendency *tendency*
tender (easily hurt) *frush*
tender, to *tae haud oot; tae tender*
term *term*

terrace *terrace*
texture *texture*
than *nor*
thank, to *tae thank*
thank you *thank ye*
that *that* or *thon* (further away)
thatch *thack*
the *the*
them *them* (unemph); *thaim* (emph)
theme *grund*
then (at that time) *then*
then (thereupon, thereafter) *syne*
theology *theologie*
theological *theological*
there *there* or *thonner* (further
away)
thereabouts *thereaboot*
these *thir, this*
thesis *thesis*
thigh *thigh*
thin *thin*
thing *thing*
thingummyjig *hoojigapiv*
think, to *tae think* (pt *thocht*)
this *this*
those *thae/that* or *thon* (further
away)
thou *thoo*
though *though*
thousand *thoosan*
thread *threid*
threat *threit*
threaten, to *tae threiten*
throne *throne*
through *throu*
thumb *thoum*
thunder *thunner*
thundery shower *thunner-plump*
Thursday *Fuirsday, Thursday*
timber *timmer*

time *time*
timid *blate*
tin *tin*
tin can *tin(nie)*
tip (n hint, gratuity, end) *tip*
tip (overturn, v and n) *cowp*
to *tae, till*
toad *taid*
toady (v and n) *sook*
tobacco *tabacca*
today *the day*
toe *tae*
toilet (WC) *wattrie*
tolerate, to *tae thole*
tomorrow *the morn*
ton *ton*
tongue *tongue*
tonight *the nicht*
too (also) *tae*
too (excessively) *ower*
tool *tool*
tooth *tuith* (pl *teeth*)
top *tap*
total (v and n) *total*
totally *haillie*
towel *tooel*
tower *toor*
town *toon*
town-dweller, 'townie' *toonser*
toy *playock*
track *track; pad*
tradition(al) *tradeition(al)*
traffic *traffeck*
train (v and n) *train*
tram(-car) *tram(-caur)*
tranquil *lown*
transcend, to *tae win ower, tae transcend*
transition *transeition; cheinge-ower*
translate, to *tae translate*

transport (v and n) *transport*
travel (v and n) *traivel*
tray *tray*
treat (v and n) *treat*
treaty *treatie*
tree *tree*
trial *trial*
trip (v and n) *trip*
troop *troop*
trough *troch*
trousers *breiks, troosers*
true (accurate) *true*
true (authentic, genuine) *richt*
trust (v and n) *trust*
try, to *tae try*
Tuesday *Tyseday, Tuesday*
tuition *teachin*
turkey *bubbliejock*
turn, to *tae turn*
turn (n) *turn; shottie*
twice *twice*
twilight *gloamin*
typical *typical*
unacceptable *unacceptable*
uncouth *orra; coorse*
undecided *atween twa minds*
under *inalow; inaneth*
understand, to *tae onerstaun*
underweight *unnerwecht*
undress, to *tae undress, tae tirr*
unfortunate *unluckie; a peitie*
union *union*
unique *unique*
unit *unit*
university *universitie, varsitie*
unlike *no(nae) like, unlike*
unmarried *no(nae) mairriet*
until *till; or*
unusual *unusual*
unwell *no(nae) weel*

up *up*
upsurge *upsurge*
urban *toon; o the toon*
use (v and n) *yuise*
use, to (to exploit) *tae tak a len o*
useful *yuisefu*
usual *usual*
usually *for ordinar*
vacillate, to *tae swither*
valid *wirthy*
validity *wirth*
valley *glen*
valley (broad-bottomed) *strath*
van *van*
variety *variety*
variety of *kin o*
various *sindrie; a wheen o*
vary, to *tae cheinge, tae vary*
vast *vast*
vegetable *vegetable*
vehicle *vehicle*
verdict *verdict*
very *richt, gey, verra*
vest *seimit*
vestibule *lobby*
via *by wey o*
vice *vice*
video *video*
view (v and n) *view*
village *veilage*
violin *fiddle*
violinist *fiddler*
visible *veisible*
visit, to *tae veisit*
visitor *veisitor*
vivid *skyrie*
vocabulary *vocabular*
vodka *vodka, voddie*
voice *vice*
volume *amoont;* (sound) *loodness*

voluntary *voluntary*
volunteer *volunteer*
vomit (v and n) *boak*
vote (v and n) *vote*
wait, to *tae wait*
waiter *waiter*
wake, to *tae wauken*
wake (n) *wauk, lykewauk*
waken, to *tae wauken*
walk (v and n) *walk*
wall (of a house, etc) *wa*
wall (of a field, etc) *dyke*
want (v and n) *want*
war *waur*
watch (v and n) *watch*
water *watter*
waterfall *watterfaw*
waterfall (constricted) *linn*
way *wey*
WC *wattrie*
weak *weak*
wealth(y) *wealth*(y)
wear, to *tae weir*
weasel *whitrat*
weather (v and n) *wather*
weave, to *tae weave*
wed, to *tae wad*
wedding *waddin*
wedding feast *waddin reception*
Wednesday *Wadnesday*
week *weik, ook*
weep, to *tae greet* (pt *grat,* ppt
      grat and *grutten)*
weigh, to *tae wey*
weight *wecht*
welcome *walcome*
well (adv) *weel*
well (n) *wall*
west *west*
western *westren*

331

westward *westwart, westlins*
whale *whaul*
what *whit*
what kind of *whitna*
whatever *whitivver*
whatsoever *whitivver; at aw*
when *whan*
where *whaur*
whereas *bit*
whether *whuther*
which? *whit? whit ane(s)?*
while (n) *while*
while (conj) *while*
whinge, to *tae peenge*
whisky, whiskey *whuskie*
whistle (v and n) *whustle*
white *white*
who *wha*
whole (n and adj) *haill*
wholemeal *haillmeal*
whoosh! *wheech!*
whose *whas*
why *whit wey; whit for; hoo (come)*
wide *wide*
widespread *widespreid*
wife *wife* (pl *wifes*)
will (v) *wull*
will not *wunna*
wimp *dwaib*
wind, to *tae wind*
wind (n) *win*
window *winda*
windy *windy*
wine *(denner) wine*
winter *wunter*
wintry *wuntrie*
wipe (v and n) *dicht*
wise *wice*
wish (v and n) *wush*
wish, to (want) *tae want*

witch *wutch*
within (a building) *ben*
within *inby*
without *wi'oot, athoot*
woman *wifie; wumman* (pl *weemin*)
wonder (v and n) *wunner*
wood(en) *wuid(en)*
word *wird*
work, to *tae wirk*
work (n) *wark*
world *warld*
worldwide *warldwide*
worry (v and n) *worry*
worse *waur*
worship (v and n) *worship*
worst *waurst*
worth *wirth*
worthwhile *wirthwhile*
worthy *wirthie*
wound *skaith*
wrestle, to *tae warsle*
wright *wricht*
write, to *tae write* (pt *wrait*, ppt
    written)
writer *writer*
wrong *wrang*
yard *yaird*
year (calendar) *year*
year (twelve month period) *year,
    towmond*
yearly *yearlie*
yellow *yella*
yes *ay*
yesterday *yesterday*
yet *yet*
yob(bo) *ned*
you *ye* (unemphatic), *you* (emphatic)
young *young*
your *yer* (unemph), *your* (emph)
yuch/yuck! *gads!*

APPENDICES

These appendices are intended for reference only, and are not meant to be studied from top to bottom. Between them they give the conjugations of the most commonly-used irregular verbs, as well as a guide to the emphatic and unemphatic forms of the various words (adjectives, conjunctions, prepositions, pronouns, and verbs) that have them.

APPENDIX A: VERB TABLES

The tables in the first four sections of this appendix set out *in full* the conjugations of certain key verbs, showing both unemphatic and emphatic forms of the verb and of the pronouns, where such forms exist.

In the last (fifth) section of this appendix, a list is given showing how various groups of verbs derive their negative forms.

1 The verb, 'tae be'

The tables below show the conjugations of the present tense of this verb. Other important parts of the verb follow after them.

First person, singular ('am')

	Unemphatic Pronoun	Emphatic Pronoun
Unemphatic	A'm	I'm
Emphatic	A am	I am
Question	am A?	am I?

	Unemphatic Pronoun	Emphatic Pronoun
Negative (1)	(A amna)[35]	(I amna)
Negative (2)	A'm no(nae)	I'm no(nae)
Negative Question	am A no(nae)?	am I no(nae)?

Third person, singular ('is')

These are the forms used with the pronouns **he, she,** and **it.** The table below uses **it**: the same patterns occur with **he** and **she.**

	Unemphatic Pronoun	Emphatic Pronoun
Unemphatic	it's	hit's
Emphatic	it is	hit is
Question	is it?	is hit?
Negative (1)	it isna	hit isna
Negative (2)	it's no(nae)	hit's no(nae)
Negative Question	is it no(nae)?	is hit no(nae)?

Other conjugations ('are')

These are the forms used with the pronouns **ye/you** (second person, singular and plural), **we** (first person plural) and **they** (third person plural). **Ye/you** is used in the table below, as it shows the difference between emphatic and unemphatic forms.

	Unemphatic Pronoun	Emphatic Pronoun
Unemphatic	ye're	you're
Emphatic	ye are	you are

---

[35] The forms shown in brackets, **A amna** and **I amna**, are seldom used and are included here only for the sake of completeness.

	Unemphatic Pronoun	Emphatic Pronoun
Question	are ye?	are you?
Negative (1)	ye arena	you arena
Negative (2)	ye're no(nae)	you're no(nae)
Negative Question	are ye no(nae)?	are you no(nae)?

Other parts of the verb

present participle: **bein**
past participle: **been**
past tense: **wis** (with singular pronouns or plural nouns);
wis or **wir** (with plural pronouns)

2 The verb, 'tae hae'

The tables below show the conjugations of the present tense of this verb *as used in expressing possession*. Other important forms of the verb follow below them.

'hiv' – all conjugations, except third person singular

These are the forms used with the pronouns **A/I** (first person singular), **ye/you** (second person, singular and plural), **we** (first person plural) and **they** (third person plural). **A/I** is used in the table below, as it shows the difference between emphatic and unemphatic forms.

	Unemphatic Pronoun	Emphatic Pronoun
Unemphatic (1)	A'v	I'v
Unemphatic (2)	A hae	I hae
Emphatic	A hiv	I hiv
Question (1)	hiv A?	hiv I?
Question (2)	dae A hae?	dae I hae?

	Unemphatic Pronoun	Emphatic Pronoun
Negative (1)	A hinna	I hinna
Negative (2)	A dinna hae	I dinna hae
Negative Question (1)	dae A no(nae) hae?	dae I no(nae) hae?
Negative Question (2)	hiv A no(nae)?	hiv I no(nae)?

'his' – third person singular

These are the forms used with the pronouns he, she, and it. The table below uses it: the same patterns occur with she and he.

	Unemphatic Pronoun	Emphatic Pronoun
Unemphatic	it's	hit's
Emphatic	it his	hit his
Question	his it?	his hit?
Negative (1)	it hisna	hit hisna
Negative (2)	it's no(nae)	hit's no(nae)
Negative Question	his it no(nae)?	his hit no(nae)?

Other parts of the verb

present participle: **haein** (or occasionally **hivvin**)
past participle: **haen** or **hid**
past tense: **hid**

3 The verb, 'tae dae'

The tables below show the conjugations of the present tense of this verb. Other important forms of the verb follow below them.

'dae' and 'div' – all conjugations, except third person singular

These are the forms used with the pronouns A/I (first person singular), ye/you (second person, singular and plural), we (first person plural) and

they (third person plural). **A/I** is used in the table below, as it shows the difference between emphatic and unemphatic forms.

	Unemphatic Pronoun	Emphatic Pronoun
Primary	**A dae**	**I dae**
Auxiliary	**A div**	**I div**
Question (1)	**dae A?**	**dae I?**
Question (2)	**div A?**	**div I?**
Negative	**A dinna**	**I dinna**
Negative Question (1)	**dae A no(nae)?**	**dae I no(nae)?**
Negative Question (2)	**div A no(nae)?**	**div I no(nae)?**

'dis' – third person singular
These are the forms used with the pronouns **he**, **she**, and **it**. The table below uses **it**: the same patterns occur with **she** and **he**.

	Unemphatic Pronoun	Emphatic Pronoun
Statement	**it dis**	**hit dis**
Question	**dis it?**	**dis hit?**
Negative	**it disna**	**hit disna**
Negative Question	**dis it no(nae)?**	**dis hit no(nae)?**

Other parts of the verb
    present participle: **daein**
    past participle: **duin**
    past tense: **did**

4 The verb, 'tae gang'

This is a defective verb, in that the participles and past tense used with it are *not* its own. Instead, these forms are borrowed from the related verb **tae gae,** which has the same meaning but which is less commonly used.

present participle: **gaun**
past participle: **gaen**
past tense: **gaed**

In other respects, this verb is regularly conjugated. The original, regularly-formed present participle **gangin** is still occasionally found as a fossilised form, for example in expressions such as **a gangin fit.**

5 Negative forms based on -na and/or no(nae)

The verbs in the following lists show

a. which verbs can take *either* the inflected particle -na, *or* no(nae) as a separate word, in their negative form; and
b. which verbs take *only* the inflected particle -na in their negative form.

Verbs taking *either* no(nae) or -na:

tae be (present tense): neg. **'s no(nae),** etc, *or* **isna,** etc.

tae hae: neg. **'v no(nae)** *or* **hinna/hivna/hisna** (present tense);
and **'d no(nae)** *or* **hidna** (past tense).

wull: neg. **'ll no(nae)** *or* **wunna** (future tense);
and **'d no(nae)** *or* **wadna** (conditional).

sall (future tense): neg. **s' no(nae)** *or* **sanna.**

Verbs taking *only* -na:

tae be (past tense): neg. **wisna.**

tae dae: neg. **dinna/disna** (present tense) and **didna** (past tense).

can: neg. **canna** (present tense) and **cudna** (past tense).

maun: neg. **maunna.**

micht: neg. **michtna.**

need: neg. **needna.**

sall (conditional **shid**): neg. **shidna.**

Other verbs are negated by use of the appropriate auxiliary verb from the list above: **dinna/disna** for the present tense, **didna** for the past tense, and so on.

The *imperative* is negated with **dinna** (see Unit 12), and the *infinitive* is negated with **no(nae)** before the infinitive marker **tae** if it is present, or before the root of the verb if **tae** is not present. When a verb from the above list is followed by **no(nae)**, the negation is actually of the *following* (i.e. primary) *verb*, rather than of the modal. In some situations this can affect, or even invert, the meaning of the entire sentence: see Unit 25.

APPENDIX B: EMPHATIC FORMS

The lists in this appendix set out in full the emphatic and unemphatic forms of those Scots words for which a distinction exists. With some words, the distinction is clear enough to be reflected in writing, while with many the distinction is subtle and not shown in writing. Where the distinction is shown in writing, the *unemphatic* form is the first of each pair in the lists below.

1 *Adjectives, possessive*

ma / my: the unemphatic form is pronounced as suggested by the spelling, with a short 'a'. In some areas, **my** is pronounced to rhyme with **dry**, but in others it is pronounced as **ma** but with a longer 'a'.

his: in the unemphatic form the 'h' is very often silent, but one should not make the error of attributing the 'dropped' h to slovenly speech. There is a clear semantic (i.e. communicative) distinction, one of emphasis, between the two forms. In the emphatic form the vowel 'i' is lengthened.

hir: see the comments for **his**, above.

wur / oor: pronounced just as suggested by the spelling.

yer / your: pronounced as the respective forms of the pronoun (see below) but with 'r' added to the end.

their: the unemphatic form is pronounced like **thir**, whereas the emphatic form is as the word is pronounced in Scottish English.

2 Conjunctions

an / and: pronounced just as suggested by the spelling.

bit / but: pronounced just as suggested by the spelling.

or: the unemphatic form has a short, neutral vowel; the emphatic form has the same vowel as in the Scottish pronunciation of 'call'.

3 Prepositions

for: the unemphatic form has a short, neutral vowel; the emphatic form has the same vowel as in the Scottish pronunciation of 'call'.

o (of): the unemphatic form is a short, neutral vowel; the emphatic form is the same vowel as in the Scottish pronunciation of 'both'.

or (ere): this cannot be used emphatically. The unemphatic form is pronounced identically to the unemphatic form of the conjunction **or**.

intill has the same relationship with **intae** that **till** has with **tae** (see below).

lik (like): the unemphatic form has a short, neutral vowel. The emphatic form, **like**, is pronounced identically to the verb **like**.

tae (to): the *emphatic* form is pronounced, according to dialect, either as the drink 'tea', or else the same as the river 'Tay'. The *unemphatic* form is pronounced with a short neutral vowel, much as 'the' would be pronounced if it had no 'h' in it.

till is a form of **tae**, of which the usage varies from area to area. The commonest pattern is that **till** is used before vowels and **tae** before consonants. A more complex pattern, used *only in the north-east*, is that **till** is used in the following specific situations: before *unemphatic* pronouns (**till me, till ye**, etc); before *unemphatic* possessive adjectives (**till ma brither, till yer sister**, etc); and as an infinitive marker *only* where the associated verb is elided as in, for example, **A'm wantin Gordon tae gang the messages bit he's nae wantin till**, where **till** at the end represents **tae gang**. Note that mastery of the use of **till** is *not* essential for learners.

wi (with): the unemphatic form has a short, neutral vowel; the emphatic form is pronounced the same as **wee** or **wae**.

The following prepositions have no distinction between unemphatic and emphatic forms, other than perhaps a longer vowel in the emphatic form: **abuin** (above); **alow** or **ablow** (below); **aboot** (about); **aff** (off); **afore** (before); **alang** (along); **as; aside** (beside); **at; atween** (between); **ben**[36] (in the inner part of); **but** (in the outer part of); **doon** (down); **durin** (during); **efter** (after); **fae** or **frae** (from); **in; inalow** (under); **inaboot tae** (in proximity to); **inside; on; ootower** (over and above); **ootside** (outside); **roond** (round); **throu** (through); **throu-oot** (throughout); **up; wi'oot** (without).

4 *Pronouns*

A / I : the unemphatic form is pronounced as suggested by the spelling, with a short 'a'. In some areas, **I** is pronounced to rhyme with **dry**, but in others it is pronounced as **A** but with a longer 'a'.

he: in the unemphatic form the 'h' is very often silent, but one should not make the error of attributing the 'dropped' h to slovenly speech. There is a clear semantic (i.e. communicative) distinction, one of emphasis, between the two forms.

---

[36] **ben** and **but** are generally used only in relation to dwellings, e.g **ben the hoose**.

she: the *emphatic* form is pronounced more or less the same as Scottish English 'she', with a long '-ee' sound at the end. The *unemphatic* form of the word is pronounced with this sound replaced by a short, neutral vowel.

it: the unemphatic form is the same as in Scottish English. The emphatic form is **hit.**

we: the distinction between the emphatic and unemphatic forms is exactly as with **she.**

ye / you : the emphatic form is pronounced just as in Scottish English, and **ye** is pronounced with a short 'e'.

they: the emphatic form is pronounced more or less the same as Scottish English 'they', pronounced to rhyme with 'day'. The unemphatic form of the word is pronounced with this sound much shorter, very much like 'the'.

me: the *emphatic* form is pronounced just as 'me' in Scottish English. The *unemphatic* form is pronounced with a short neutral vowel and rhymes with 'the'. Note that some speakers use **us** when referring to themselves (i.e. one person): for example, they will say **gie us...** when what is meant is **gie me...** This usage is widespread in colloquial speech, but is not generally accepted as part of literary Scots.

him: the *emphatic* form is pronounced just as in Scottish English, and the unemphatic form is similarly pronounced but with a silent 'h'.

hir: this are pronounced identically to the corresponding possessive adjective (see above), in both the emphatic and unemphatic form.

us: the *emphatic* form is pronounced just as 'us' in Scottish English, with a vowel that rhymes with **cup.** The *unemphatic* form is pronounced with a short neutral vowel. Note also that in some areas, **hiz** is used for the emphatic form.

them/thaim: the difference in pronunciation between these is similar to that between the corresponding forms of **they** (see above), but obviously these accusative forms have the final 'm', and the distinction between them *is* shown in writing.

5 Verbs

can: the pronunciation found in Scottish English, with the 'a' pronounced distinctly as such, is the *emphatic* form in Scots. In the normal (unemphatic) Scots form, the 'a' is pronounced as a short neutral vowel. For the pronunciation of other verbs, see Appendix A.

APPENDIX C: MISCELLANEOUS

1 Double Modals

In some areas of the country, a construction known as a 'double modal' is sometimes heard. It is covered here rather than in the main body of the text for the reason that it *is* localised, but given that learners may at times encounter this construction it is important that it be covered.

The usual construction with modal verbs (such as **wull, can, micht, maun,** etc) is that they are followed by the infinitive of another verb, albeit an infinitive not marked by **tae.** Thus, it would not normally be possible for one modal verb to follow another, since modal verbs *do not have* an infinitive form. Double modals, where they are used, have to be formed by making an exception to this pattern, such that one modal verb is followed by a second in its normal, *indicative*, form. Some examples of double modals and their meanings are as follows:

> **If ye canna come the nicht, ye <u>micht can</u> come the morn.**
> If you can't come tonight, you <u>might be able to</u> come tomorrow.

> **Ye'<u>ll maun</u> dae something aboot that.**
> You'<u>ll have to</u> do something about that.

> **Ye'<u>ll no can</u> come the morn.**
> You <u>won't be able to</u> come tomorrow.

2 *Vowel Harmony*

In some varieties of Scots, a phenomenon known as 'vowel harmony' occurs. Specifically, the vowels in

a. the negative particle -**na**;
b. the diminutive particle -**ie**;
c. the ending -**tie** in numbers such as **twintie**; and
d. the adverbial particle -**lie**

all vary in pronunciation, in accordance with the neighbouring vowel in the word to which they are added.

NE This phenomenon takes place in north-eastern Scots. The variations are of little consequence as far as *understanding* is concerned, but a reader interested in hearing examples of vowel harmony might ask a north-eastern native speaker to say the pairs **canna** and **dinna**; **mannie** and **wifie**; **twintie** and **thertie**; and **maistlie** and **likelie**.

ABOOT THE AUTHOR

L Colin Wilson was born in 1958 in Aberdeen, of Aberdonian parents and grandparents. After spending his early childhood there, and some two years in Cumbernauld, he grew up in Culter – at the time, a largely Scots-speaking community – on Deeside, some eight miles west of Aberdeen. He was educated at the local primary school and at Cults Academy, and then graduated from RGIT in Electronic Engineering. From 1979 to 1989 he lived in London, England, and then returned to Scotland where, after spending eleven years in Glasgow, he again lives in his home city. By profession, he is a software developer with an international IT consultancy company, producing software systems for oil and gas companies.

He has been a member of the Scots Language Society since 1989, has served as a member of its national committee, and as secretary of its Glasgow branch. When not working at his job or at promoting Scots, his main interests are travel and other languages.

LUATH SCOTS LANGUAGE LEARNER DOUBLE CD SET

You've read the words – now, hear them spoken! Based on the pronunciation heard in north-east Scotland, the **Luath Scots Language Learner** double CD set complements the book, giving not only all of the dialogues but also other introductory material and spoken examples.

This double audio CD set (total playing time, 93 minutes) is available by post at a special price of £9.99 (RRP £16.99) using this form. To buy your copy for only £9.99 plus postage and packing (£1 in the UK; £2 overseas), complete the form below (or a photocopy) and send it to **Luath Press Ltd, 543/2 Castlehill, Edinburgh EH1 2ND, Scotland** with your cheque or credit card details, *or* telephone + 44 (0)131 225 4326, *or* fax + 44 (0)131 225 4324, *or* visit www.luath.co.uk.

———————————— ✂ ———————————— ✂ ————————————

I wish to order __ copies of the **Luath Scots Language Learner** double audio CD set at the mail order price of £9.99	£
Postage and packing (UK, £1 per set; overseas, £2 per set)	£
Total	£

Name_____

Address_____

_____

_____Postcode_____

Tick:

____ Please find enclosed a £ Sterling cheque payable to **Luath Press Ltd.**

____ Please charge my credit card.

Card Number _____

Type (Mastercard/VISA only) _____ Expiry Date _____

Signature _____